Historia breve de
China

Serie Historia

Historia breve de
China

Pedro Ceinos

Sílex

Fotografía de portada: Detalle de biombo chino. Colección del Palacio Real de Madrid.

©Pedro Ceinos, 2006

©Sílex® ediciones S.L., 2006
c/ Alcalá, nº 202. 28028 Madrid
www.silexediciones.com
correo-e: silex@silexediciones.com

I.S.B.N.: 84-7737-173-3
Depósito Legal: M-2.164-2006
Dirección editorial: Ramiro Domínguez
Coordinación editorial: Ángela Gutiérrez y Cristina Pineda Torra
Diseño cubierta: Ramiro Domínguez
Producción: Equipo Sílex
Fotomecánica: Preyfot S.L.
Impreso en España por: ELECE, Industria Gráfica
(Printed in Spain)

Contenido

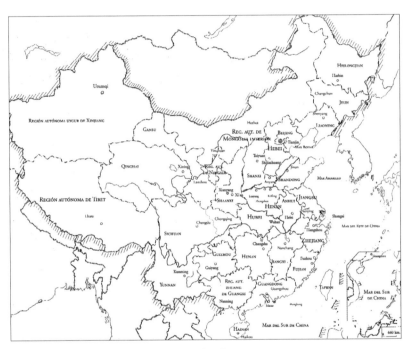

Mapa de China

Introducción

¿Qué es China?

La respuesta puede parecer obvia. Cuando se mira un mapa, en la parte oriental de Asia aparece una gran masa de color uniforme, desde el centro del continente hasta el Océano Pacífico sobre la que se extiende la palabra "China". Un concepto que parece fácil y evidente. Sin embargo, si en vez de utilizar un mapa realizado en el año 2006, tomáramos un mapa portugués de hace diez años posiblemente encontraríamos que en el extremo sur del país, una pequeña porción queda fuera del ámbito "China". Sería la colonia portuguesa de Macao, recuperada por los chinos sólo en 1999, tras casi 450 años de ocupación y posesión portuguesa. Si fuera inglés, de hace diez años, nos encontraríamos con que el ámbito "China" se vería interrumpido una vez más en una pequeña porción de su franja suroriental, sería el enclave británico de Hong Kong, sólo recuperado por China en 1997 tras casi 150 años en manos de los británicos. Si el mapa fuera taiwanés un poco más antiguo encontraríamos una China que se extiende mucho más al Norte, casi hasta la taiga de Siberia, pues en Taiwan no se reconocía la independencia de Mongolia Exterior y se sigue incluyendo en los mapas de China. Si, en cambio, lo hubiera publicado el gobierno tibetano en el exilio, veríamos que le falta toda la parte suroeste de lo que estamos acostumbrados a ver, o, si la publicación hubiera corrido a cargo de los independentistas del Turkestán, le faltaría todo el extremo occidental.

Si nos fuéramos alejando en el tiempo, esa definición de "China" cambiaría con cada dinastía o incluso con cada emperador, extendiéndose y contrayéndose al vaivén de sus conquistas o fracasos militares. La respuesta no parece tan obvia. Si todos los países y naciones son el resultado de un proceso histórico, que a veces nos parece estabilizado hasta la eternidad, en China parece que ese proceso, aún hoy en día, dista mucho de estar completo, mostrándonos un ejemplo vivo de la fragilidad y temporalidad de los estados (mal que les pese a los políticos de cada país).

En este libro vamos a utilizar el concepto más amplio de China, el que comprende y abarca no sólo la China del año 2006, sino a la del 1998, y 1888 y 1588. Ya que nuestro objetivo, más que intentar avalar ninguna de las más o menos justas pretensiones político-geográficas, pretende explicar el origen de las distintas "chinas", para que el lector pueda entender su situación actual.

La República Popular China, con una extensión de casi 9.600.000 kilómetros cuadrados es el tercer país más extenso de la tierra, después de Rusia y Canadá. Una vista aérea de China muestra su territorio como una serie de niveles descendientes de Oeste a Este. El más elevado lo constituye la meseta de Qinghai-Tibet, con una altura promedio que ronda los 4.000 metros sobre el nivel del mar. El segundo nivel lo constituyen las mesetas que se extienden desde Mongolia Interior, por las mesetas de Loess y las de Yunnan y Guizhou, entre los 1.000 y 2.000 metros sobre el nivel del mar. El tercer escalón lo forman las llanuras del nordeste y norte de China y del curso medio e inferior del río Yangtze, con una elevación de entre 500 y 1.000 metros sobre el nivel del mar.

China es un país eminentemente montañoso. Los principales sistemas montañosos de China están orientados en dirección Este-Oeste, dividiendo al país en diferentes regiones de difícil comunicación. Para poder entender la geografía de China bastará con pensar en tres grandes sistemas montañosos, que atraviesan toda la superficie del país de Oeste a Este. Al Norte están las cordilleras Tianshan, en Xinjiang, y Yinshan, en Mongolia. En el centro, la cordillera Kunlun –entre Xinjiang y Tibet– y Qinling. Al Sur está el Himalaya, en Tibet, y los montes Nanling, que separan Hunan y Jiangxi de Guangdong y Guangxi.

China es un país con abundantes recursos hídricos, se calcula que 50.000 ríos corren por sus tierras y algunos de ellos están entre los más largos y caudalosos del planeta. Los ríos en China han sido utilizados desde tiempo inmemorial para el transporte, la pesca y la irrigación. Si las cadenas montañosas corren de Oeste a Este, los ríos tienen que seguir la misma dirección necesariamente. Los ríos del sur de China, son muy distintos a los del norte. Mientras los primeros, alimentados regularmente por una larga estación lluviosa, tienen numerosos afluentes, vegetación copiosa a su alrededor y un caudal relativamente constante, los del norte, donde las precipitaciones son tan escasas como la vegetación, arrastran gran cantidad de sedimentos y tienen un caudal escaso y tremendamente variable con las estaciones.

Los dos mayores ríos de China, son el Yangtze, que con 6.300 kilómetros de longitud, y el río Amarillo o Huanghe, con 5.464 kilómetros. Ambos ríos son considerados la cuna de la civilización china, aunque su situación actual es muy diferente, ya que mientras el Yangtze, atravesando todo el país desde la meseta de Qinghai-Tibet hasta su desembocadura cerca de Shanghai, es el verdadero corazón de China, el río Amarillo se ha convertido en un río más virtual que real, a cuya desembocadura no llega agua durante más de cien días al año.

Otros ríos importantes son, de Norte a Sur: el Heilongjiang (también llamado Amur), fronterizo con Rusia; el Liaohe, el Haihe (que desemboca en Tianjin), el Huaihe, el Qiangtang y el río Zhujiang (que desemboca en Cantón). En China nacen y tienen gran parte de su curso otros tres ríos de gran importancia para el sur de Asia: el Brahmaputra, llamado en China Yarlung Zangbo; el Mekong, llamado Lancang, y el Salween, llamado Nujiang.

La importancia de las montañas y ríos en la historia de China es determinante. Las montañas, por regla general, separan; los ríos, por el contrario, comunican. La expansión de la civilización china desde su punto de origen en la actual provincia de Henan, sigue el curso de los ríos, donde la comunicación se hace fácil. Las zonas separadas por montañas, aún relativamente cercanas, permanecerán desconocidas durante muchos años.

Pero los ríos no son sólo las vías de comunicación. Su naturaleza caprichosa y violenta les convierte en una continua amenaza. La sociedad china se basa, en parte, en el dominio de los ríos, algunos autores incluso consideran que la larga permanencia del sistema imperial está relacionada con la necesidad de realizar y mantener las grandes obras de canalización y control de los ríos para prevenir las desastrosas inundaciones. No es casualidad que en las épocas de caos, las inundaciones se sumen a los azotes que sufre la población. Cuando los diques no se conservan, el río Amarillo estalla y cambia de rumbo a veces con trágicas consecuencias.

En la historia, esos cambios de curso del río Amarillo, se convierten en causa primera de la caída de varias dinastías; antes de la historia, aún no sabemos cómo pudieron influir sus desbordamientos sobre la ascensión y caída de los primeros estados en China.

Montañas y ríos son parte fundamental de la cultura china. La Gran Muralla y el Gran Canal, las dos hercúleas obras que mejor caracterizan al pueblo chino, son sus equivalentes en el ámbito humano.

Actualmente China está dividida en 34 entidades administrativas, que en lo básico corresponden a las divisiones administrativas históricas. Ya que no siempre han sido las mismas, ni han sido llamadas de la misma forma, a lo largo de esta obra, para facilitar su localización por parte del lector, las denominaremos con su nombre actual.

Así tenemos cuatro ciudades directamente subordinadas al poder central: Beijing, la capital; Shanghai, el gran puerto industrial y comercial en la desembocadura del río Yangtze; Tianjin, el puerto del Norte y Chongqing, cerca de la gran Presa de las Tres Gargantas.

Cinco regiones autónomas, en las que la mayoría de la población no pertenece a la mayoría han, recientemente incorporadas a China, donde la influencia de la cultura china es todavía hoy menor que la de las culturas locales tradicionales: Tibet, Mongolia Interior, Xinjiang, Guangxi y Ningxia.

Las provincias del noroeste, conocidas en Occidente como Manchuria son Heilongjiang, Jilin y Liaoning. También en el norte están: Shandong, Hebei y Shanxi. En el noroeste de China se encuentran Shaanxi, Gansu y Qinghai. El lector español debería prestar atención para no confundir la provincia de Shanxi (al oeste de las montañas) con la de Shaanxi (al oeste de los desfiladeros), nombres perfectamente diferenciados en la escritura china pero que resultan casi idénticos en la española.

En el centro se encuentra Henan, Anhui, Jiangxi, Hunan y Hubei. En el sur Guangdong, Guizhou, Hainan. En el suroeste Sichuan y Yunnan. Al este, Jiangsu, Zhejiang y Fujian.

Cada una de estas provincias tiene el tamaño de un país europeo, sus poblaciones originales, su clima, sus características geográficas y climáticas las convierten en entidades igualmente diferentes. Su historia y el momento de su incorporación al ámbito cultural chino ha seguido procesos independientes que en esta breve obra sólo podemos perfilar. Aún así esperamos haber contribuido a presentar las características comunes y las diferenciales del mundo chino.

Ni hombres ni monos

China se puede considerar como una de las cunas de la humanidad, pues a pesar del tardío desarrollo de las investigaciones sobre su prehistoria, se han encontrado numerosos vestigios de la presencia en su territorio de los más remotos antepasados del ser humano. Cada pocos años aparecen nuevos restos de prehomínidos en la superficie de China, más y más antiguos, lo que hace pensar a algunos expertos que este país ha sido uno de los escenarios de la evolución del hombre.

Hasta el momento, los restos más antiguos que se han encontrado son los del llamado Hombre de Renzidong, en la provincia de Anhui, que debió de vivir hace más de 2.000.000 años. Otros testigos de la presencia prehumana en épocas igualmente remotas son: el Hombre de Yuanmou, de la provincia de Yunnan, del que se han encontrado dos dientes fosilizados, que vivió hace 1.700.000 años; el Hombre de Lantian, en la provincia de Shaanxi, que debió de vivir hace unos 600.000 años; el Hombre de Nihewan, del que solo se han descubierto restos de herramientas de piedra fabricadas por homínidos hace 1.500.000 años, y el Hombre de Nanjing, que según el análisis de las dos calaveras encontradas, debió vivir en las cercanías de esa ciudad hace 500.000 de años.

El Hombre de Pekín

El más famoso de los hombres prehistóricos encontrados en China es, sin duda, el llamado Hombre de Pekín. Su nombre le viene dado por haberse encontrado sus restos en las cuevas de Zhoukoudian, en las afueras de la capital china. Su fama se debió principalmente a que en el momento de ser descubierto, en el año 1929, fue el primer homínido que se podía identificar claramente como el "eslabón perdido", descendiente del mono y antepasado del ser humano, justificando con su existencia la teoría evolutiva. Debido al hallazgo de restos de presencia humana en la zona durante un largo periodo de tiempo, los estudiosos aseguran que el Hombre de Pekín es una pieza clave en el estudio de la evolución de los cambios fisiológicos que hacen posible la aparición del hombre moderno. El aumento de la capacidad craneana (que alcanza 1.075 cc, un 80% menor que la del hombre actual pero mucho mayor que la del Hombre de Lantian, que sólo llega a los 780 cc) y los cambios que lleva consigo, relacionados con el uso del lenguaje, el caminar erguido y la utilización especializada de las manos, se pueden desarrollar en ese lapso de 200.000 años conocido para el Hombre de Pekín.

El Hombre de Pekín es un cazador recolector, que se alimenta sobre todo de los ciervos que captura, a los que persigue con palos y antorchas; utiliza instrumentos de piedra para hacer otros de hueso y madera y cortar la carne y la piel de los animales que caza; sabe mantener el fuego, que usa para cocinar y protegerse del frío; tala bosques y se come a otros hombres cuando no tiene nada mejor a mano.

Los descubrimientos de restos de homínidos de épocas más recientes se han multiplicado a lo largo de los últimos años. Su estudio nos permite hacernos una idea general de una serie de procesos migratorios por los que, a lo largo de muchos miles de años, uno o varios tipos de homínidos, adaptándose a las condiciones locales, se van extendiendo por las diferentes regiones de China. En el extremo norte, el llamado Hombre de Nihewang, en Mongolia Interior, se ha hecho famoso por confirmar la capacidad de adaptación de los seres humanos primitivos a los cambios climáticos estacionales, pues en aquellos años Mongolia, aun disfrutando de un clima más cálido que en la actualidad, sufría importantes variaciones climáticas. Al sur se han encontrado el Hombre de Dali, en la provincia de Yunnan, que vivió entre 230.000 y 180.000 años atrás; y el de Maba, en la de Cantón. En el este, el Hombre de Fujian debió vivir hace unos 200.000 años. Y al oeste, el Hombre de Dingcun, descubierto en la provincia de Shanxi, vivió hace unos 100.000 años. Este último ya está mucho más evolucionado física y culturalmente que los anteriores, y sus herramientas, aun siendo piedra, resultan revolucionarias si se comparan con las del

Hombre de Pekín. En cuanto a su físico presentaría grandes semejanzas con el Hombre de Neanderthal. Se considera que todos pertenecen a la especie *homo erectus*.

¿Son vestigios de una misma estirpe que vaga al ritmo que le marcan las glaciaciones y fenómenos naturales, o son los antepasados de los pueblos que habitarán posteriormente sus regiones? Aún no hay respuesta a esta pregunta.

El lapso de tiempo entre la desaparición de los últimos *homo erectus* y la aparición de los primeros *homo sapiens*, es la última frontera de la paleoantropología. Mientras una escuela asegura que todos los humanos modernos, homo sapiens, proceden de África; otra afirma que el homo erectus evolucionó de manera independiente en cada continente hasta convertirse en homo sapiens. El análisis genético de los restos humanos encontrados en esas fechas clave espera proporcionar una respuesta definitiva en un futuro próximo. Algunos experimentos han analizado el material genético de numerosas poblaciones en China y aseguran que todas pertenecen al mismo tipo que esos primeros *homo sapiens* que salieron de África. Por otra parte hay pruebas de que *homo sapiens* arcaicos aparecen en los registros fósiles de numerosos sitios a lo largo de China datados en lo que los arqueólogos llaman el Paleolítico Medio, (hace entre 125.000 a 40.000 años), lo que podría indicar una evolución independiente del *homo sapiens* en China. Como se ve el debate sigue abierto en medio de connotaciones políticas y raciales.

De hecho, a partir de hace unos 40.000 años se encuentran más huellas que indican la presencia de seres humanos en el norte y el sur de China. Su desarrollo tecnológico y cultural es mucho más rápido que el de sus antepasados, los instrumentos y herramientas que utilizan más desarrollados, aparecen en ellos los primeros vestigios de un sentimiento religioso. Uno de los yacimientos más ricos es la llamada Caverna Superior, en Zhoukoudian, cerca de donde se encontró el Hombre de Pekín. El Hombre de la Caverna Superior, como se le denomina, vivió hace 18.000 años, se dedicaba fundamentalmente a la caza y la pesca, y completaba su dieta con la recolección de frutos silvestres. Sus trabajos de piedra están más evolucionados, conoce las técnicas del pulido, el perforado, el tallado y el teñido. Entre sus restos se ha encontrado una aguja de hueso con la que, probablemente, cosía pieles para vestirse, restos de moluscos procedentes del mar, que delatan relaciones comerciales o expediciones a regiones un tanto lejanas, así como los primeros rastros de un sentimiento religioso, pues tiñen de rojo algunas de sus herramientas y esparcen polvo de hematita sobre los cadáveres de sus muertos. En estos tiempos del Hombre de la Caverna Superior, se empiezan a agudizar las diferencias entre las culturas del norte y sur de China, alcanzando las primeras mayor complejidad.

El periodo Mesolítico, que dura aproximadamente del año 10000 al 7000 a.C., es la transición entre el Paleolítico y el Neolítico. En China se considera que se inicia tras el final de la última glaciación. En ese tiempo, aunque la caza y la pesca siguen siendo las actividades fundamentales, se empieza a experimentar el cultivo de las plantas y la domesticación de animales. Pues en los sitios arqueológicos datados en esta fecha, como Wuming, en la provincia de Guangxi; Djalai Nor, en Mongolia Interior, o Guxiangtun en Heilongjiang, se aprecian vestigios de actividades agrícolas.

CULTURAS NEOLÍTICAS

Hace unos diez mil años se empiezan a cultivar cereales por primera vez en el suelo de China. Posiblemente la agricultura se origine mediante la observación, por parte de las mujeres que se dedican a la recolección, de la germinación de un grano al caer a la tierra. Los más antiguos restos de cultivo de arroz se han identificado en el curso medio del río Yangtze por esas fechas, siendo un poco posteriores los primeros rastros de cultivo de mijo en el norte, encontrados al norte de la provincia de Henan.

Progresivamente, una serie de comunidades van asegurando su subsistencia con la agricultura, que pronto se convierte en su actividad principal, complementada por la caza, la pesca y la recolección. Se calcula que la primera domesticación de animales se da en una época ligeramente posterior, hacia el año 7000 a.C., originándose posiblemente con la captura de animales heridos y crías abandonadas, que, encerrados en la proximidad de los asentamientos humanos, permiten tener un acopio de carne siempre a mano.

La agricultura se desarrolla rápidamente en la región situada al norte del curso medio del río Amarillo, que en aquella época era mucho más cálida y húmeda que en la actualidad, con abundantes selvas, lagos y marismas, y montañas bien forestadas llenas de animales salvajes.

Entre el año 6000 y el 5000 a.C. surgen en China las primeras civilizaciones neolíticas, como las descubiertas en Peiligang y Cishan. Sus habitantes, que demuestran realizar actividades propias de la vida sedentaria, desarrollan simultáneamente la agricultura y la ganadería. Cultivan el mijo, recogen nueces silvestres y crían perros, cerdos y pollos como animales domésticos. Cazan ciervos y otros animales más pequeños. Producen trípodes de cerámica no decorada. Viven en aldeas con casas redondas o cuadradas, tienen almacenes subterráneos y cementerios con tumbas sencillas en las que piezas de cerámica y herramientas simples acompañan al cadáver. Estas culturas son consideradas las predecesoras de la cultura yangshao, que se desarrolla posteriormente en un área semejante.

Hacia las mismas fechas surge en Gansu la cultura Dadiwan (5300 a.C.), que, a pesar de su elevado desarrollo, aún no se conoce de qué forma ha podido influir en culturas posteriores. En Dadiwan se han descubierto un buen número de vasijas de cerámica coloreada, las más antiguas de este tipo descubiertas hasta el momento en China, algunas con signos que podrían preceder a una escritura primitiva. El principal asentamiento de Dadiwan cuenta con 240 casas divididas en tres zonas. Una para los jefes, otra para los jefes de clanes y la tercera para la gente corriente. En la primera zona se encuentran los restos de un "palacio": una estructura de 420 metros cuadrados de superficie posiblemente utilizada para ceremonias públicas o rituales.

Cultura yangshao

La primera cultura neolítica extendida por un amplio territorio es la cultura de Yangshao, de la que se han descubierto numerosas aldeas en una gran área del centro, norte y noroeste de China que existieron entre el año 5000 y el 3000 a.c. Estas aldeas, ubicadas generalmente a la orilla de los ríos, son un conjunto de casas semienterradas, a veces organizadas según los distintos clanes que las pueblan, rodeadas por un pequeño muro. Para sus moradores, la agricultura, generalmente de rotación, es la actividad económica fundamental. Aunque la caza y la recolección constituyen todavía actividades importantes. Se cree que cuando se agota la fertilidad de un terreno abandonan sus aldeas y se trasladan a roturar nuevos campos en regiones cercanas. Cultivan especialmente mijo y cáñamo, con el que tejen sus vestidos, utilizando herramientas de piedra. Sus animales domésticos son el cerdo y el perro, aunque en algunas zonas ya tienen también vacas, cabras y ovejas. En algunas aldeas de la cultura yangshao se crían gusanos de seda.

Con la cultura yangshao se inicia la utilización de cerámica de formas variadas para cocinar y almacenar alimentos. Hechas a mano, algunas de las vasijas tienen inscripciones que los más entusiastas insisten que podrían ser precursoras de la escritura china. En realidad son signos muy primitivos, que curiosamente tienen cierta semejanza con la escritura actual de los nuosu (una minoría China) de Liangshan. La gente de cada aldea trabaja junta y consume unida el fruto de su trabajo. Al morir, son enterrados con algunos objetos de uso cotidiano: señal de antiguas creencias religiosas que consideran que el muerto lleva una vida en otro mundo. Entre la sociedad no hay diferencia de clases. El papel económico de la mujer es más importante que el del hombre.

Yangshao ha sido considerada durante mucho tiempo una sociedad matriarcal que encaja perfectamente en las teorías marxistas de la evolución de la humanidad. No obstante, recientes análisis de los restos óseos realizados por M.K. Jackes han detectado un número anormal de heridas, especialmente en los huesos de las mujeres, lo que podría responder a elevadas dosis de violencia doméstica contra ellas. Por otra parte, un mayor desgaste de las vértebras de las mujeres confirma que, efectivamente, ellas realizaban la mayor parte del trabajo agrícola.

En el *Libro de los Ritos*, uno de los clásicos compilado por Confucio muchos siglos después, se encuentra un pasaje que dice: "La gente no solo amaba a sus propios padres sino también a los padres de los demás.

Vasija de tierra cocida de la cultura yangshao, año 4000-3000 a.C

Criaban no sólo a sus propios hijos, sino también a los de los otros". Muchos investigadores chinos aseguran que se refiere a esta época.

En Bampo, a las afueras de Xian, se encuentran unas de las ruinas mejor conocidas de la cultura yangshao. Todavía se distinguen los restos de una zona residencial, otra industrial y otra funeraria bien diferenciadas. En el centro de la aldea hay una gran sala común de 160 metros cuadrados. Alrededor de ella, un foso les protege de los ataques de los enemigos y los animales salvajes. Sus habitantes utilizan abundante cerámica, en la que predomina el color rojo.

Dentro del aspecto general de la cultura yangshao, se desarrollan otras semejantes con diferencias locales, tal vez la más llamativa es la denominada cultura majiayao, que se extiende por las actuales provincias de Gansu y Qinghai. Se desarrolla más lentamente que la cultura yangshao, permanece en esa región hasta épocas más recientes, de forma que se considera que ha podido dar origen a los pueblos rongqiang de la zona, que influirán de manera decisiva en la formación de la cultura china posterior.

Simultáneamente a la presencia de la cultura yangshao en el centro de China, aparecen otras culturas hacia el Este en las que se comienza a observar un desarrollo humano más complejo y original, de las que se pierde el rastro en fechas posteriores sin saber si han realizado aportaciones importantes a la que se perfila como corriente principal de la civilización china. Son, de Norte a Sur: Hongshan, Dawenkou y Liangzhu.

La cultura hongshan, en la cuenca del río Liao, se extiende entre el año 4000 y el 2500 a.C. por un área muy amplia. Mezcla, como Yangshao, la agricultura con la caza y la recolección. Sus habitantes viven en casas semienterradas, utilizan herramientas de piedra y hacen cerámica.

Por las excavaciones realizadas en Niuheliang, uno de los centros más importantes de la cultura hongshan, sabemos que hacia el año 3500 a.C. esta sociedad se transforma radicalmente y aparecen clases sociales como se aprecia por el gran desarrollo del ritual funerario. En Niuheliang se han encontrado altares, templos con estatuas y pirámides de piedra, así como grandes piedras funerarias alineadas en la cima de las montañas. El sorprendente complejo denominado Templo de la Diosa tiene a su alrededor numerosos fragmentos de grandes estatuas femeninas. Esto hace pensar en la existencia de artesanos especializados, así como de personajes poderosos capaces de emplearlos y de dirigir los trabajos de los campesinos. En Hongshan debieron de existir al menos tres clases sociales: los jefes, los artesanos y los campesinos.

En Niuheliang se han descubierto numerosos objetos de jade, utilizados de forma ritual. Su popularidad era tal que prácticamente todo el mundo era enterrado con un trozo de jade. Como en la zona no se extrae este mineral, su presencia apunta a la existencia de comercio con otras regiones. Uno de los motivos más curiosos en el arte de la cultura hongshan es un tipo de dragón-cerdo.

El alto desarrollo alcanzado por la cultura hongshan deja perplejos a los historiadores. Su súbita desaparición también. La ausencia de noticias sobre poblaciones que heredaran la cultura hongshan incita a algunos investigadores a pensar en una desaparición debida a alguna

Primeras culturas neolíticas en China

catástrofe natural. Cho-yun Hsu, sin embargo, sugiere que, dada la extensión alcanzada por la cultura del Bajo Xiajiatian, que la sucede en el mismo territorio, y el descubrimiento entre ellos de una serie de fortificaciones que constituyen una línea defensiva, en cierta forma semejante a la Gran Muralla, podrían haber existido una serie de proto estados en el valle del río Liao, herederos de la cultura Hongshan, de los que la historia no tiene ninguna noticia.

Dawenkou, en la actual provincia de Shandong, se distingue fundamentalmente por su cerámica roja, hecha a mano y con formas muy variadas, y sus hachas de piedra pulida con un agujero en el centro de la hoja. Es una sociedad más compleja y cada vez más estratificada, que cultiva el mijo y ha domesticado cerdos, vacas y pollos. Captura además ciervos, tortugas, cocodrilos, mapaches y tejones, así como moluscos y caracoles. Los muertos ya no se entierran encogidos sobre sí mismos, como en la cultura yangshao, sino extendidos boca abajo, con polvo de hematita roja esparcido sobre ellos. En sus tumbas hay una creciente presencia de artefactos rituales que demuestra la consiguiente estratificación de la sociedad.

En las últimas fases de la cultura dawenkou, según se desarrollan la agricultura y las tareas pesadas que lleva consigo, el papel dominante de la mujer va dando paso al del hombre. Los excedentes agrícolas crean diferencias sociales, y hacen posible la fabricación de licor a partir del grano sobrante.

Culturas del Yangtze: Hemudu y Liangzhu

En el delta del Yangtze la cultura agrícola más antigua es la de Hemudu, que se desarrolló entre el año 5000 y el 3000 a.C. Se trata de un matriarcado igualitario al que se le atribuye el inició del cultivo del arroz, con casas de madera sobre pilotes, vasijas y vigas lacadas. Hemudu es una civilización relativamente compleja, que utiliza instrumentos de madera, hueso, piedra y barro. Sus habitantes han domesticado perros, cerdos y búfalos; capturan a numerosas especies de mamíferos, aves y peces; construyen barcas para la pesca y tallan delicados adornos de marfil. Existen algunos indicios que sugieren que los habitantes de Hemudu eran capaces de navegar por el océano, como el descubrimiento de ruinas tipo Hemudu en las islas Zhoushan, en la costa cercana, la presencia de cerámica *fu*, típica de Hemudu, al norte, en la costa de la provincia de Shandong, y la presencia de un tipo de azuelas, inventadas en Hemudu, por toda la costa de China, al norte y al sur y hasta en las islas de la Polinesia. De hecho, un importante número de arqueólogos traza el origen de las culturas del Pacífico en las costas del sureste de China.

Heredera de Hemudu es la cultura de Liangzhu, que se desarrolló entre el año 3200 y el 2200 a.C. en la zona del delta del Yangtze y bahía de Hangzhou, extendiendo considerablemente su influencia por las regiones cercanas. Liangzhu fue posiblemente el escenario del surgimiento de una de esas federaciones de tribus en la que los líderes, desde una capital, Mojiaoshan, iban acumulando cada vez más riqueza y poder, dirigiendo la vida de otros centros secundarios, que a su vez tenían poder sobre las distintas aldeas. Esta élite poderosa, cuyas ricas tumbas y pequeñas pirámides se han encontrado en diferentes excavaciones, utiliza trabajo esclavo y realiza sacrificios humanos. Mientras el pueblo cultiva arroz, produce cerámica de calidad y utiliza ya barcos para pescar a gran escala aguas adentro. Hay artesanos con una habilidad especial en el tallado del jade, especialmente de piezas redondas llamadas *bi* (que simbolizan el cielo) y otras cuadradas llamadas *cong* (que simbolizan la tierra). El fin de la cultura de Liangzhu posiblemente fue debido a las contradicciones internas entre sus clases, acentuadas por un periodo de graves inundaciones.

La abundancia de objetos de jade descubiertos en los lugares principales de estas culturas, generalmente utilizados con sentido ritual, hacen pensar en una sociedad impregnada de un profundo sentido religioso, en la que los chamanes juegan un papel importante. Para algunos autores se le podría llamar la Edad del Jade, que, paralela a esa progresión política que iba desde la sociedad comunista al liderazgo de los chamanes y posteriormente al de los primeros jefes, correspondía en el ámbito material con la utilización de la piedra pulimentada, el jade, y el bronce. Neolítico, Edad del Jade y Edad de Bronce.

Cultura longshan

Estas culturas del sur se cree que no han influido en el proceso civilizador que se desarrollaba en el centro de China, donde, hacia el año 4000 a.C. las culturas yangshao, dawenkou y hongshan tienden a expandirse e interrelacionarse, cristalizando en el surgimiento de la cultura de Longshan hacia el año 3000 a.C., en la que se manifiestan influencias de todas las culturas del norte, e influye en el sur. De esta forma se va creando en el centro de China una cultura desde la que se pone en marcha el proceso de formación estatal que en los siglos siguientes conducirá a la unidad territorial.

En la cultura longshan se evidencia un aumento de la riqueza y del poder político, con mayor importancia del ritual, mayor violencia en las relaciones externas e internas, mayor desarrollo de la agricultura y la ganadería, así como de la artesanía del bronce, donde aparecen las monstruosas figuras llamadas *taotie* de significado desconocido, y del jade, con una popularización de los diseños *cong* (tierra) y *bi* (cielo). Se han encontrado restos de murallas de tierra prensada alrededor de algunas de sus aldeas. Su cerámica es mucho más desarrollada, y en ella aparecen los tipos que se utilizarán posteriormente entre los chinos. Se inicia la adivinación calentando huesos, ya que creen en la existencia de espíritus de la naturaleza, a los que veneran como dioses. Las personas son enterradas con la cabeza para abajo. El buey y la oveja pasan a formar parte de sus animales domésticos.

Hay varios cientos de localidades en el norte de China donde se han descubierto restos de la cultura longshan, lo que nos hace pensar en comunidades campesinas que viven en cierto contacto unas con otras, que se enfrentan a los mismos retos materiales y que se interrelacionan por el comercio, el intercambio de esposas o esposos y ocasionalmente la guerra. La sociedad de este tipo estaba liderada por un jefe, generalmente uno de los más ancianos del clan que compone la aldea. Con el tiempo la sociedad se va jerarquizando, construyéndose algunas veces una muralla que separa la zona de los nobles de la de los plebeyos.

Las fases últimas de esta cultura de Longshan, entre el año 2400 y 1900 a.C., son la base de las culturas dinásticas que surgirán en los siglos siguientes. De hecho, la cultura campesina de Longshan se mantiene prácticamente inalterada durante las dinastías Xia (siglos XXI–XVI a.C.) y Shang (siglos XVI–XII a.C.), en las que los cultivos, las casas, los animales domésticos y la forma de construir son prácticamente los mismos. Transformándose principalmente los centros de poder.

Surgimiento de las primeras entidades políticas

El proceso de transformaciones políticas que dan lugar a los primeros estados en el centro de China parece haberse desarrollado en las aldeas de la cultura longshan. Se supone que, al principio, algunas aldeas se reunieron ocasionalmente para realizar juntas alguna tarea. Puede haber sido para defenderse de un enemigo común, protegerse de las inundaciones del río Amarillo, como la mitología hace suponer, u otra labor de las mencionadas en los textos clásicos. Puede que incluso se formaran confederaciones ocasionales con cualquiera y cada uno de estos motivos que se disolverían poco después, una vez concluida la tarea para la que se habían creado. También es posible que alguna de esas tareas acabara por hacer necesario, al menos a los ojos de sus propios habitantes, el mantenimiento de esas federaciones de aldeas.

Las excavaciones de los últimos tiempos de Longshan muestran una jerarquización de los asentamientos humanos, con la existencia de centros primarios, rodeados por centros secundarios y éstos a su vez por las aldeas. Los jefes temporales se van haciendo con el control del poder y de los excedentes de producción. Las federaciones de aldeas tienden a hacerse permanentes bajo el control de estos jefes. Los excedentes agrícolas también permiten el mantenimiento de esclavos, generalmente enemigos de guerra cuyo trabajo aprovechan estos jefes en su beneficio. En los centros primarios, donde residen los jefes, se han descubierto restos de murallas, estructuras sacrificiales, bronces, escritura, artefactos oraculares, jade, etc. La aparición del bronce, en las últimas fases de la cultura longshan, acelera el surgimiento de esa aristocracia temprana, que consolida su poder por las armas.

El sur de Mongolia, que era por aquellos años una zona eminentemente agrícola, sufre una serie de cambios climáticos que la van haciendo cada vez más árida y fría. Esos cambios climáticos ponen fin a la agricultura en la zona, que posteriormente presenciará la migración de poblaciones nómadas dedicadas a la ganadería.

Los descubrimientos arqueológicos nos muestran que la competición entre los diferentes grupos parece haber sido la causa del aumento del tamaño de los asentamientos humanos, que siguieron desarrollándose hasta acabar en la creación de los primeros estados, centros de artesanía y de comercio. Esos primeros estados, resultado de la federación de aldeas ya se han convertido en un fenómeno permanente en el norte de China, lo que crea un ambiente propicio al surgimiento de estructuras políticas más complejas, como la posteriormente llamada dinastía Xia. Aunque todavía se encuentran muchas aldeas que mantienen su tipo de vida simple al margen de las federaciones, parece que la tendencia es encontrar relaciones más estrechas entre las aldeas de una zona determinada, basadas posiblemente en el parentesco, en una identificación étnica o cultural, aunque también puede que en la proximidad y la identidad de intereses.

El Emperador Amarillo

Los historiadores chinos consideran que en el marco de la creciente jerarquización de la cultura longshan, en un momento determinado, hacia el año 2600 a. C., surgió una federación más o menos estable de tribus organizadas en torno a un líder al que se conoce con el nombre de Emperador Amarillo (Huangdi), y al que se considera padre de la nación china. Esta consideración no está exenta de factores políticos, y el propio gobierno, deseando cimentar la existencia de China en la más remota antigüedad, ha puesto en marcha un proyecto destinado a identificarle hasta donde sea posible. Todavía existen muchas dudas de la existencia real del Emperador Amarillo, pero dado que la mayoría de las hazañas que las leyendas le atribuyen, efectivamente han sucedido en una época que más o menos coincide con la que se dice vivió, se puede hablar de la existencia del concepto de Emperador Amarillo, tanto si se refiere a una persona como a un grupo de personas, o incluso de una época. Algunos autores sugieren que procedía de los montes Kunlun, al oeste, aún venerados por los chinos como lugar de residencia de los dioses, lo que le convertiría en un invasor de las planicies centrales. Un líder de un pueblo guerrero que, tras invadir las planicies centrales y someter a sus habitantes, permanecería en su papel dominante sobre una gran masa de campesinos.

Al Emperador Amarillo, según las leyendas ungido con poderes especiales desde su nacimiento, se le venera por haber sido capaz de pacificar y aglutinar las tribus del norte de China y de expulsar a sus enemigos los miao, construyendo de esta forma el primer concepto de identidad china. Las leyendas narran cómo Huangdi y su hermano Yandi acaban por vencer a Chiyou, el rey de los miao, expulsándole al sur. Los miao emigran hacia el curso bajo del río Amarillo, donde serán vencidos y forzados a emigrar de nuevo por el emperador Yao, iniciando su largo periodo de migraciones, que no acabará hasta el siglo xx. En las leyendas de los miao actuales sigue vivo el recuerdo de estas batallas.

También se atribuyen a Huangdi, su esposa y sus ministros el invento de la seda y la sericultura, los caracteres chinos, el primer compás, obras de medicina y el enunciado de algunos de los primeros conceptos filosóficos que luego desarrollará la escuela taoísta. Evidentemente son atribuciones muy posteriores que reflejan más el pensamiento de la época (veinte siglos posterior a su posible existencia) que la realidad histórica.

Otros líderes tribales tienen éxito en algunas tareas más prácticas, acabando por ser deificados, primero por sus descendientes y posteriormente por todos los chinos. Es el caso de Fuxi, el primero en tejer una red para pescar, Nuwa, creadora de la humanidad que reconstruye los pilares de la tierra, o Shennong, dios de la agricultura y la medicina. Tras una serie de años durante los cuáles otros líderes consiguen algunos de los primeros logros de la civilización china, los libros clásicos consignan la aparición de tres soberanos: Yao, Shun y Yu, este último será el fundador de la primera dinastía Xia.

Los tres soberanos: Yao, Shun y Yu

Los mayores éxitos de estos tres soberanos giran en torno a la organización de la sociedad generada por esa confederación de aldeas, pues establecen el calendario, básico para una sociedad agrícola como la china, luchan contra las inundaciones y reorganizan las nueve tribus bajo su gobierno. Ellos establecen también las reglas para una sucesión pacífica en el liderazgo de la federación, llamada en los libros clásicos "sucesión por abdicación", que en realidad parece corresponder al gobierno por turno de los líderes de las diversas tribus federadas, posiblemente por elección entre los otros líderes. Un sistema que vemos vigente en tiempos históricos entre las tribus donghu del nordeste de China y sus sucesores los kitan del siglo x. Esta elección implicaría generalmente gobernar la federación de tribus durante un periodo de tiempo limitado, pues los tres soberanos mencionados abdican antes de su muerte, e incluiría algunas reglas destinadas a evitar que una sola tribu acaparase el poder, como la exclusión en el liderazgo a los sucesores del último líder.

Esta sucesión guarda por otra parte ciertas semejanzas con la descrita por James Frazer en *La rama dorada*, en la que cada rey sacerdote era muerto por su sucesor; lo que nos llevaría a pensar en modelos de sucesión reales comunes a toda la humanidad o una comunicación mayor de lo conocido hasta el momento entre Oriente y Occidente.

Según las historias, Yao, en vez de nombrar heredero a su hijo, lega el gobierno del imperio a Shun, un hombre de origen humilde que destaca por su piedad filial. Dado que el hijo de Yao se rebela ante esta decisión, y que Shun se casa posteriormente con las dos hijas de Yao, se puede pensar que la sucesión matrilineal aún no estaba tan lejana en aquella época, utilizándose para reforzar la revolucionaria sucesión por turnos. O que en realidad la sucesión fue matrilineal, a las hijas de Yao, y que los narradores patriarcales del tiempo de Confucio trasformaron la tradición matriarcal. Con Yao se habría producido ya un desarrollo importante de la sociedad. Su unión de tribus significa que las aristocracias de distintas federaciones de aldeas abandonan los cada vez más débiles lazos de consanguinidad que les ligan a sus pueblos originales para crear lazos sociales que les unen a los nobles de los pueblos vecinos, abriendo perspectivas mucho más ambiciosas para los pueblos y sus líderes.

Shun a su vez, cuando le llegue la hora de retirarse, dejará el poder a Yu, que ha destacado por sus revolucionarios trabajos en las luchas contra las inundaciones que durante muchos años han asolado China, sustituyendo la construcción de diques por la de canales que permitan el desagüe de las inundaciones. Su capacidad de trabajo y dedicación al pueblo se consideran proverbiales, pues, según las historias, durante trece años se dedicó a luchar contra las inundaciones, sin entrar a su casa a conocer al hijo nacido tras su marcha, aunque pasara en tres ocasiones ante la puerta de su hogar.

Estos hechos no puede pensarse que sean ciertos desde el punto de vista histórico, pues lo que conocemos de ellos nos ha llegado, fundamentalmente, en obras editadas por Confucio. Como señala Chen Huan-Chang:

"Confucio no encuentra datos históricos en los que basar sus doctrinas, las descripciones de las civilizaciones antiguas dadas por él son un producto sólo de su propia mente… en tiempos de Confucio no existía la historia auténtica de las civilizaciones Xia y Shang.".

Y como el mismo Confucio dice:

"Hablo humildemente para evitar peligro y me refiero a los antiguos reyes para tomar prestada su autoridad." Chen Huan-Chang ve evidente que Confucio creó estas historias "fruto de su propia mente para sus enseñanzas religiosas."

La mayoría de los chinos piensan en ellas como ciertas, aunque no se sabe sobre que sustrato histórico trabajó Confucio. Joseph Campbell, por otra parte, ve algunas semejanzas con la mitología de otras latitudes:

"la analogía obvia de los diez reyes sumerios, patriarcas bíblicos, y monarcas chinos, así como la leyenda del diluvio compartida que llega al final de esta serie… ¿no es curioso que tanto Noé como el gran Yu en el curso de sus labores durante el diluvio se queden cojos? … esto está basado en la idea de que el rey, antiguamente asesinado, era en rituales posteriores sólo dejado cojo o castrado… tanto Yu como Noe se emborracharon… así como Noé sobrevivió al diluvio y representa entonces tanto el final del viejo como el principio del nuevo eón, así hace el gran Yu. En lo que respecta a la época que siguió al diluvio, tanto en la Biblia como en las viejas listas de reyes de Sumeria, se aproximan gradualmente al plano de la historia, como sucede en las crónicas de China, siguiendo al periodo de Yu."

Fuera de la leyenda, la arqueología nos muestra que ciertamente aumenta la jerarquización de los asentamientos, la concentración de poblaciones en núcleos mayores, la concentración del poder político, los objetos suntuarios, mientras disminuyen los tipos de cerámica. Se realiza comercio a gran escala, como demuestra la aparición de conchas de cauri y motivos decorativos típicos de Asia Central. De esta manera surge en China el primer estado del que nos da noticia la historia, el estado de Xia, que, pese a ser el más conocido, no es el único en las tierras del centro de China. No todos los jefes de los centros políticos aliados reconocen su preeminencia, y aunque sus numerosas victorias le hacen cada vez más poderoso, los xia nunca extienden su dominio más que sobre una limitada extensión de territorio en el centro de China. Posiblemente en esos mismos tiempos ya existan los linajes de Shang y de Zhou, que gobernarían al este y oeste de los primeros xia, así como otros más que no llegan a alcanzar tal protagonismo histórico, y que comparten un gran número de características comunes, manteniendo eso sí, unas cuantas diferencias locales. Del desarrollo de otras entidades políticas más alejadas que mencionaremos más adelante, sólo se tienen noticias fragmentarias.

El nacimiento del estado
en las dinastías Xia y Shang

La dinastía Xia

De la dinastía Xia apenas se conocen las descripciones que nos hacen de su tiempo los libros de historia compilados muchos siglos después y los descubrimientos realizados en las excavaciones de Erlitou, una antigua capital desenterrada en las cercanías de la actual ciudad de Luoyang. Algunos historiadores dudan incluso de su existencia. Su existencia parece probada por la información procedente de la literatura y refrendada por los descubrimientos arqueológicos de Erlitou.

Según la doctora Ford "La cultura de Erlitou (1900-1500 a.C.) ha sido postulada como la primera evidencia de la existencia de un estado en China". En Erlitou se ha descubierto una ciudad en la que debió de vivir un pueblo de compleja organización. Con dos grandes palacios de unos 10.000 metros cuadrados de extensión, que tienen en su interior varios edificios de importante tamaño, numerosos objetos de jade, huesos utilizados en la adivinación y, sobre todo, grandes cantidades de bronce: armas, vasijas e instrumentos musicales. Dado que, según la cronología de los libros clásicos chinos, se calcula que la dinastía Xia existió entre el año 2070 y 1600, y que fue la primera dinastía que gobernó un estado en China, es razonable pensar en la identificación de los restos de Erlitou con la dinastía Xia. Unos restos que muestran una continuidad cultural con la cultura de Longshan y que se muestran como un escalón entre ésta y la dinastía Shang.

Los xia surgieron en una región que comprende la parte oeste de la provincia de Henan y la sur de la provincia de Shaanxi, una zona rica en mineral de cobre y estaño. Posiblemente alcanzaran un papel destacado entre las confederaciones tribales de la época por su conocimiento de la fabricación de objetos de bronce, el control de sus minas, o ambas cosas, lo que les habría proporcionado la superioridad económica y militar necesaria para enfrentarse a las otras tribus en la creación de una monarquía hereditaria.

Como ya se ha mencionado, los indicios que nos han llegado hasta nuestros días permiten pensar que se había establecido la rotación en el ejercicio del poder supremo dentro de la confederación de tribus chinas. En los tiempos previos a la fundación de la dinastía Xia esa rotación se reducía de hecho a una alternancia en el poder entre los xia y los yi, un pueblo de diestros arqueros que ocupaban la actual provincia de Shandong. A la muerte de Yu el grande, aprovechando su fama, los nobles xia alzan a su hijo Qi al trono, y, desplazando al heredero designado Boyi, de la tribu de los yi, rompen el ciclo de rotación en el poder. La actuación de Xia se sigue con el inicio de las hostilidades. No solo los yi se enfrentan con los xia por el nuevo reparto de poder: otras tribus más pequeñas que veían menoscabados sus derechos con este golpe de estado se enfrentan a los xia, que, no obstante, acaban saliendo vencedores y asentando la primera monarquía hereditaria en la historia de China.

Esta interpretación de los escritos confucianos viene refrendada por la arqueología, como señala Liu Li: "La dinastía Xia, si existió, debe haber empezado como una sociedad de jefaturas en su primer periodo, desarrollándose luego como un estado territorial durante su época tardía".

La imposición de la monarquía por la fuerza, resultado de la victoria de los xia, acaba con el gobierno caracterizado por la armonía entre los diferentes pueblos. La militarización generalizada transforma definitivamente las sociedades antiguas. Las nuevas sociedades de la época xia se basan en la opresión del pueblo por una aristocracia todopoderosa que dirige a su gusto una sociedad esclavista, en cuya cúspide está el rey. Su poder pronto se consolida adquiriendo connotaciones religiosas, diseñando complicados rituales para confirmar su poder y actuando como chamanes capaces de comunicarse con los espíritus. En el plano material, redactan unas leyes que les ayudan a perpetuarse en el poder y construyen las primeras prisiones y murallas para proteger las ciudades donde viven los reyes.

Para mantener un dominio político y religioso sobre las tribus, no sólo se exige el pago de tributos, generalmente en especie, sino aceptar la semideificación de los ancestros del emperador, así como su infalibilidad en el establecimiento del calendario, la noticia más importante para los campesinos. De hecho, el establecimiento de la monarquía hereditaria enfatiza el culto a los antepasados, ya que el poder de cada soberano le viene dado precisamente por los méritos de sus ancestros.

La historia de la dinastía Xia está repleta de acontecimientos que reflejan la resistencia de los pueblos sometidos a aceptar la usurpación del poder por parte de los xia. Las crónicas antiguas se refieren continuamente a las numerosas guerras y rebeliones que jalonan el periodo xia. Los prisioneros de estas guerras fueron los primeros esclavos de China. A pesar de esa concentración de poder, única hasta el momento, el "imperio" de los xia sólo comprendía una pequeña parte del centro de China. Aunque este es el único documentado por la historia clásica de China, siempre interesada en establecer una línea de continuidad desde el pasado más remoto, no hay duda de que en otras localidades se formaron otras entidades políticas en las que la civilización seguía caminos diferentes. De ellas tenemos muy poca información.

OTRAS CULTURAS EN LA ÉPOCA XIA

Cultura marinera en las costas de Fujian. Según los datos proporcionados por las excavaciones realizadas en Huangguashan, entre el año 2000 y 1500 a.C. vivía en las costas de Fujian un pueblo volcado a las actividades marineras, capaz de realizar viajes a larga distancia, que mantenía contactos regulares con otros pueblos de las costas de China. Algunos autores sugieren que entre ellos podrían encontrarse los antepasados de los austronesios, que habrían emigrado a sus hogares actuales desde las costas del sureste de China.

Pero, mientras algunos chinos abandonaban el país por Oriente, de Occidente llegaba un nuevo pueblo. Los antepasados de los llamados tocarios, una de las ramas de los indoeuropeos, procedentes del sur de Rusia, penetraban por el Oeste, ocupando los oasis del Tarim hasta alcanzar la provincia de Gansu. De los tocarios se han descubierto momias en la zona, con características físicas un tanto semejantes a las occidentales, bien conservadas por el clima seco, y restos de tela de cachemira de buena calidad.

Excavaciones recientes en Asia Central muestran que hacía el año 2000 a.C. surgió una cierta homogeneidad cultural entre los pueblos que habitaban las estepas que se encuentran entre los Urales y la cuenca del Tarim. Debida posiblemente a la introducción en esa zona de las vacas y ovejas como animales de pastoreo, y a la introducción de los vehículos de ruedas tirados por caballos, que permitían la utilización óptima de los escasos recursos de esta región. Esto obligaba a mantener a las gentes y sus rebaños en continuo movimiento, convirtiéndose por primera vez dicha región en una vía de comunicación efectiva entre Asia y Europa. De tal forma que:

"entre el año 2000 y 1700 a.C. los pueblos de las estepas estuvieron relativamente unificados con la adopción en un amplio territorio de semejantes estrategias de subsistencia, tipos de cerámica y de armas, tipos de viviendas y asentamientos, así como prácticas rituales".
(Anthony David)

En tiempos posteriores se forman una serie de culturas que forman un área compacta, con contactos con Siberia, Asia Central y China. La presencia de estos pueblos indoeuropeos al oeste de China, y sus casi seguros contactos con las balbuceantes monarquías de la China primitiva obliga a replantear la cuestión de las relaciones culturales entre China y Occidente, pues si, en diferentes épocas históricas, se encuentran numerosas semejanzas, éstas se hacen más patentes cuando la cultura antigua China alcanza su primer esplendor, con la dinastía Shang, un esplendor que, como veremos, mantiene demasiadas semejanzas con los de Sumeria o Egipto.

La decadencia de los xia, atribuida en las siempre moralizantes crónicas confucianas a la degradación moral de su último rey, Jie, ha debido responder más bien al creciente desarrollo de sus competidores shang. De hecho, las excavaciones realizadas en Erlitou muestran una decadencia durante los años en los que surgen como centros principales de poder de Erligang y Yashi (los primeros centros shang), lo que parece mostrar un largo proceso mediante el que los miembros de este linaje alcanzaron la supremacía sobre los xia.

Dinastía Shang

Al contrario de lo que sucede con la dinastía Xia, donde la escasa documentación disponible hace que algunos autores duden de su existencia real, sobre la sociedad shang existe una abundante documentación. Primero por las fuentes escritas en los siglos posteriores;

Vasija rectangular para cocinar (*ding*). Dinastía Shang

segundo, por las inscripciones encontradas en sus propios bronces, que han proporcionado numerosa información sobre su vida y cultura; tercero, por el descubrimiento de numerosos fragmentos de conchas de tortuga y escápulas de bovino usadas para adivinar, en las que se escribía información sobre el asunto en cuestión, así como el resultado de la adivinación; y, cuarto, por las excavaciones realizadas en los últimos años, especialmente en Anyang y Erligang.

La estirpe real de los shang, y puede que su mismo estado, pudieron haberse originado alrededor de las mismas fechas que la dinastía Xia. De hecho, según sus tradiciones, su primer ancestro, Xie, hijo del emperador Tiku y la joven Jiandi, ayudó a Yu el Grande a combatir las inundaciones.

Los primeros shang se movían por el territorio situado al sur de la provincia de Shandong, en aquellos tiempos tierra de marismas pantanosas con pocos lugares secos. Tal vez la cooperación necesaria entre las aldeas para roturar esas tierras favoreció la creación de un estado. Lo cierto es que los shang fueron alcanzando cada vez mayor poder entre las diferentes tribus del este de China, llamadas genéricamente yi, con las que mantuvieron estrechas alianzas, de tal forma que, cuando el régimen de Xia se debilitó, Shang ya era su rival más poderoso.

Es importante mencionar que la existencia de los tres estados de Xia, Shang y Zhao (que sucederá a Shang quinientos años después) es más o menos simultánea, alcanzando cada uno la hegemonía en un periodo histórico diferente; comparable tal vez a la posición hegemónica alcanzada por España, Francia e Inglaterra en sucesivos periodos de la historia moderna de Europa. Pero además de éstos, existen otros muchos estados más o menos poderosos, que muchas veces son determinantes en la ascensión y el mantenimiento del poder de estas dinastías, así como en su decadencia cuando sus lealtades se transfieren a nuevos pretendientes; como sucedía en la Europa de la misma época con Holanda, Alemania, Italia o Suecia.

La época de dominio shang se extiende durante unos seiscientos años, desde aproximadamente el año 1700 a.C. hasta el 1100 a.C. Aunque hay dos fases de desarrollo bien diferenciadas, una en su primera capital, Erligang, y otra en Anyang, y entre ellas un periodo de

La China de los shang

crisis del que nos han llegado pocas noticias, motivado por las luchas dinásticas, ataques exteriores o desastres naturales.

Tradicionalmente, se considera que el rey Tang, aprovechando el descontento de las tribus que apoyaban a Xia, sustituye definitivamente su poder por el de los shang. Tang es considerado por la historia un gobernante capacitado y virtuoso. Establece su capital en Erligang, bajo la actual ciudad de Zhengzhou, diseñando lo que será el gobierno de los shang. Esa Erligang desde donde gobiernan los shang entre el año 1500 y 1300 a.C., es ya una gran ciudad de 25 kilómetros cuadrados, con una muralla de tierra apisonada de 7 kilómetros de perímetro, 9 metros de altura y 22 de anchura. En el interior de ella se encuentran los palacios, y en el exterior, los talleres. Una excavación completa de Erligang se hace por el momento imposible, pues sobre sus ruinas se alza la gran ciudad de Zhengzhou, capital de la provincia de Henan.

La sociedad shang es una sociedad clasista y militarizada, en cuya cúspide se encuentra el rey; bajo él, una aristocracia de nobles, campesinos y esclavos. La agricultura y la ganadería se desarrollaron bastante, por las obras de riego que generaron unos excedentes cada vez mayores, por la utilización de nuevas herramientas y por el cultivo de un mayor número de especies vegetales. Pero el nivel de vida de los campesinos no cambió durante siglos. De hecho, los poblados desenterrados de esta época mantienen las características de la cultura longshan, lo que parece demostrar que ese excedente de riqueza iba a manos de la aristocracia. Bajo los campesinos aun estaban los esclavos, la mayoría capturados en las guerras contra los enemigos, que cultivaban los campos o cuidaban los animales de los señores, y eran sacrificados, como las vacas, o enterrados vivos acompañando los funerales de los poderosos.

El rey es la máxima autoridad política y religiosa; ejerce la acción política por medio de una serie de ministros; la acción religiosa con la asistencia de chamanes y adivinos; y la acción militar por medio de un poderoso ejército, dotado con armas de bronce, cascos, escudos de piel, y en su época posterior carros de guerra, dirigido por los nobles de los clanes aliados, que a veces tienen el mando sobre los guerreros de su propio clan.

Como el profesor Chang ha señalado, el linaje real estaba compuesto por diez clanes divididos en dos segmentos rituales que se turnaban a la hora de ejercer el poder. El rey era asistido por un ministro perteneciente al segmento ritual opuesto y que, en cierta forma, mantenía el equilibrio de poder entre esa alianza primitiva y preparaba la sucesión del rey por algún allegado de su propio segmento ritual. Esos primeros ministros, que a veces corrigen al rey o le asesoran, representan el poder de la mitad de los clanes de linaje real, interesados en que el buen gobierno del rey legue un estado próspero al representante de su propia mitad ritual que se convertirá en el próximo rey; con ello inauguran el papel que desempeñarán en siglos posteriores los intelectuales y letrados junto al emperador.

Las ciudades y sus cementerios estaban perfectamente diseñados, con zonas donde habitaban las dos mitades rituales perfectamente separadas. En el centro vivían los nobles, mientras que los campesinos y artesanos tenían sus propios barrios. Toda la ciudad estaba amurallada.

Efectivamente la vida de las clases dominantes se hacía cada vez más compleja, utilizando numerosos artículos de lujo que dieron lugar al desarrollo de las artesanías, especialmente la metalurgia del bronce, y al establecimiento de rutas comerciales con países lejanos, desde los que llegan las monedas, conchas de cauri procedentes de las costas situadas al sur del Yangtze y lugares aún más remotos; las tortugas para usar en adivinación; el cobre y estaño para fundir el bronce, y otros bienes necesarios ya en la vida cotidiana de la nobleza, como el jade. Las necesidades de artículos suntuarios por parte de las clases dominantes no solo provocan el desarrollo del comercio, sino también, de la artesanía. En las ciudades hay un buen número de artesanos dedicados a producir los artículos de lujo que demandan los nobles: jade, bronce.

Nacimiento de la escritura china

El bronce se convierte en el artículo de lujo por excelencia. La riqueza de los nobles se mide más por sus bronces que por su dinero. Es por ello por lo que durante esta dinastía la metalurgia del bronce se desarrolla tremendamente, alcanzando niveles estéticos muy elaborados que no se volverán a lograr en tiempos posteriores. Algunos autores piensan que el desarrollo previo de la alfarería tiene gran influencia en el esplendor de estos bronces, pues muchas piezas y motivos presentan gran semejanza. La existencia de culturas como la de Sanxingdui, prácticamente contemporánea a la cultura de los shang, con una metalurgia igualmente avanzada, induce a pensar también en la posibilidad de la existencia de eslabones en esa evolución aún desconocidos. Los bronces shang son la cima de la metalurgia de la China antigua. A veces llevan una inscripción que describe su función; su uso frecuente para libaciones rituales parece indicar que el licor ayudaba al trance de los chamanes.

En esas inscripciones de los bronces y en las realizadas con fines adivinatorios sobre los caparazones de tortuga o escápulas de bovino es donde se descubre por primera vez la escritura china como tal. Se puede decir que surge con la dinastía Shang, o más propiamente con el traslado de la capitalidad a Anyang, cuando se usa continuamente en las prácticas de adivinación. Hoy en día aún no conocemos con detalle su desarrollo, pues antes de Anyang solo se han encontrado algunos conjuntos de signos que no se acercan a una escritura, ni siquiera rudimentaria, mientras que en Anyang surge ya una escritura bien desarrollada. Una escritura que si bien parte de unos pictogramas que describen de forma sencilla los fenómenos de la naturaleza, como el agua, el sol, la luna o las montañas, ya ha evolucionado lo suficiente como para poder describir conceptos abstractos, sentimientos e ideas.

Aunque el nacimiento de la escritura china parece haber surgido en el contexto de esta adivinación de tipo religioso, su utilización posterior para regular el comercio y fijar las normas que rigen las relaciones entre la gente son las que realmente promoverían su difusión y acabarían por convertir a la cultura shang en el germen de la cultura china: desde la aparición de la escritura, se diferencia claramente a los pueblos que pertenecen al ámbito cultural chino de los que quedan fuera de él.

La religión shang

La religión shang postulaba que Xie, el primer ancestro imperial, era hijo de Shangdi, dios del cielo y señor todopoderoso que regía el universo. Aseguraba que los emperadores se convertían en dioses tras su muerte, mientras que en vida tenían la capacidad de ponerse en contacto con sus ancestros deificados pidiéndoles que intercedieran por el pueblo. Esa capacidad de intermediar entre los hombres y los dioses convierte al emperador en el sumo sacerdote de esta religión, que, a su vez, justificaba y perpetuaba su poder.

A ese cielo, regido por los antepasados de los shang, era donde iba la gente tras morir. El culto a los antepasados que se desarrolla en estos años se genera en parte por haberlos deificado y convertido en habitantes del cielo. De hecho, las familias nobles trazaban su genealogía

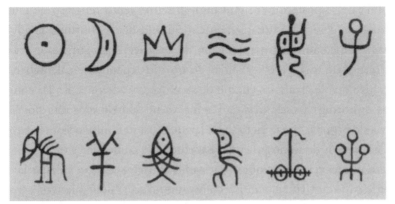

Pictogramas arcaicos utilizados en la caligrafía china

hasta algún dios mediano. Los poderosos, al morir, eran enterrados con numerosas pertenencias: objetos de bronce, dinero de cauri, animales, carros y esclavos decapitados de forma ritual. En los últimos tiempos, cuando su poder se extendía como nunca y las riquezas se acumulaban en Anyang, hubo reyes que fueron enterrados entre el sacrificio de cientos de esclavos.

La principal obligación del rey, que justificaba su divinidad ante el pueblo, era el control del calendario, básico para una sociedad agrícola. Debido a ello se desarrollan las observaciones astronómicas, se registran por primera vez eclipses de sol y de luna, y se mejora el calendario de los xia. No es casualidad que los nombres rituales de los diez clanes del linaje real coincidan con los de los días de su unidad básica del calendario. Pues para los shang el año se dividía en seis meses, cada uno de ellos comprendiendo seis periodos de diez días. Como ese año sólo tenía 360 días, cuando era necesario añadían un periodo de cinco días para ajustarlo al ciclo solar.

Paralelamente a la religión oficial existían una serie de religiones populares, con dioses locales, como el de la tierra (*Tu*) y el del mijo (*Gu*), que contaban con pequeños templos en cada aldea y eran servidos por sacerdotes de carácter chamánico llamados *wu*, además de otra serie de deidades relacionadas con los fenómenos de la naturaleza, como el dios del río Amarillo, o de las montañas, y de otros ríos y bosques, a los que se veneraba con diferentes rituales estacionales.

En la fase posterior (de Anyang), el sentimiento religioso de esta dinastía se desarrolló notablemente, utilizándose de continuo la adivinación mediante la interpretación de las grietas que surgían en caparazones de tortuga o escápulas de bovinos cuando se calentaban. Eso hizo que se creara un cuerpo de sacerdotes y adivinos. En las conchas de tortuga y escápulas de bovino ya no sólo se pregunta por la lluvia de primavera o la victoria en la guerra; sino también por el éxito en las campañas de caza o en las expediciones comerciales.

La influencia shang sobre los estados contemporáneos es especialmente cultural y ritual, aunque como aún no se ha descubierto el centro ritual de los shang, existen muchas lagunas en el conocimiento de su religión. La conquista y absorción de pueblos aún nómadas que viven en sus territorios se reviste de un carácter religioso, justificándose por su falta de respeto a los ritos shang.

El estado Shang

El estado Shang estaba fuertemente militarizado. La organización de su ejército en compañías de cien soldados con armas de bronce y la utilización de los carros de guerra desde los que combatían los aristócratas, debieron hacer fácil mantener su supremacía sobre otros estados. El ejército no solo servía para la defensa exterior. En el país abundaban las ciudades fortificadas, cuyo gobierno estaba encomendado a los nobles relacionados con el linaje real, que tenían una cierta autonomía para dominar al pueblo en su territorio y recoger impuestos entre los campesinos. De hecho, ante el rey, solo tenían la obligación de contribuir con impuestos y asistirle en la guerra.

La articulación del estado shang se basa en el comercio (tortugas para caparazones, conchas de cauri usadas como moneda), la guerra (con campañas continuas contra los pueblos vecinos) y la religión (articulada en torno al culto a los antepasados y unos linajes que viven en ciudades amuralladas).

Los shang están organizados en poblados en torno a centros ceremoniales, de los que el más importante es la capital donde reside el rey. Es decir, shang son varios estados diferentes, que reconocen la

Ding rectangular para cocinar. Dinastía Shang

superioridad ritual de los shang. Pero todavía hay muchos pueblos bárbaros en el interior de sus fronteras, considerados como tales porque no reconocen la cultura ni la religión shang.

La tierra estaba gobernada por parientes del rey en los sitios más cercanos a la capital. En otros más lejanos, los gobernantes solo eran aliados sin parentesco que, sin depender políticamente de los shang, reconocían no obstante su superioridad ritual. Aun más lejos existían una serie de puestos comerciales que mantenían una comunicación periódica con la capital shang. Vemos por tanto que los shang no eran los reyes de un imperio unido bajo su mando, sino los gobernantes más poderosos de un mundo multicentrado y multicultural. Las dinastías posteriores, en sus deseos de legitimar el dominio del centro de China, atribuirán a los shang un control político que posiblemente no hayan ejercido nunca.

La primera capital de los shang, Erligang, fue abandonada por razones que aún se desconocen. El traslado de la capital a las cercanías de Anyang se produce por el rey Pan Geng. Los grandes esfuerzos que, según las historias posteriores, tuvo que realizar para convencer a su pueblo de la necesidad de establecerse allí, a la orilla de un río, parecen indicar que una serie de catastróficas inundaciones hayan llevado a la destrucción de esa primera fase de la dinastía Shang, y al establecimiento de capitales en zonas montañosas, a salvo de los caprichos de los ríos. Sólo cuando se establecen en las cercanías de Anyang, donde los shang mantendrán su poder durante los siguientes 263 años, vemos el verdadero florecimiento de su cultura: crean la escritura china, alcanzan el cenit en el fundido del bronce y consiguen un mayor desarrollo político y económico.

Hasta el momento se han descubierto dos capitales shang en las cercanías de Anyang. La primera, Huanbei, ha sido localizada hace sólo unos años. En ella se han desenterrado algunas de las más grandes construcciones de los shang. Es una ciudad vallada, con un centro político ceremonial compuesto de más de veinticinco edificios que ocupan un total de diez hectáreas, y del que sale al menos una calle de ocho metros de ancho con aceras de casi dos metros a sus lados. Se piensa que ésta es la capital fundada por Pan Geng.

La segunda, Yinxu, debió de ser fundada por Wu Ding, pues a pesar de ser conocida desde las primeras décadas del siglo xx, no se han encontrado rastros anteriores a su reinado. Durante los 59 años que Wu Ding se mantuvo en el poder realizó numerosas campañas militares que extendieron el dominio shang por un territorio cada vez mayor. La cultura llegó a su apogeo y con ella la autoridad real. Se detecta mayor cantidad de bronces, más sacrificios humanos y más concentración de poder en el rey. Se dice que uno de sus mejores generales fue Fu Hao, una de sus esposas. Precisamente su tumba es la única tumba imperial de los shang descubierta intacta, pues las demás han sido saqueadas repetidas veces a lo largo de los siglos. En ella se ha encontrado un fabuloso tesoro con varios cientos de artículos de bronce, así como un buen número de animales y esclavos sacrificados de forma ritual. Fu Hao dirigió varias expediciones militares contra los pueblos del norte, y ocupó posteriormente el gobierno de algunas ciudades importantes.

El papel de las mujeres nobles es, con los shang, prácticamente semejante al de los hombres, aunque no pueden alcanzar la cúspide del poder político. A principios de esta dinastía la sociedad aún tenía mucho de matrilineal. Hay testimonios de reyes que ofrecen sacrificios a varios padres y de hombres que se incorporan al clan de la mujer. Eso hace pensar que las mujeres no solo sean las dueñas de la casa, sino también de la familia. En esa época aún se hacen sacrificios a las antiguas reinas, y los hijos se consideran descendientes de su madre. El amplio sentido de los términos padre y madre, que incluyen a los tíos de su misma generación, bien puede reflejar una sociedad en la que la pertenencia a un linaje determinado es más importante que la relación con unos determinados progenitores biológicos.

Tras la muerte de Wu Ding se detiene la expansión exterior, sustituida por la expansión en el interior. Esto lleva a la roturación de nuevas tierras y a la eliminación de los pueblos no agricultores en el interior de las fronteras del Imperio Shang, reforzándose la burocracia estatal y provincial.

Con los últimos reyes de los shang se aprecia un aumento de la actividad militar –las campañas continuas contra los qiang del Oeste y los yi del Este sólo consiguen victorias parciales– y un debilitamiento de la alianza tribal que les mantiene en el poder. Durante la época de Di Yi (1191-1155 a.C.) los yi del Este, tantas veces derrotados, atacan a los shang, obligándoles a establecer una capital secundaria al este, en la actual Qixian, provincia de Henan.

Decadencia shang

El último rey shang fue Zhou Xin (1154-1122), al que la historia considera un gobernante cruel y disoluto. Los historiadores clásicos achacan su caída, y con ella el fin de la dinastía Shang, a una vida dedicada a los placeres, mencionando como ejemplo la construcción de un enorme jardín con un estanque de vino, con carne cocida colgada de los árboles, por donde el rey jugaba desnudo con sus favoritas. Pero la clave de su fin se encontraría más bien en el asesinato de su propio primer ministro Bigan. Con ello rompe definitivamente la alianza entre los diez linajes divididos en dos mitades rituales y el equilibrio entre los clanes shang instituido cientos de años atrás: Bigan no es sólo su tío, consejero y primer ministro, sino la mayor autoridad de los clanes que deben turnarse en el poder. Es posible que en su gran historia de amor por la reina Daji deseara legar el poder a su hijo y se le ocurriera convertir la monarquía por rotación en monarquía hereditaria, privando a la mitad de los clanes del poder que les correspondía a continuación. Eso puede explicar también que sus propios hombres le abandonasen en la batalla final.

Zhou Xin intentó compensar la ruptura de la alianza de poder con los linajes reales entregando cierto poder a los jefes de las mayores tribus del Oeste, entre los que estaban los zhou, que se habían desarrollado con fuerza en los últimos años. Pero posiblemente tampoco debió respetar sus acuerdos, pues éstos tramaron la rebelión, siendo algunos asesinados y otros encarcelados. Según la leyenda, el rey Wen de los zhou aprovecha su estancia en la cárcel para componer el *I Ching* o *Libro de los Cambios*. Solo será liberado cuando su hijo, el rey Wu, pague una gran cantidad de riquezas como rescate.

Wen y Wu crearán un ejército cada vez más fuerte en el oeste, mientras los shang se van debilitando por el descontento popular y los ataques de los yi desde el Este. De esta forma cuando rey Wu ataque finalmente a Zhou Xin, conseguirá una victoria casi sin lucha en la batalla de Muye, poniendo fin a la dinastía Shang.

Todavía queda mucho por conocer acerca de la China de los shang. Ni siquiera se puede afirmar con seguridad que se trata de una sola dinastía. Las diferencias entre los primeros shang y los de las últimas épocas son evidentes; apenas se sabe nada de su historia durante el periodo de tiempo inmediatamente anterior a su establecimiento definitivo en las cercanías de Anyang, y aún no se han localizado y excavado el resto de sus capitales políticas, ni su capital religiosa y ritual, la llamada ciudad de Shang, donde estaban los templos a los antepasados y las mayores construcciones religiosas. Es posible que la idea que tenemos de esta dinastía se vea completamente modificada en los próximos años.

RELACIÓN DE LA CULTURA SHANG CON OTRAS CULTURAS ANTIGUAS

Desde hace años diferentes autores han reparado en las semejanzas entre la cultura shang y las antiguas culturas de Oriente Próximo, especialmente en Mesopotamia y Egipto. De hecho, cualquier campo de la cultura y sociedad que toquemos nos muestra, a grandes rasgos, tan grandes semejanzas que es difícil pensar que no haya existido una influencia externa en la fundación de la cultura shang. Como en otros aspectos de la historia, los intereses nacionalistas impiden a veces una investigación objetiva. En el propio Occidente hay una amplia división de opiniones entre los llamados difusionistas y los aislacionistas.

Los difusionistas afirman que todas las grandes culturas de la humanidad se han creado por la difusión de sus elementos principales desde la más antigua en Sumer, en una ruta que a grandes rasgos recorre Sumeria, Egipto, el valle del Indo, China y la India, y las culturas precolombinas. Los aislacionistas en cambio piensan que cada una de las grandes culturas ha evolucionado independientemente, siendo una creación de sus poblaciones locales.

Ciertamente las noticias recientes que nos muestran una continuidad cultural en Asia Central en fechas tan remotas como el año 2.000 a.C., y la evidencia de contactos comerciales y culturales entre Europa y Asia al menos desde esa fecha, hace pensar que algunos elementos de la cultura china y, especialmente, de la shang puedan haber sido trasmitidos desde Occidente. Pues tanto en la dinastía Shang como en las culturas de Sumeria y Egipto nos encontramos con una clase sacerdotal que gobierna el estado a cuya cabeza está un rey sacerdote, unos rituales funerarios de estos gobernantes que incluyen el enterramiento de cientos de personas con sus soberanos, el desarrollo de dos sistemas numéricos, usados todavía a lo largo del mundo desarrollado, el decimal y el sexagesimal, utilizado uno para los negocios y otro para los rituales, la construcción de enormes capitales como centros políticos y religiosos, rodeados por una muralla, en las que se crea una arquitectura impresionante con columnas y tallas de piedra bien desarrolladas; la utilización generosa de herramientas, armas y objetos rituales de bronce, un sistema de escritura bien desarrollado, y la introducción de los carros de bronce.

Vemos además que tanto en Egipto como en China el rey era coronado en las cuatro direcciones, y que en ambos países desaparecía durante los días intersticiales, pues al tener el año 360 días, había que añadir al final de cada año cinco días para mantener su precisión. Ya hemos visto anteriormente las semejanzas que Joseph Campbell señala en el plano mitológico.

Pulleyblank señala como signos de evidente importación desde el Oeste el trigo, la cebada y el carro tirado por un caballo, que unido al hecho de que culturas que durante cuatro o cinco mil años interaccionan de forma pacífica lo hacen ahora violentamente, hace que concluya prudentemente: "parece probable que un estímulo del Oeste jugara un papel significativo en inaugurar la Edad de Bronce china." Para la transmisión de esta serie de innovaciones políticas, religiosas y técnicas que pueden llevar a un reino a dominar a los que le rodean no hace falta un gran movimiento de pueblos difícil de imaginar, sino que bastaría con la presencia de un pequeño grupo de intelectuales, sacerdotes o misioneros, como veremos con la presencia de los jesuitas en las cortes de los emperadores ming y qing, donde a pesar de llegar a una sociedad bien desarrollada introdujeron cambios de gran alcance político, económico y militar.

Pueblos de la periferia shang: los qiang y los yi

Fuera de las regiones que controlan los shang, en el norte de China, siguen viviendo numerosos pueblos que se mantienen al margen de estas transformaciones sociales y políticas. Sociedades agrícolas, cazadoras o pastores nómadas con los que los shang mantienen relaciones comerciales, políticas y militares. Muchos de los pueblos cuyos nombres aparecen en los huesos oraculares, como los yang, poseedores de una cultura sencilla de caza y pesca, son absorbidos durante estos años.

De entre los pueblos que viven en la periferia de los shang, los que más influyen en su desarrollo político son los qiang y los yi. Los qiang habitaban la parte occidental de la provincia de Shaanxi, extendiéndose posiblemente por las provincias vecinas. Estos qiang debieron de ser muy numerosos y contar con una respetable fuerza militar, ya que las guerras contra ellos se suceden a lo largo de toda la historia shang. Las repetidas victorias sobre los qiang, con la captura a veces de numerosos prisioneros, hasta 30.000 en una sola batalla, hace pensar en su importancia económica y humana. De hecho, a pesar de sufrir a lo largo de los siglos los continuos ataques de los shang, las crónicas de las dinastías posteriores siguen mencionándoles como un pueblo poderoso asentado en una región próxima a la que habitaban durante la dinastía Shang. Desplazados al suroeste posteriormente, algunos de sus descendientes sobreviven hoy en día.

Los yi, en cambio, vivían al este de los shang, en la provincia de Shandong. En una primera época, ambos pueblos debieron de ser aliados. Al final de la dinastía Shang, las guerras contra los yi provocarán el debilitamiento de su ejército y sociedad, lo que facilitó la derrota a manos de los zhou.

En un radio más lejano existían una serie de pueblos de los que actualmente tenemos muy poca información; algunos de ellos tenían relación comercial con los shang o con pueblos que las tenían con ellos. El consumo de enormes cantidades de conchas de tortuga, cauri, bronce, jade y otros artículos de lujo por parte de los shang, debió estimular la creación de centros comerciales de importancia aun lejos de su propia esfera económica o política. Esos centros comerciales mantendrían relación en el Sur, con unos centros políticos que siguieron una evolución cultural independiente.

Restos de otras culturas aún poco estudiadas siguen apareciendo, establecidas en distintos puntos de la China actual, de Beijing a Gansu y a la cuenca del Yangtze, quedan sin embargo fuera del dominio shang.

El modelo clásico de la evolución histórica de China se tambalea, como dice Jettmar Karl:

"Ha sido confirmado que un grupo de importantes culturas muy activas existió durante mucho tiempo y que su interacción dio origen a la civilización china."

LA CIVILIZACIÓN DE SANXINGDUI

En la cuenca del Yangtze se han descubierto numerosos restos de ciudades antiguas, que apuntan a la existencia de civilizaciones contemporáneas, si no anteriores, a las conocidas en el río Amarillo. Especialmente interesantes son dos sitios descubiertos cerca de Chengdu, capital de la provincia de Sichuan, que ni siquiera se sabe aún si están relacionados. En Longma hay restos de un edificio piramidal, posiblemente un templo, en el centro de una ciudad amurallada, construido según parece hacia el año 2500 a.C.

Los hallazgos han sido más ricos en Sanxingdui. Su estudio está transformando por completo el concepto que existía de la historia china de esos años, pues en un par de fosos, posiblemente usados con labores sacrificiales, se han encontrado unos objetos de bronce perfectamente moldeados. Entre ellos destaca una gran figura de dos metros y medio de altura de lo que se cree es un rey sacerdote (con un dragón en su tocado), y un buen número de enormes máscaras que también parecen representar reyes. La presencia de una ciudad amurallada y numerosos objetos rituales hace pensar en un estado bien establecido sobre la dominación de un amplio territorio.

Se piensa que Sanxingdui empezó a ser un centro político y cultural en la región hacia el año 2800 a.C. Su existencia se extendería durante dos mil años, siendo sustituida hacia el año 800 a.C. por el reino de Shu. De esas primeras fases de la cultura Sanxingdui se han encontrado jades bellamente pulidos, que parecen relacionarles con otras culturas del Yangtze. La composición de sus objetos de bronce conduce en esa misma dirección.

Aunque Sanxingdui posiblemente tuviera relaciones con las culturas que florecen en el norte, no se ve una influencia de éstas. Al contrario, la temática de sus esculturas no presenta ninguna semejanza. El descubrimiento de un gran cetro de oro de 130 centímetros de largo y 3 de ancho, hace pensar en un poder monárquico bien establecido. Sobre su religión solo se puede conjeturar, aunque los expertos creen que combinaba el culto a la naturaleza y el de los antepasados con la creencia en un dios supremo.

Sus ciudades estaban amuralladas. Pero del resto de su vida se sabe muy poco. Sanxingdui plantea tantos interrogantes que la capacidad de responderlos cambiará por completo el concepto de la historia de China y este de Asia. Se piensa que Sanxingdui es la precursora de la cultura shu primitiva, que florece posteriormente en dichas regiones, con una población numerosa extendida por un amplio territorio y habiendo desarrollado un sistema político avanzado. Pero ni siquiera se conocen con exactitud las fechas en las que floreció la cultura de Sanxingdui. Su procedencia, las causas de su desaparición, el desarrollo de las avanzadas técnicas de fundición del bronce, el papel que jugaba esta ciudad en el sistema político de la región, o la escritura pictográfica desarrollada por ellos. Son muchas preguntas que no tienen respuesta hasta el momento.

Como señala Dolors Folch, tras los descubrimientos de los últimos años se empieza a considerar que los shang son sólo "uno más de los múltiples estados del bronce esparcidos por la geografía china."

Feudalismo y expansión en la dinastía Zhou

Los emperadores de la dinastía Zhou también se dicen descendientes de un contemporáneo de Yu el Grande, un tal Qi que en algunos mitos se considera dios de la agricultura. Sus dominios se encontraban en la actual provincia de Shaanxi, donde progresivamente van formando un estado en el que se aprecia la influencia de los pueblos tibetanos y turcos que viven en sus fronteras. A finales de la dinastía Shang, los zhou ya dominan la mayor parte de la provincia de Shaanxi. El propio rey Wen de Zhou es nombrado duque de las Regiones Occidentales por el último rey Shang, aunque en los años posteriores será encarcelado por criticar su política. Solo saldrá cuando su hijo, el rey Wu, le rescate entregando una buena cantidad de riquezas a cambio.

A la muerte de Wen, el rey Wu, aprovechando la fortaleza del estado Zhou generada por las reformas de su padre, declarará a los

Famoso *taotie* en una vasija de bronce

shang herejes por haber roto la relación entre los clanes con los antepasados, y por haber modificado el ritual. De esta forma consigue el apoyo de una buena parte de los nobles en un ataque final que acaba con una dinastía Shang debilitada por las guerras contra los yi. En la batalla de Muye, los propios soldados shang se volverán contra su rey, que se suicidará quemándose en su palacio.

La batalla de Muye acaba con el último rey Shang. Pero no les da a los zhou el dominio de su estado. El rey Wu mantiene su capital en Hao, cerca del actual Xian, donde va reuniendo en torno a sí a algunos de los poderosos señores de los estados antaño aliados con los shang. Cuando muere, dos años después, no se puede decir que su conquista haya acabado. De hecho, en la capital shang ha surgido una rebelión promovida por sus propios hermanos y algunos nobles shang. Solo será bajo el reinado de su hijo, el rey Cheng, cuyos primeros años están marcados por la regencia de su tío, el duque de Zhou, cuando se consolide y organice realmente el estado Zhou.

El duque de Zhou organiza el Estado

La primera tarea a la que se enfrenta el duque de Zhou es derrotar a la alianza de pueblos del este que aún apoyan a los shang. Tras su victoria, para cimentar su dominio en las zonas tradicionalmente shang, construye una capital secundaria en Luoyang, fuertemente guarnecida. Para sentar las bases morales que justifiquen la sustitución de la dinastía Shang por la Zhou, formula el Mandato del cielo, toda una revolución religiosa que legitima la dinastía y se convierte en el núcleo de la acción religiosa imperial.

Según esta teoría del Mandato del Cielo un emperador está obligado, como intermediario entre el cielo y los hombres, a cumplir los ritos y velar por el bienestar del pueblo. Cuando una dinastía no cumple con dicho mandato, su derrocamiento no sólo está justificado sino que es inevitable al haber perdido el favor del cielo para gobernar. De hecho, los hombres son solo un instrumento en manos de los dioses para efectuar ese derrocamiento. Si los que acabaron con esa dinastía reciben el mandato del cielo, podrán sustituirla. El emperador, por tanto, gobierna por su virtud, perdiendo el derecho a seguir gobernando cuando le falte ésta. Con este sencillo concepto no solo se conseguirá justificar el derrocamiento de una dinastía considerada relacionada con el cielo, sino también que los nuevos emperadores sean tan hijos del cielo como los depuestos. Esta idea seguirá vigente hasta el siglo xx.

Para organizar el imperio, el duque de Zhou empieza otorgando feudos a los familiares más allegados y a los aliados en las campañas guerreras, manteniendo incluso a los descendientes de la dinastía Shang, conocidos a partir de entonces como duques de Song, en otro feudo. El objetivo es no cortar los sacrificios a los antepasados y evitar así que los espíritus de sus poderosos reyes hagan de fantasmas entre sus tierras; pero no cabe duda, que con ello se garantiza la colaboración de los súbditos shang en la construcción del nuevo estado, ya que, al tener los shang, en la época de su caída, un mayor desarrollo cultural que los zhou, sus hombres tienen mayor experiencia en la administración, el comercio y la producción de artesanías. Según la importancia de los feudos, reciben distintos títulos, una graduación semejante a lo que sería en español: duque, marqués, conde, vizconde, barón.

En los años siguientes se seguirán otorgando feudos más pequeños, apenas una ciudad amurallada y los campos circundantes, a sus generales, aliados y otros personajes importantes, unos por el propio soberano, y otros por los nobles que han recibido los mayores feudos, que repiten idéntico proceso para otorgar a sus seguidores el gobierno de unidades administrativas más pequeñas. Al final del proceso de entrega de feudos se habrá llegado a una cifra de entre 1.000 y 1.500 entidades políticas subordinadas al rey Zhou. Los acontecimientos políticos más importantes de los siglos siguientes tendrán como protagonistas, no obstante, a una docena larga de los más grandes ducados.

Precisamente veremos aparecer a esos grandes ducados como protagonistas en tiempos de las Primaveras y Otoños. No se han originado por la acción de los reyes Zhou, cada uno era un centro político, económico y comercial de relevancia, antes del establecimiento del estado zhou, que reconoce su importancia y consigue ser reconocido como *primus inter pares* por ellos. Menos datos tenemos de las entidades menores, pero posiblemente hayan seguido un proceso semejante reconociendo el papel central de los zhou.

La relación del soberano, el rey Zhou, con estas entidades políticas, se materializa en tres aspectos. El primero es la aceptación de la soberanía del rey Zhou y el sistema religioso, que le convierte a la vez en la cabeza del culto al cielo; el segundo es el reconocimiento de su condición de tributarios, y el tercero es la asistencia militar.

El rey, por su parte, además de entregar o confirmar a estos nobles su gobierno sobre un territorio, les apoya con funcionarios, procedentes generalmente de la administración shang, que les ayudan a gobernar ese feudo. En el terreno militar, establece dos grandes guarniciones, una en la capital, Hao, y otra en Luoyang, donde se ha establecido una capital secundaria para controlar los extensos territorios del este, asegurar el control político del centro del país, y aprender de primera mano la administración política de los shang. Las guarniciones de estas dos ciudades acuden en ayuda de los nobles necesitados. No hay que olvidar que en esos tiempos muchos de los ducados están rodeados por pueblos nómadas o seminómadas, que aún no participan en la cultura china, y que la expansión política y cultural de los nobles zhou sobre sus tierras lleva a frecuentes enfrentamientos, a los que hay que sumar los ataques de los pueblos fronterizos.

Para gobernar ese vasto imperio con su compleja red de estados tributarios, el rey Zhou crea una administración en su propia capital, con cuatro ministerios principales: Tierra, Guerra, Construcción y Justicia, cuyos gastos crecerán según aumenten las necesidades de servicios administrativos y militares que ofrece a sus nobles, lo que a su vez transformará la obligación de tributar, de algo meramente simbólico destinado a reconocer su primacía, a una contribución necesaria para mantener los gastos de esta administración, generándose las primeras tensiones entre el poder central y los poderes periféricos. A la vez, se crea una nueva clase social: la de los letrados funcionarios, que tanta importancia tendrá en el futuro.

Con esa distribución en feudos, los zhou son el centro de un territorio mucho mayor que el de los shang, que además se va extendiendo según los principados más poderosos extienden su territorio. A la larga, dado el carácter hereditario de estos ducados y el escaso control imperial, se crea una sociedad semejante a la Europa feudal, con numerosos señores semiindependientes que mantienen una lealtad nominal al rey. Esta estructura política será la causa de la gran fragmentación que se dará a lo largo de esta dinastía, pues en cuanto el poder imperial se debilita, y los lazos familiares son cada vez más lejanos, estos principados recuperan su pretérita autonomía, manteniendo únicamente un respeto ritual por la figura del emperador. Por otra parte, la enorme fragmentación del poder del territorio zhou llevará al establecimiento de focos regionales de poder, por el que los feudos más pequeños, en vez de depender de la asistencia del lejano rey para solucionar sus problemas, se apoyan en los grandes duques más cercanos, aumentando también su poder.

La sociedad de los zhou

La sociedad de los zhou es piramidal, con el rey, propietario nominal de todas las tierras, en la cúspide. Bajo él están los aristócratas. Tanto el rey como los nobles poseen numerosos esclavos, capturados en las guerras, convictos por diversos crímenes o vendidos por sus familias, cuyas vidas carecen de valor. Una pieza de seda y un caballo se cambiaba en el mercado por cinco esclavos. Bajo los nobles están los letrados. El resto de la población se divide entre campesinos libres y ciudadanos libres; estos últimos son en su mayor parte artesanos, que realizan trabajos cada vez más especializados, y comerciantes.

Se refuerza el patriarcado y el culto al cielo. Se agudizan las diferencias sociales, creándose dos leyes, religiones y sistemas familiares, unos para los nobles y otros para el pueblo. Se crea un sistema penal en el que están presentes algunos conceptos bastante avanzados.

Como la cultura de los zhou estaba más retrasada que la de los shang, cuando alcanzan el poder adoptan la mayoría de las facetas de la cultura shang, manteniéndola y desarrollándola. De hecho, al fundarse nuevas ciudades se llevarán artesanos de las regiones shang, que habitualmente viven separados de los zhou. La casa real zhou posiblemente utilice también el turno de gobierno entre las dos mitades rituales de un linaje imperial, así como el culto a los antepasados, regulándose el número de antepasados y la forma en que se les rendirá culto según las diferentes clases sociales. La escritura es la de los shang, pero su utilización se populariza en bronces y objetos de uso cotidiano. La agricultura evoluciona con el regadío, el uso de nuevas herramientas y variedades vegetales.

La religión adopta muchas de las formas shang. Además de Shang-ti (dios del cielo), sustituido por Tian (cielo), están los dioses de las montañas y los ríos, los campos y otros fenómenos naturales. Los sacrificios humanos se hacen mucho más raros, aunque cada año se sacrifica una doncella al dios del río Amarillo. Tian (el cielo) es el que legitima a los emperadores, pero también legitima su derrocamiento cuando gobiernan mal.

Durante el reinado del rey Cheng las políticas iniciadas por el duque de Zhou se desarrollan hasta completarse. A Cheng le sucede el rey Kang, con el que se puede decir que el sistema diseñado por sus antepasados alcanza su pleno rendimiento y muestra simultáneamente sus primeras fisuras. A su muerte, es sucedido por reyes menos capacitados, que reinan en medio de luchas sucesorias. El poder central empieza a debilitarse en un proceso que se agudizará durante los siglos siguientes.

El mundo chino crece gracias a las campañas militares de los reyes Zhou y de los otros estados cada vez más poderosos sobre los pueblos que rodeaban la China de entonces. Un territorio cada vez más grande, que se hace más difícil de gobernar, especialmente dado el desarrollo de las comunicaciones del momento. La decadencia se manifiesta ya con el rey Zhao, (1053-1002 a.C.) que realiza numerosas expediciones militares al sur, y muere durante una de ellas cerca del río Yangtze.

La situación empeora con el rey Mu (956-918 a.C), un personaje un tanto misterioso del que se cuentan numerosas leyendas. Realizó varias expediciones militares hacia el oeste, y durante una de ellas dicen las historias que se entrevistó con la Diosa Madre del Oeste (Xiwangmu), reina de un mítico país habitado solo por mujeres. En sus últimos años se dice que abandonó el gobierno, dedicándose a las ciencias ocultas. Tras su muerte se inician una serie de cambios, con

Vasija para vino de bronce de la dinastía Zhou

grandes ceremonias públicas y batallas cada vez mayores, especialmente contra los pueblos del noroeste. Hasta el momento se ignora la causa, pero, efectivamente, tras el reino del rey Mu se multiplican los ataques de los nómadas del Oeste. Pronto a los qin les será encomendada la protección de esa zona fronteriza.

Más allá de la frontera

Como Yap y Cotrell explican, la historia de los pueblos situados al norte y sur de la Gran Muralla ha seguido un desarrollo paralelo, aunque lleno de enfrentamientos. Esto es debido a que, a pesar de su proximidad, las condiciones de vida son básicamente opuestas. No sólo entre la vida nómada y la sedentaria; entre los espacios densamente poblados y los espacios vacíos, entre la vida del agricultor y la del ganadero. De hecho, en el Sur, las tierras ricas bañadas por el río Amarillo permiten una agricultura intensiva, que cada vez va produciendo a su alrededor un número mayor de artesanos especializados en la fabricación de artículos de lujo; al norte, unas tierras secas sin lluvias estacionales ni capacidad de irrigación permiten la supervivencia de unos pueblos nómadas, en continuo movimiento para aprovechar los mejores pastos de cada estación del año. Al igual que en China la aparición del bronce da lugar al surgimiento de centros de poder, en el norte el bronce refuerza la autoridad de los líderes locales, pero la ausencia de ciudades y villas, y con ellas, del establecimiento de artesanos, hace que la única forma que tienen los nobles nómadas del Norte de procurarse los artículos de lujo, sea mediante el comercio, y sobre todo atacando y saqueando las ciudades del sur. Desde esta época temprana hasta la dinastía Qing, la tensión entre las dos formas de vida será continua.

Ambas economías se pueden considerar complementarias, de tal forma que durante los tiempos de paz, un comercio estable se desarrolla entre estos pueblos; los chinos entregan grano, tela y vino, que los nómadas cambian por caballos, ganado y artículos de cuero. El aumento de la riqueza durante la dinastía Zhou permite la proliferación de ciudades. Según la prosperidad de las poblaciones sedentarias que viven en el ámbito de los zhou va aumentando, así lo hace la tentación de conseguir objetos de lujo por parte de los líderes nómadas situados en las fronteras de ese ámbito. Por otra parte, los seminómadas que cultivaban algunos alimentos, ante la facilidad del comercio con los chinos, lo van abandonando convirtiéndose en nómadas, haciéndose cada vez más dependientes del comercio con las ciudades chinas, lo que les puede obligar a atacarlas si no consiguen, por medio del comercio, las provisiones necesarias.

Esa relación, ya de por sí tensa, empeora según los ducados de las zonas fronterizas multiplican su relaciones con los pueblos situados más allá del ámbito chino, algunos de estos pueblos serán integrados en la cultura china, pero los que prefieren conservar sus culturas, se verán continuamente hostigados y sus tierras invadidas por los vecinos

Vasija para vino llamada *He* con forma de ave de la dinastía Zhou

del Sur. Algunos historiadores, como Nicola di Cosmo sitúan la construcción de las primeras murallas en ese contexto de agresión a los pueblos de la frontera: "la construcción de las primeras estructuras de defensa estática sirven para establecer bases firmes desde las que los ejércitos de ocupación chinos pueden controlar el territorio no chino de los alrededores."

La caída de los zhou

En el año 841 se inician los registros históricos en China. Precisamente en ese año, el rey Li, que ha gobernado mediante la opresión y los crueles castigos, sufre la primera revolución de la historia de China. Un ejército rebelde de campesinos y esclavos ataca su palacio forzándole a huir. Los duques de Zhou y Zhao asumen el poder, permaneciendo como regentes hasta el año 828. El poder de los zhou sigue declinando. Mientras, desde el exterior, sufren los constantes ataques de los nómadas, en el interior las luchas por el poder son cada vez más intensas.

La dinastía Zhou cae definitivamente en el año 771, cuando su capital Hao es atacada y saqueada por los quan rong, uno de los pueblos nómadas que viven al oeste de ellos, posiblemente instigados por miembros de la propia familia real y de los ducados más poderosos. El rey You es muerto en el ataque y la ciudad, completamente arrasada, forzará a su sucesor, el rey Ping, a abandonar para siempre el hogar natal de sus antepasados. El historiador chino Sima Qian lo describe con pocas palabras: "declinó el poder de la casa zhou; los grandes señores feudales emplearon su fuerza en oprimir a los débiles. Las tierras de Qi, Chu, Jin y Qin empezaron a crecer en magnitud."

Los qin, descendientes de un lejano pariente de la familia imperial, habían recibido como feudo las tierras situadas al oeste de la capital, de donde provenían los ataques de los nómadas. Su éxito en la protección de la frontera donde habían vencido en numerosas ocasiones a los nómadas, hizo que los reyes les nombraran "Guardianes de las Fronteras del Oeste", donde se fueron haciendo cada vez más y más poderosos. A la caída de Hao por el ataque de los quan rong, ellos fueron los que protegieron al rey Ping en su huida a la nueva capital, Luoyang, quedándose desde entonces como señores de las tierras al oeste del río Amarillo, en ambas orillas del río Wei.

Una vez más, parece que las diferencias entre la propia clase dirigente y las luchas sucesorias por parte de la estirpe real tienen tanto que ver en la caída de los zhou como el ataque de los quan rong. Según las historias el duque de Sheng, aliado a la emperatriz indignada por que el rey hubiera otorgado el poder a la hija de una concubina, favoreció o instigó el ataque de los quan rong. En realidad la situación política se había transformado por completo, los qin, cada vez más poderosos, ya dominaban de forma indiscutida la cuenca del río Wei. La presencia de los decadentes últimos representantes de los zhou del Oeste en

Campana de bronce de la dinastía Zhou

su territorio era un anacronismo que reflejaba una situación ya desaparecida. El ataque de los quan rong parece sólo el pretexto que utilizaron los qin para acompañar al rey Ping fuera de sus tierras.

Con el traslado de la capital a Luoyang por el rey Ping, el año siguiente, se inaugura el periodo llamado de los zhou del Este, pero la debilidad real es manifiesta mientras el poder de los feudos aumenta sin cesar. El poder zhou desaparece, de hecho, con la caída de Hao. Desde Luoyang solo dominan un pequeño territorio alrededor de la ciudad. Su decadencia es inevitable, y aunque siguen siendo nominalmente los emperadores hasta el año 256 a.C., su poder es prácticamente inexistente. El papel de sus sucesores será puramente ritual y religioso durante los siglos siguientes, algo parecido al del papa en la Edad Media europea.

De hecho, el poder de los estados ha crecido demasiado para ser controlado por lejanos reyes. Templados militarmente en las continuas escaramuzas con los pueblos exteriores, no están dispuestos a apoyar una débil monarquía que en nada les beneficia. De las cerca de mil quinientas entidades políticas establecidas al principio de esta dinastía, solo quedan poco más de cien a la caída de Hao, de las que solo un puñado son políticamente importantes.

Al final de la dinastía Zhou del Oeste, China es todavía una amalgama de pueblos distintos, dominados nominalmente por unos señores que viven en las capitales amuralladas como delegados del emperador, y que a su vez van delegando el gobierno en sus fieles de forma piramidal.

Al principio de la dinastía Zhou el crecimiento territorial del mundo chino se produce precisamente por la expansión que realizan numerosos estados grandes y pequeños y la incorporación de pueblos antes extraños a su cultura. Al final de este periodo empiezan los enfrentamientos entre unos estados ya establecidos, los cuales siguen unas normas de conducta en la guerra, que debe mucho al sentido ritual de que la impregnaban los primeros reyes y que se desarrollará durante el periodo siguiente.

Con el fin de la dinastía Zhou acaba el periodo llamado en la historia clásica china como de las Tres Dinastías, un concepto que como hemos visto se ajusta más a una visión romántica de la historia que a la realidad de los hechos.

Largo camino a la unidad

Primaveras y otoños

Al tiempo que se inicia con la retirada de Hao y el traslado de la capital a Luoyang se le llama dinastía Zhou del Este. Como ya hemos comentado, tras la caída de Hao, la dinastía Zhou fue perdiendo gradualmente el poco poder que aún tenía, por lo que los historiadores prefieren dividir este tiempo en dos épocas: periodo de Primaveras y Otoños (771-479 a.C.) y Periodo de los Reinos Combatientes. (479-221 a.C.).

El primero se llama así por el libro del mismo título que proporciona la mayor parte de la información que tenemos sobre esos años.

No obstante, el proceso que se da a lo largo de ambos periodos es muy semejante. Se podría decir que narran las intrincadas relaciones entre cuatro reinos fundados en la periferia del Imperio Zhou y sus continuos conflictos por imponerse a los demás y eventualmente conseguir la dominación de toda China. Estos reinos son los llamados Qin, Jin, Qi y Chu. Todos ellos habían sido fundados al inicio de la dinastía Zhou sin duda sobre la base de entidades políticas anteriores, pues algunos incluso remontan la genealogía de sus reyes hasta emparentarlos con los emperadores míticos. Su característica común, la que les hace destacar por encima de los cientos de entidades políticas existentes durante la dinastía Zhou, es la situación periférica que ocupan respecto al centro ritual de China establecido en Luoyang, lo que les permite ir integrando en sus dominios a las poblaciones nómadas que viven más allá de las fronteras primero, a la vez que van curtiendo sus ejércitos y absorbiendo las pequeñas principalidades chinas que se encuentran en sus cercanías. Esa situación fronteriza, con su capacidad de crecimiento ilimitado, es la causa de su grandeza.

Este proceso de concentración de poder es un largo juego político en el que intervienen tanto la relación con las poblaciones bárbaras como con las chinas propiamente dichas. Algunas de estas poblaciones se van integrando lentamente en la corriente de la cultura china a través de estos estados, otras los resisten y plantan batalla. Muchas veces, en el lento proceso de formación de estas entidades políticas, un mismo pueblo será enemigo y aliado en diferentes momentos. Al final los que no se integran acabarán por ser expulsados y sus tierras conquistadas, forzándoles a alejar cada vez más su frontera. La influencia, por otra parte, de las poblaciones bárbaras sobre estos estados les irá diferenciando cada vez más de los estados ortodoxos del centro de China, donde la esencia de la cultura zhou se mantiene inalterada. Entre unos y otros se crea una rivalidad que raramente llega al enfrentamiento abierto. Unos representan la tradición, otros la novedad; unos el centro de la cultura, otros el centro de la fuerza; unos se pueden considerar chinos puros, otros están mezclados con las numerosas poblaciones de las fronteras; unos asumen el papel estático que les corresponde tras el reparto de feudos de los primeros reyes Zhou, otros, en continua expansión, han cuestionado hace mucho la validez de esos feudos.

Con los otros estados propiamente chinos, la relación se centra en tres aspectos. Por una parte se da la conquista y absorción de los pequeños principados de escasa base territorial, establecidos en sus proximidades. De tal forma que las fronteras de los estados principales pronto se encuentran, o se hallan separadas sólo por la existencia de pequeños estados que sobrevivirán únicamente por su función de escudo entre dos potencias. Entonces se inicia la rivalidad entre los grandes estados. El tercer aspecto es intentar legitimar, mediante sus relaciones rituales con los emperadores Zhou, la situación política resultante de sus campañas militares. Este proceso continuo de concentración política hace que de los cerca de doscientos principados existentes al principio de esta época únicamente queden veinte en el año 500, de los cuales únicamente siete son verdaderamente importantes.

Las breves campañas militares que se realizan durante las primaveras y otoños proporcionan una conquista a los vencedores que no es automáticamente aceptada por todos, ni los conquistados ni las otras potencias. Lo que lleva a la continua guerra estacional.

Qin, situado en la cuenca del río Wei, en la provincia de Shaanxi, era un estado semichino semiturco, establecido desde tiempos remotos en la región. Sus príncipes, que habían recibido primero la tarea de criar caballos para los emperadores, y posteriormente la de proteger la frontera del oeste contra los ataques de los pueblos exteriores, habían desempeñado su labor con tanto celo que habían convertido su título en el hereditario cargo de Guardianes de las Fronteras. Pueblo de origen nómada, tenían relación con otra serie de pueblos de origen turco que habitaban las estepas situadas al norte y al oeste de China y posiblemente con otros de origen indoeuropeo que, como los yuechi o tocarios, vivían en la vecindad. Los qin ya se habían hecho prácticamente los dueños de ese territorio ancestral de los zhou, y apenas los emperadores Zhou fueron forzados a abandonar su capital por los Rong (con la aquiescencia de los qin), éstos ocuparon su puesto.

Jin, situado en la actual provincia de Shanxi, remonta su origen a la fundación de la dinastía Zhou, cuando una rama de la familia imperial había sido enviada a gobernar la región, uno de los lugares donde su conquista había encontrado más resistencia. Allí, durante siglos, los duques de Jin jugaron un papel primordial en el control de las tribus turcas y tártaras que amenazaban el corazón del imperio. Los jin también fueron ampliando su base territorial gracias a numerosas alianzas con los pueblos nómadas de las fronteras, la integración de territorios habitados por pueblos distintos a ellos, y la absorción de algunos pequeños estados de población china, hasta tener frontera con Qin en el Oeste. Una de sus principales riquezas la obtienen por la cría de caballos.

Al este de los jin estaba el Reino de Yan, más o menos en la región donde se encuentra actualmente Beijing. Se había entregado como feudo a un allegado del emperador cuando se fundó la dinastía; estaba en contacto con las tribus manchúes y coreanas que se iban retirando a su península, así como con otros pueblos nómadas a los que cerraba el acceso al corazón del imperio. Demasiado alejado del centro ritual de poder, durante estos años se concentra en asegurar su dominio entre las tribus de la zona.

Al sur de Yan, en la actual provincia de Shandong, se encontraba el estado de Qi. Había sido otorgado como feudo para recompensar sus servicios a un consejero del primer emperador de los zhou originario de esas tierras. Lo que al principio de la dinastía era una región remota con una escasa población china rodeada de pueblos bárbaros, se había convertido al final de la misma en el más próspero y avanzado de los estados que contendían por el poder. En Qi se fue creando un estado que, combinando la cultura china con las tradiciones locales, la violencia de la conquista con la tentación del comercio, fue integrando en una sola cultura más o menos homogénea pueblos de los que no ha quedado ya noticia, entre ellos estos famosos yi que tan importante papel habían desempeñado durante las dinastías Xia y Shang. La frontera norte de los qi pronto se hizo el tercer punto de contención de los nómadas exteriores, lo que les obligó a fortalecerse en el terreno militar. En lo económico experimenta un gran desarrollo merced a su dominio de la metalurgia del hierro, al comercio de la sal marina y a la expansión territorial a costa de los pueblos situados al norte y al sur de sus fronteras. Debido a ello, aun antes del fin de la dinastía Zhou del Oeste, Qi ya se consideraba virtualmente independiente.

Protegidos por esa barrera de reinos en el norte estaban los zhou, cuyo dominio quedaba casi circunscrito a la región cercana a su capital en Luoyang; los song herederos de la dinastía Shang, al este de la capital, y otros pequeños estados gobernados por miembros de la familia imperial, como Cheng, Zheng, Wei, Ji y Lu. Eran los estados considerados ortodoxos con la tradición zhou, en los que el desarrollo cultural iba por delante del militar, que pronto quedaron a expensas de los más poderosos. Su céntrica situación tampoco les libraba de los ataques de los bárbaros, pues alrededor de ellos seguían existiendo una serie de pueblos que no participaban de la cultura china, habitantes de los terrenos menos productivos, bosques, montañas y pantanos, cuyos ataques se registran a lo largo de todo este periodo.

Al sur de Henan se extendía un país húmedo y selvático habitado por miríadas de tribus diferentes, entre ellas seguramente algunos descendientes de los miao, cuyos restos aún están dispersos actualmente al sur del Yangtze, y sobre las que solo un líder tribal, investido con autoridad sobre unas tierras en las que el emperador no tenía ningún tipo de control, fue consiguiendo ciertas alianzas que le permitieron ir impregnándolas con un barniz de cultura china. Era el país de los chu, y aunque sus gobernantes consolidaban su poder asegurando estar relacionados con el linaje real, eran considerados bárbaros por los estados situados más al norte. De hecho, su población era diferente a la de los chinos del Norte, en el aspecto físico, el lenguaje, las costumbres y las creencias religiosas. Chu era para los demás el reino de lo salvaje y exótico, de las selvas y la magia, la música y los chamanes. No obstante, tras conseguir la paz en sus tierras y extender la frontera de la cultura china hasta abarcar toda la orilla norte del río Yangtze, en el siglo VII a.C., los chu ya se consideraban con fuerza suficiente como para participar en las luchas por el poder que se sucederían durante los siglos siguientes. Es importante notar que, mientras las poblaciones bárbaras del norte de China eran aguerridos guerreros, que plantaban fiera resistencia a todo intento de conquista, en el sur vivían pueblos mucho menos militarizados que oponían menor resistencia a la expansión de los chu. El ambiente diferente en el que se movían ambos grupos de pueblos ha podido ser determinante en sus actitudes guerreras, pues mientras en el norte abandonar sus tierras tradicionales forzaba a los pueblos conquistados a emigrar a tierras secas de extremas condiciones climáticas, en el sur, las condiciones de vida eran mucho más favorables a una retirada.

Esta pequeña descripción sigue, a grandes rasgos, la descripción a todas luces sinocéntrica, presente en las obras clásicas chinas. Es en ese contexto en el que se debe aceptar aquí el término bárbaro, que se aplica a poblaciones que no participan del mundo cultural y ritual de los chinos, que no consideran al emperador como gobernante supremo y que posiblemente no utilicen tampoco los caracteres chinos. De sus culturas poco se sabe, pues ese término bárbaro abarca un buen número de pueblos diferentes, pero en algunos casos no debía de ser tan atrasada cuando precisamente el contacto con ellos estimula el desarrollo de los estados que competirán por la hegemonía.

La creciente debilidad de los emperadores en Luoyang hizo que pronto necesitaran un protector. A principios del siglo VII a.C., Qi acudió en ayuda del emperador para librarle del ataque de los tártaros; poco después, en el año 679 a.C. el duque Huan de Qi (683-643 a.C.), cuyo padre ya había actuado como protector imperial en ocasión de una disputa hereditaria, se proclama a sí mismo protector. Se inicia entonces la época de los hegemones, en la que los distintos estados, mediante el pretexto de convertirse en protectores del emperador, afirman su poder hegemónico, convocando reuniones periódicas con los reyes de los otros estados en los que se acuerdan una serie de políticas comunes, en las que de alguna forma se decide el destino de China.

El mayor mérito del duque Huan son sus repetidas victorias sobre los tártaros del norte que amenazan China; de hecho rescata a Yan de sus ataques en 662 a.C., arregla la situación hereditaria de Wei en 658 a.C., expulsado de su país por los nómadas, y protege en varias ocasiones al emperador de los ataques de los tártaros. En el aspecto interno, promueve el comercio y resuelve las disputas entre los estados. Durante sus casi cuarenta años de hegemonía es asistido en el diseño de sus políticas por Guan Zhong, cuyo libro, el *Guanzi*, un tratado sobre el gobierno correcto, es un precursor de las obras posteriores de Confucio y otros filósofos. Al crear de la mano de Guan Zhong un estado en el que el gobierno del rey es asistido por un burócrata ilustrado, permite contar con los recursos intelectuales de las familias no nobles en el gobierno del estado.

Las políticas de Guan Zhong llevaron la prosperidad a Qi. Desarrolla la agricultura, el comercio y la industria de la sal. Qi es el más rico e importante estado chino. A su capital llegan comerciantes de todos los estados. Para que se dejen allí mismo parte de sus beneficios, Guan Zhong funda las primeras casas de prostitución a su servicio. Establece también un fondo para alivio de los pobres.

A la muerte de duque Huan, un decenio de guerras y escaramuzas por conseguir la preponderancia se suceden hasta 636 a.C., cuando el duque Wen de Jin preside un concilio de todos los príncipes en nombre del emperador, declarándose de esa forma hegemón. Éste es uno de los personajes más curiosos de la época. Cuando alcanza el trono de Jin tras diecinueve años de vagabundear por las diferentes cortes de los otros estados y de algunas tribus tártaras, tiene un conocimiento preciso de la realidad de China, pero a pesar de contar con el respeto de los otros estados, no tiene el Mandato del Cielo, es decir, ni tiene suficiente fuerza militar a sus espaldas, ni una ambición imperial.

A él le sucede el duque Mu de Qin, que aunque nunca llegó a presidir oficialmente concilios en nombre del emperador, durante su reinado (659-621 a.C.) fue el hombre más poderoso de China. Tal vez su mérito mayor haya sido la expansión del territorio Qin hacia el oeste, alcanzando posiblemente puntos tan lejanos como Dunhuang, y sus repetidas guerras con sus vecinos jin.

El último de los hegemones es el duque Zhuang de Chu. Domina China de 597 a 591 a.C., y extiende los territorios de Chu en las cuatro direcciones, alcanzando partes de las actuales provincias de Sichuan y Guizhou.

Conferencia de paz

La época de los hegemones no lleva la paz a China. La enemistad casi continua entre Jin y Chu, las disputas territoriales entre Qin y Jin, y las políticas por influir sobre Lu de Qi y Jin llevan a un estado de enfrentamiento continuo que convierte en papel mojado los acuerdos alcanzados en los concilios. Precisamente el enfrentamiento entre Jin y Chu marcará la historia del siglo VI a.C. en China, sólo interrumpida por la conferencia de paz convocada por Song en el año 546 a.C.

Dado que las rivalidades entre los grandes estados acababan saldándose con sufrimientos para los pequeños, en dicha conferencia de paz se intenta lograr un equilibrio, para lo que se llega al acuerdo de que los ocho estados pequeños, Song, Lu, Zheng, Wei, Cao, Xu, Chen y Cai, paguen impuestos tanto a Jin como a Chu; mientras los poderosos estados de Qi y Qin, enemigos tradicionales de Chu y Jin, se convierten en aliados de Jin y Chu respectivamente.

La paz externa sólo pone de manifiesto las contradicciones internas. En cada uno de los estados, las familias nobles y los militares van acaparando el poder a costa de los duques de antaño, llegando en algunos casos, como en Jin, a la desintegración que veremos más adelante. Además de ser una lucha por el poder, es el final de la concepción de un mundo, en el que el poder político que ostentan el rey y los nobles, por la obra divina del Mandato del Cielo es contestado por las familias poderosas. El ritual que había llenado las relaciones políticas de los años precedentes se vuelve vacío. Aunque muchas de sus formas externas se mantienen, la carrera por el poder parece abierta a todos.

Los excedentes de producción, el desarrollo de la agricultura y la prosperidad que alcanzan las entidades políticas conducen a un aumento de los intercambios comerciales, tanto en el interior de los ducados y condados como entre ellos. Los comerciantes se convierten en una clase poderosa, cuya influencia se va notando en la sociedad. Se fundan numerosas ciudades: son los centros donde se realizan los intercambios comerciales, donde se encuentran los artesanos y se dan los primeros servicios. El comercio y los continuos intercambios culturales hacen que ésta sea una época de efectiva fusión de pueblos para formar lo que se llamará China, pues al inicio de estos años, en la mayoría de los ducados convivían pueblos de etnias, culturas y lenguas distintas, que se van fusionando progresivamente.

ESPLENDOR DEL REINO DE WU

En el siglo VI a.C., el Reino de Wu, establecido en las cercanías de Suzhou, entra en la escena política china de la mano de Jin, que desde 584 considera al rey de Wu, que ya ha sido capaz de someter y unificar a las pequeñas tribus de la zona, un aliado precioso situado en la retaguardia de su tradicional enemigo Chu. Los instructores militares de Jin enseñan a los soldados de Wu a usar carros, arcos y flechas. Wu, fundado según la leyenda por un tío del rey Wen de Zhou que había marchado a las junglas del sur para no crear conflictos hereditarios, participó durante casi cien años en la vida política de la China central.

Los wu hablaban una lengua distinta a los chinos y a chu. En sus tierras aún vivían numerosos pueblos salvajes. Su capital, en la actual ciudad de Suzhou, rodeada por una muralla de ocho kilómetros, era una de las ciudades más magníficas de la época. En el año 506, bajo el reinado del rey He Lu, un ejército dirigido por Sun Wu, autor del conocido *Arte de la guerra*, venció repetidas veces a Chu llegando a tomar su capital. Será derrotado en Chu con la llegada de su aliado Qin. Wu mantendrá, no obstante, sus aspiraciones de controlar los reinos de Qi y Lu en la actual provincia de Shandong. Para el transporte conveniente de sus tropas, construye uno de los primeros canales de la historia china, que comunicó por primera vez la cuenca del río Yangtze con la del río Huai.

Pero su esplendor duró pocos años, pues los chu les devolvieron la jugada. Levantando al reino de Yue, nominalmente vasallo de Wu, que habitaba la región de Shaoxing, en Zhejiang, contra los reyes de Wu, llevaron la guerra a su retaguardia. Wu consiguió derrotar a Yue en su primer ataque el año 484 a.C., pero acabará desapareciendo como entidad política tras un segundo y definitivo ataque en el año 473. Hay autores que afirman que algunos príncipes de Wu huyeron en barco a Japón, introduciendo en dicho país por primera vez la influencia de la cultura china.

Los propios yue, que se decían emparentados con Yu el Grande, el fundador de la dinastía Xia, que según la tradición había ido a morir a sus tierras, eran solo una pequeña porción de una familia de pueblos que habitaban la región costera de China hasta Cantón (conocido actualmente con el sobrenombre de Yue) y Vietnam (llamado en chino Yue del Sur). Los yue consiguieron extender su dominación por la región costera situada al norte de sus tierras natales, sin conseguir ninguna penetración de importancia hacia el interior. Tras su breve esplendor político fueron derrotados, y las tribus volvieron a su vida independiente en sus regiones originales. Posteriormente serán conocidos como los *baiyue* (los cien yue).

LAS GUERRAS DE LAS PRIMAVERAS Y OTOÑOS

Las continuas guerras de este periodo se regulan por unas normas un tanto caballerosas que a veces las convierten en combates casi rituales, durante los que tan importante es la victoria como conseguirla mediante un comportamiento honorable. Generalmente se evitaba herir al duque enemigo, no se atacaba cuando un estado estaba de luto por su príncipe, ni se aprovechaban los desórdenes internos para lanzar un ataque.

El carro era el principal medio de guerra. Cada carro era servido por tres hombres sobre él y otros 72 de infantería a su alrededor. Los ejércitos de esta época no eran demasiado grandes ni permanecían en campaña durante mucho tiempo. Se calcula que los mayores ejércitos han llegado a contar con 1.000 carros o 75.000 personas en el campo de batalla.

Durante estos años se empieza a utilizar el hierro. Primero en el estado de Qi, donde su comercio es causa de una inmediata prosperidad. Se usa en un principio para la fundición de armas. Poco después, su abundancia permite destinarlo a la fundición de aperos de labranza, lo que lleva al uso de animales de tiro para roturar las tierras y al consiguiente aumento de la producción. Al mismo tiempo, los campesinos esclavos son sustituidos por campesinos independientes, con la familia como unidad de trabajo. Los primeros impuestos sobre los campesinos se introducen en el estado de Lu en el año 594, donde se establece que deberán entregar al duque un 10% del rendimiento de las tierras. La medida pronto se imita en los otros estados. Los aristócratas esclavistas de antaño se van transformando en terratenientes, a cuya clase se unen militares que reciben grandes extensiones de tierra como recompensa a sus méritos, campesinos capaces de acumular tierra, y comerciantes enriquecidos con el tráfico de ganado, cereales, caballos, seda, sal, hierro o gemas.

Construcción de las murallas

Desde las primeras confederaciones de aldeas, los dirigentes chinos utilizan de forma masiva la mano de obra para ir consiguiendo mejoras en la canalización, el riego y el control de las inundaciones, que generalmente se reflejan de forma casi inmediata con un aumento de la producción agrícola. Las primeras ciudades surgen como centros de poder desde los que la clase militar protege y controla sus campesinos, y donde se guardan tras una muralla los tesoros de los terratenientes, y los excedentes agrícolas del pueblo. Casi todas las ciudades de esta época están rodeadas de una muralla, construida generalmente añadiendo capas de tierra prensada.

Durante mucho tiempo se ha pensado que el inicio de la construcción de murallas en el norte de China tenía un carácter eminentemente defensivo. Hoy esta teoría está puesta en duda. En muchas ocasiones la construcción de las murallas sigue al establecimiento de nuevas colonias en las tierras recién conquistadas a los pueblos del Norte. Lo que las convierte en un elemento de defensa de las colonias establecidas en tierras conquistadas. Las noticias de las primeras construcciones de murallas entre estados hablan de que ya en el siglo VII a.C. se construyó una para detener a los bárbaros del Norte. Desde entonces las construcciones de murallas se multiplican. Muchas veces no sólo para defenderse de los enemigos exteriores, sino de los otros estados, dándose precisamente en los años posteriores, durante el periodo de los Reinos Combatientes, un furor constructor de murallas sin precedentes. Así Qin construye a principios del siglo IV una muralla en el recién conquistado territorio de Gansu para protegerlo de las tribus aliadas con Wei, a lo que su vecino Wei corresponde en 353 a.C. construyendo una en la gran curva del río Amarillo; Zhao construye poco después (en 333 a.C) una en la frontera de Shanxi para defenderse de Wei y otra en el este (291 a.C.) para protegerse de Yan; Qi mientras tanto había erigido una muralla de más de 500 kilómetros en el siglo V a.C. para protegerse de Chu, que a su vez había construido sus murallas en el noroeste de Hubei para protegerse de los estados centrales.

La relación entre los chinos y estos pueblos nómadas era, no obstante, bastante estrecha. A lo largo de las historias chinas de estos años, la presencia de los nómadas vecinos es continua, no sólo como enemigos y/o aliados en las épocas de guerra, sino desempeñando diferentes papeles en la sociedad de los reinos fronterizos. Tanto Qin como Jin son en parte poblados por estos nómadas, gradualmente absorbidos, por regla general de forma pacífica, en el área cultural china que adquieren, de esa forma, las costumbres de China. No obstante, apenas conocemos la identidad de los pueblos que vivían en esas fronteras, ya que la mayoría de las crónicas chinas les asignan un nombre genérico. Los historiadores occidentales tampoco especifican mucho; según ellos, de este a oeste se puede contar con la presencia de coreanos, tunguses, turco-mongoles, turco-tibetanos y tibetanos.

Mientras los chinos se protegían con murallas de los bárbaros externos, asimilaban lentamente las poblaciones de los internos, integrándolas efectivamente en la corriente del mundo chino.

La vida cotidiana en Primaveras y Otoños

La unidad social era la familia extensa, que habitaba unida en una aldea, rodeada por una valla. Constituida por un número variable de casas de una sola habitación, con un agujero en el centro del techo para que saliera el humo, una puerta al este y una pequeña ventana al oeste. Cada casa tenía un pequeño recinto en el que se plantaban las moreras. Los cultivos estaban en las partes bajas, en ellos había a veces otras construcciones simples desde las que los hombres vigilaban sus cosechas. Durante los meses de actividad agrícola los hombres residen casi permanentemente en ellas, a donde las mujeres les llevan la comida.

Tras la cosecha, los hombres volvían a la aldea a descansar. Para las mujeres empieza en cambio la época de mayor actividad, dedicándose a tejer sus vestidos. De esta forma la alternancia de las estaciones marca la rotación de la actividad de las personas y del ritmo productivo de los dos sexos.

"Todas las tías son llamadas más madres, de las que la más importante no es la que da la vida, sino la más anciana." La aldea esta representada por el miembro más anciano de la generación mayor, considerado como padre, que da nombre a la familia y a la aldea.

Durante la mayor parte del año las personas sólo tienen relación dentro de esta su familia, pero dada la prohibición de contraer matrimonio entre los miembros de la misma, la mitad de los jóvenes de un sexo abandonan su aldea para casarse en una aldea cercana. Al principio, ya que la mujer es la dueña de la casa, eran los hombres los que salían a las aldeas vecinas, en las que no gozaban de ningún derecho, posteriormente con el afianzamiento del patriarcado entre los chinos, son las jóvenes las que salen a las aldeas vecinas, de donde llegarán muchachas a su aldea natal, dándose un intercambio de parejas entre las familias.

Las relaciones entre las aldeas se cimentan en las orgías que se celebran en esas épocas de fiesta, son grandes fiestas sexuales en las que se operan los intercambios matrimoniales. Son los momentos que rompen la monotonía de la vida cotidiana, y que excitan con fuerza la capacidad creativa de los individuos. Para animar a los aldeanos a encontrarse con los extraños de otras aldeas, el lugar de encuentro se hacía sagrado. Tras una primera unión en las fiestas de primavera, el matrimonio se celebraba tras el otoño (Granet).

La religión que se impone es el culto a los antepasados. Mientras el pueblo sigue venerando las fuerzas de la naturaleza, de las que dependen sus cosechas y su propia supervivencia, las clases nobles mantienen un culto a los ancestros, cuyo mayor exponente es el del propio rey a los suyos.

El desarrollo económico es enorme. El comercio entre los estados va creando una integración mayor que los tratados y alianzas. Entre la nobleza aristocrática y una masa de siervos siempre en el límite de la supervivencia, surge una clase cada vez más numerosa de artesanos, comerciantes, funcionarios e intelectuales.

En este estado de guerra casi perpetua, con una caótica situación de la sociedad, solo los letrados, que se mantienen en las cortes de los diferentes señores, como consejeros, administradores y funcionarios, intentan corregir los defectos de la sociedad. Las crónicas de la época, especialmente los *Comentarios de Zuo al Libro de Primaveras y Otoños*, nos presentan un número importante de filósofos que postulan diferentes maneras de regenerar la sociedad. De algunos, como Zichan o Yenzi, solo ha quedado mención de sus obras en las de los filósofos posteriores. Otros, como Lao Zi y Confucio, transformarán para siempre la vida de China, marcando con su impronta el pensamiento de las generaciones futuras.

LAO ZI

Natural del Reino de Chu, se dice que trabajó en la biblioteca imperial de Luoyang. Tal vez sea su conocimiento de la historia con sus continuos vaivenes lo que le lleve al desarrollo de su filosofía, en la que propugna tomar la simplicidad como el principio que guíe la vida. Sin albergar demasiados deseos, el hombre debe adaptarse a las leyes de la naturaleza. Para Lao Zi el mejor gobierno es el que no realiza ninguna actividad, en el que el sabio gobierna por la no acción. Sus teorías están plasmadas en el *Taoteking* (*Daodejing*), un libro redactado, según las leyendas, cuando al final de su existencia, cansado de la vida en la China civilizada, viajaba sobre un buey hacia el oeste. En la frontera fue reconocido por un guardia, que le pidió plasmara por escrito sus enseñanzas. El *Taoteking* o *Libro del Camino y la Virtud* es una breve colección de aforismos un tanto esotéricos en los que se plasman los principios básicos de su pensamiento. Encuadrando la filosofía de Lao Zi en los tiempos revueltos en que se manifiesta, comprendemos el anhelo de la gente por mantenerse al margen de esas ambiciones políticas de los gobernantes que solo llevan sufrimiento a la población. Rechazando la vanidad, las riquezas y el poder, insta a seguir las leyes de la naturaleza para alcanzar la plenitud de la existencia. De esta forma la persona consigue actuar dentro de la no acción, es decir dejando que las cosas sigan su propio curso. Lao Zi propugna volver a una vida simple, pura, tranquila y pacífica, a una infancia primitiva lejos de la vanidad y las preocupaciones del momento.

CONFUCIO

Confucio empezó su carrera pública como consejero del rey de Lu, su estado natal, pero ante la escasa atención que el rey prestaba a sus consejos se pasó al vecino estado de Wei, donde siguió desarrollando sus enseñanzas. Otros consejeros hacen tareas semejantes con otros príncipes, pero sólo él se convierte posteriormente en maestro.

Confucio quería acabar con el desorden de la sociedad volviendo al estado de relaciones primitivas que se daban al comienzo de la

Retrato de Confucio

dinastía Zhou, una serie de relaciones idealizadas por él mismo en la reinterpretación de los libros de historia. Según él, en los tiempos antiguos un gran pueblo convivía en paz y armonía gracias al respeto de los ritos y las normas sociales y a la aceptación por parte de cada una de las clases sociales de su papel inmutable en ese mundo. En él, el poder del soberano emanaba de su propia virtud, convirtiendo su gobierno en un efecto natural de ésta. Aunque propone algunos conceptos revolucionarios para la época como la igualdad de los hombres y la promoción de los más capacitados para los puestos de funcionarios, su teoría es idealizadora y conservadora. La importancia que da Confucio a las relaciones entre soberano y súbdito, padre e hijo, marido y mujer, en las que el segundo debe estar siempre subordinado al primero, constituyen uno de los pilares básicos de la sociedad china posterior a la dinastía Han.

De hecho, en vida Confucio no pasó de ser uno más de los sabios ilustrados que asistían a los poderosos en el gobierno de sus estados. No será hasta el establecimiento de la dinastía Han cuando se considere que sus doctrinas son las más acertadas para regir un estado en cuya cúspide está el emperador, momento en que comenzará su endiosamiento.

Retirándose del servicio de la política, Confucio se convirtió en el primer educador. Se dice que tuvo más de 3.000 discípulos, de los que 72 eran avanzados. Este carácter de educador le convertirá posteriormente en el "santo" de los letrados, alcanzando una preeminencia espiritual sin parangón en la sociedad china.

Reinos Combatientes

Aunque la división de este periodo en dos épocas diferentes puede resultar un tanto arbitraria, pues la vida política de China está regida durante ambas por los mismos actores, —un emperador con un papel ritual cada vez menos importante, y los cuatro estados mencionados con sus herederos en constante lucha por el poder—, las transformaciones sociales iniciadas durante los años anteriores configuran durante los Reinos Combatientes una sociedad completamente diferente.

Como hemos dicho, durante este periodo los reyes de Zhou siguen manteniendo su mandato nominal desde Luoyang, pero entre los estados hegemónicos se intensifican los conflictos por el poder, que culminarán con la unificación de China bajo los qin en el año 221 a.C.

El primer fenómeno que caracteriza estos años es el desprecio al ritual, que en cierta forma había regido las relaciones entre los estados desde la fundación de la dinastía Zhou. Éste se manifiesta de varias

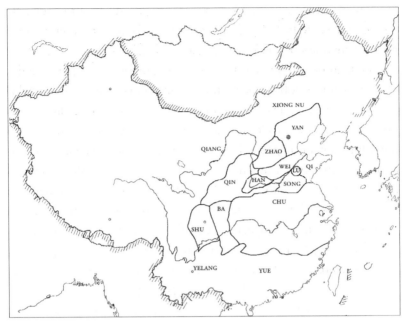

China durante el periodo de los Reinos Combatientes

formas. Por una parte, el rey Zhou va perdiendo importancia religiosa y ritual hasta acabar convirtiéndose en una figura meramente decorativa. Por otra, los duques de los estados más poderosos ven su autoridad cuestionada por las familias nobles que han ido alcanzando el poder a su sombra; algunos perderán su corona por nuevos gobernantes que se atreverán pronto a utilizar abiertamente el título de rey (*wang*), hasta entonces reservado para el rey de los zhou, utilizado en las páginas anteriores solo para facilitar el entendimiento de las complejas relaciones entre los estados.

El estado de Jin es posiblemente el que sufre desde una época más temprana las luchas de poder entre sus familias nobles. Ya la tregua acordada en el siglo VI con su enemigo principal, el estado de Chu, está provocada por el deseo de poder hacer frente a los desordenes internos. La concentración del poder en manos de tres grandes familias hace que a partir de los primeros años del siglo V a.C. el duque de Jin sea sólo una figura decorativa. El territorio de Jin se divide efectivamente en tres reinos, Wei, Han y Zhao, cuyo territorio corresponde aproximadamente a la porción que dominaba de las provincias de Shanxi, Henan y Hebei, respectivamente. No obstante, esta división no se formalizará hasta el año 403 a.C.

El estado de Qi también se ve afectado por las luchas por el poder entre sus familias nobles. De hecho, durante la mayor parte de los siglos VI y V a.C., es la familia Tian la que domina el panorama político, manipulando a su antojo a los duques de Qi. En el año 391 la familia Tian toma abiertamente el poder. En el año 378 a.C. se denominan reyes, y su capital se convierte en una de las ciudades más animadas de China. A partir de ese año los dirigentes de los otros estados también tomarán el título de reyes. Ni el estado de Qin ni el de Shu experimentan tan dramáticos desórdenes. Prosiguen, en cambio, su expansión territorial hacia las regiones de población no china, al oeste y al sur, respectivamente.

Estos reinos junto a Yan, que ha seguido creciendo a costa de los pueblos coreanos y manchúes del norte de Beijing, se reparten el poder a partir del siglo V a.C. Los pequeños estados centrales, gobernados por los descendientes de la familia imperial, Song, Wei, Lu, Zheng, van desapareciendo uno tras otro, anexionados por los más poderosos, dejando sobre el tablero sólo siete estados. Así vemos que en el año 375 a.C. Han acaba con el estado de Zheng. Los yue son derrotados y anexionados por Chu en el año 344 a.C., que también se anexionó Lu en 249 a.C., mientras que Qi se había encargado de Song en 286 a.C. Por fin, en el año 256 a.C., los qin acaban con el último de los emperadores títere de Zhou.

EL REINO DE ZHONGSHAN

Los últimos bárbaros interiores también acaban por fundirse en la gran corriente del mundo chino. Pueblos que se habían quedado al margen de la corriente histórica por habitar en bosques, montañas y marismas, o que habían rechazado integrarse en el mundo ritual y cultural chino, son conquistados y absorbidos. Uno de los casos más interesantes es el Reino de Zhongshan, establecido en la provincia de Hebei, al sur del actual Beijing. Fundado en el año 414 a.C. por el rey Wu de la minoría nómada llamada di del Norte, refleja los intentos de un pueblo nómada por adaptarse a los tiempos cambiantes. Fue destruido en el año

409 a.C. por un ataque de los wei. Será reinstaurado pocos años después por una nueva dinastía real, alcanzando un cierto desarrollo, especialmente en el terreno de la metalurgia, como demuestran los ricos tesoros encontrados en sus tumbas reales, antes de desaparecer para siempre ante un ataque conjunto de Zhao, Yan y Qi. Lo único que queda de su población, fundida con los chinos vecinos, es una cierta especialización en algunos tipos de artesanías.

No cabe duda que durante estos siglos que llevan a la unificación de China, numerosas comunidades nómadas, frecuentemente mencionadas al principio de la dinastía Zhou, sufren un destino semejante; integrándose de forma más o menos violenta en la gran corriente de China, apenas dejan para la historia alguna particularidad local.

Estos siglos son una época de gran desarrollo económico, social y comercial, así como tecnológico, científico y filosófico. La mejora de los regadíos y de las técnicas agrícolas con utilización de instrumentos de hierro, arados, fertilizantes y el aumento de las tierras roturadas conduce a una mayor producción. Una mayor riqueza en el campo lleva a un desarrollo del comercio y la población de las ciudades, que se convierten en centros artesanales, industriales y comerciales. Entre ellas el comercio cada vez es mayor. Para facilitarlo se mejoran los caminos y aparecen las primeras monedas. Se realizan grandes obras de regadío, lo que acrecienta el poder de los reyes, capaces de organizar esos trabajos de construcción y de colonizar las nuevas tierras con sus súbditos.

La guerra se transforma radicalmente. Ya no son batallas entre caballeros que duran un tiempo limitado y se cobran pocas víctimas, sino una guerra total en la que participan ejércitos sostenidos por los ricos recursos de un estado, capaces de permanecer largo tiempo en campaña, sembrando la destrucción allá por donde pasan. No es casualidad que en esta época surjan numerosos estrategas. Un intelectual parece ser un mero experto en el arte de la estrategia. En el siglo v a.C. el carro de guerra comienza a sustituirse por la utilización de caballería a imitación de los vecinos turcos, que facilita una movilidad mucho mayor. A la caballería le apoya la infantería, que utiliza armas de hierro y ballestas.

La guerra total supone un aumento del poder del estado, que tasa a los campesinos y se los lleva cuando los necesita, y a una caída de la aristocracia, relevada por letrados que gobiernan en nombre del estado. De hecho, la necesidad de los reyes, en constante guerra por conseguir todos los recursos a su alcance para mantener e incrementar su poder, hace especial hincapié en las teorías de los estrategas, los filósofos y los reformadores sociales. Por ello surgen numerosas escuelas filosóficas que compiten entre sí por mostrar ante la sociedad lo acertado de sus planteamientos. Se denominan las Cien Escuelas. De entre ellas algunas se interesaban por problemas lógicos, dialécticos u ontológicos. Las más conocidas son, sin embargo, las que se interesaban por los asuntos políticos.

La escuela de los motistas

Se denominan motistas a los seguidores de Mozi, cuya política se define brevemente como la política del amor universal. En general, cree en la bondad natural del hombre y en la necesidad de tratar al prójimo como desearíamos ser tratados. El gobierno debe centrarse en realizar acciones útiles para el pueblo, que se manifestarán de forma evidente para todos en el aumento de la riqueza y la población del estado. Por ello las acciones que mayor daño hacen a la sociedad son las relacionadas con la guerra. Los motistas son fervorosos pacifistas, que se convierten, muchas veces, en grandes estrategas de la defensa con la esperanza de hacer abandonar al enemigo sus planes de ataque. Propugnan asimismo la frugalidad y atacan la ostentación de los nobles y las grandes ceremonias en las que se dilapidan los recursos del pueblo y del estado, la música y cuantas actividades no produzcan un aumento evidente de la riqueza del pueblo.

Aplicando el concepto de utilidad al de seguir los mandatos del cielo, acaba por fundar una religión del cielo, al margen del estado, con sus propios monjes y rituales. Religión que desaparecerá con la unificación de los han y que posiblemente forme la base eclesiástica al taoísmo religioso, que se funda por entonces.

Shang Yang y Han Fei son filósofos que pertenecen a la escuela llamada legalista. Para ellos las teorías de Confucio son falsas, especialmente la idealización que hace de la historia de las dinastías pasadas. Los tiempos actuales son mejores que los pasados. Sostienen que el hombre es un lobo para el hombre, y sólo donde siente el temor al castigo no osa violar las leyes. Por eso proponen unas leyes rigurosas iguales para todos, con las que pretenden acabar con los privilegios de los nobles y animar al pueblo a actuar de forma correcta. Su objetivo último es alcanzar la grandeza del estado desde la que podrá emanar el bienestar del pueblo, aunque éste tenga que sacrificarse en el proceso. No hacen falta hombres sabios para dirigir el país, basta con leyes sabias, pues en ellas todas las relaciones están perfectamente definidas con una objetividad que no permite interpretaciones personales.

Ambos filósofos estuvieron al servicio de Qin, ambos ayudaron a realizar la transformación que acabará por dar a Qin el dominio de China. Ambos serán ejecutados como recompensa a sus servicios. Si Shang Yang tiene una visión práctica de la política que le permite llevar a cabo una pequeña revolución que acaba con los privilegios de la aristocracia convirtiendo a los campesinos en la base del estado; Han Fei, en su libro, el *Hanfeizi*, desarrolla como nadie las bases teóricas de esta escuela filosófica.

La escuela confuciana

Mencio, por su parte, intenta dar una visión práctica de las enseñanzas de Confucio. Según él, como el soberano gobierna con su ejemplo, manteniendo la sabiduría podrá hacer progresar a su pueblo. El punto central de sus enseñanzas es la benevolencia. La acción del estado no debe ir dirigida a incrementar su propio poder ni el del rey, sino a generar un mayor bienestar para el pueblo. En ese aspecto justifica la dictadura que beneficia al pueblo, pero también justifica el regicidio cuando el soberano injusto no escucha las amonestaciones de sus ministros. La sociedad se divide claramente entre los que gobiernan y los que son gobernados.

Uno de los filósofos confucianos menos conocidos en occidente es Xunzi, aunque sus teorías son muy interesantes. Sigue en algunos puntos las doctrinas de Confucio, pero va más allá y plantea ya el concepto del "contrato social", pues según él la sociedad surge como producto de un pacto entre los hombres, que aceptan pertenecer a ella en el puesto que les corresponde por los beneficios que se derivan de su vida en sociedad. Justifica de esta forma las clases sociales, así como la existencia de ritos y leyes destinados a regular esa vida en sociedad.

Zhuangzi por su parte es el mayor exponente de la escuela taoísta, y uno de los más finos escritores de la historia china. Al igual que ya hizo Lao Zi, propone el alejamiento de la política y el acercamiento a la naturaleza. La realidad es completamente subjetiva, y el hombre debe alejarse de los fantasmas del poder para volver a la vida sencilla acorde con las leyes de la naturaleza. Su lenguaje, lleno de metáforas, crea una obra magnífica, a través de la cual muestra al lector la realidad que subyace más allá de las palabras.

Las diferentes teorías políticas y económicas van marcando las etapas de un nuevo desarrollo económico, administrativo y social. Buscando la forma de conseguir la más idónea integración de sus súbditos bajo su bandera y control, cada estado inicia diferentes reformas. En el estado de Jin se crean unas administraciones militares que, dependiendo directamente del rey, refuerzan su poder en perjuicio de los nobles. Casi simultáneamente, en el Reino de Chu se pone en marcha una administración civil basada por primera vez en una división administrativa al margen de los nobles. Años después Qin fundirá ambos sistemas y, añadiendo un elemento de control, conseguirá la administración más efectiva.

Los Reinos de Qin y Chu, los más bárbaros y más grandes, con más tierras para conquistar y a la vez menos ligados a la tradición, progresan en esta China que es un hervidero de ideas. Pronto su rivalidad marca la historia de esta época. Chu sigue extendiendo su frontera hacia el Sur, entrando en contacto con pueblos de culturas diferentes. Qin, mientras tanto, la extiende hacia el Oeste. Entre ellos quedan pronto los dos reinos que existían en la actual provincia de Sichuan: los ba y los shu.

SICHUAN ENTRA EN LA HISTORIA:
LOS REINOS DE SHU Y BA

Los reinos de Shu y el de Ba eran dos reinos rivales que dominaban la zona central de la actual provincia de Sichuan, con sus capitales en las cercanías de Chengdu y Chongqing, respectivamente. Tanto los shu y los ba como los Yi, más al sur, consideraban al tigre, en lugar de al dragón, como su animal totémico. Aunque los ba y los shu tenían numerosas características comunes, mantenían una enemistad continua. Los yi, seguramente originados de una rama de los shu emigrada al Sur en el siglo IV a.C., también estaban en guerra perpetua contra los ba. En sus bronces quedan grabados recuerdos de batallas, prisioneros esclavizados y otros decapitados. Mientras los shu y ba cayeron bajo la dominación qin, los yi, en una región montañosa de escasa producción agrícola, más al sur, evitaron la conquista, y de hecho mantuvieron su independencia en sus escarpadas montañas hasta mediados del siglo XX.

El Reino de Shu, que ocupaba el territorio cercano a la ciudad de Chengdu, posiblemente sea el heredero de la misteriosa civilización de Sanxingdui, que acabó en el año 900 a.C. Algunos autores afirman que el reino de Shu ya había mantenido relaciones con el centro de China desde tiempos remotos, pues ese nombre se menciona en los huesos utilizados para adivinar en la dinastía Shang, así como en la coalición de pueblos que llevó al rey Wu a establecer la dinastía Zhou. Otros piensan que, demasiado alejados del centro de China, pudo haber existido otro reino de igual nombre en las regiones centrales. Sí parece más claro que tanto los ba como los shu mantenían una cierta relación con los Chu, que en su expansión por el sur habían llegado a las fronteras de sus territorios.

El Reino de Ba había sido establecido hacia el año 1000 a.C. Desde su capital en Chongqing se extendía por la cuenca del Yangtze, habiendo alcanzado una cierta maestría en el trabajo del bronce. Había desarrollado mucho la navegación fluvial. Colocaban a sus muertos colgados de precipicios o dejándolos en barcos sobre el río. Sus relaciones con Chu databan de varios siglos antes, cuando se habían producido numerosos enfrentamientos bélicos entre ambos. La paz se había conseguido al fin por medio de alianzas matrimoniales, y tras ella los chu habían acudido en su ayuda en varias ocasiones. Tanto Ba como Shu acabaron convertidos en terreno de batalla entre Chu y Qin, que veían en la conquista de éstos una oportunidad de acorralar a su enemigo. Finalmente extinguidos por estos últimos, algunas de sus costumbres se reflejan aún en las minorías étnicas de la zona.

El Reino de Yelang

Un poco más al sur del territorio de los ba habitaban una serie de pueblos con menor desarrollo político. Se habían organizado en torno a diez confederaciones tribales, de las que la más poderosa era la de Yelang, que ocupaba la actual provincia de Guizhou. Esta alianza de tribus, establecida en el siglo VII a.C., compartía algunas características culturales con los ba. Habían conseguido gran desarrollo en la metalurgia del bronce, cuyos diseños tienen características propias. Enterraban a sus muertos con la cabeza metida en una vasija de bronce. Viviendo en tierras montañosas de menor valor estratégico, más lejanas y escasamente productivas, se libraron de los ataques de los qin. Serán en cambio víctimas de los ataques de los chu, que envían expediciones al suroeste de China para evitar verse rodeados por los qin. Los yelang, no obstante, no serán vencidos, y seguirán siendo dueños de sus tierras hasta el año 26, cuando los ejércitos de los Han les impongan su dominio. Sus descendientes formarán posteriormente varias minorías del sur de China.

El Reino de Dian

Por esos años entra en la historia el Reino de Dian, que se había establecido en tiempos remotos en la actual provincia de Yunnan. Allí se había desarrollado una compleja cultura del bronce, algunos de cuyos productos posiblemente llegaron hasta la corte de los shang. En los años anteriores a la conquista de Sichuan por los qin, el general Zhuang Jiao salió de Chu para explorar y conquistar el territorio de los dian. Tras vencerles militarmente, se puso en marcha para regresar a Chu, pero su camino de vuelta se vio cortado por los qin, que ya habían conquistado Ba y Shu. Zhuang Jiao volvió sobre sus pasos, estableciéndose en Dian, donde se proclamó rey y se adaptó a las costumbres locales.

Se sabe poco del Reino de Dian. Mencionado en algunas crónicas de la dinastía Han, desapareció de repente en el año 110, tal vez por un cataclismo natural. Solo en la década de los cincuenta del siglo xx se descubrieron cerca de Kunming algunas tumbas reales; y en el año 2001 se ha descubierto en el fondo del lago Fuxian, un poco más al norte, la que posiblemente sea su capital: una ciudad rodeada por una muralla, con ocho distritos bien definidos y una larga avenida entre ellos.

Los expertos calculan que habían desarrollado una compleja metalurgia del bronce hacía el siglo viii a.C., y que habían fundado su poder sobre las tribus aborígenes de Yunnan, con las que guerreaban frecuentemente, esclavizando mujeres y niños. Utilizaban como moneda las conchas de cauri, organizaban peleas entre los toros y adoraban a la serpiente como tótem.

Tras la conquista de Sichuan en el año 318 a.C., Qin inicia su colonización con campesinos libres. Poco después, en el año 270 a.C. pone en marcha unas impresionantes obras de canalización y regadío que todavía se conservan en la actualidad. Colonización y canalización en medio de una larga paz convierten a esa región en una importante zona agrícola. Ahora Qin es el reino más rico y extenso, pues además de doblar su parte territorial, tiene la posibilidad de atacar a los chu por su flanco oeste.

La irresistible ascensión de Qin

A partir del siglo iv a.C., la historia de China es la de la rivalidad entre Qin y Chu, cada uno gobernando aproximadamente un tercio del territorio, por hacerse por el control del país. Las guerras, en las que vastos ejércitos participan, se hacen cada vez más sangrientas.

Todos los recursos del estado se vuelcan en ellas. Como narra Sima Qian, en los cien años anteriores a la unificación de China por los qin, más de un millón de soldados enemigos perecieron en sus manos. Los otros reinos se mantienen en un continuo juego de alianzas variables que generalmente se dirigen a detener la expansión de los cada vez más poderosos qin. Pero no hay duda que son los qin los que mejor van adaptando su gobierno a los tiempos que vienen. Para evitar las corruptelas que se pueden dar en los funcionarios crean una administración tricéfala, con un elemento civil, otro militar y otro de supervisión, que se extiende desde los consejeros del rey hasta las prefecturas en que se divide el reino.

Durante el reinado de Xiao Gong se ponen en práctica en el estado Qin las enseñanzas del filósofo legalista Shang Yang, que llega a su capital en el año 361 a.C. Con ellas se aleja definitivamente a los nobles de la administración de la tierra, sustituyéndolos por un cuerpo de funcionarios. Aliviados de la presión, los campesinos progresan. Se hace a los habitantes de cada aldea responsables de los crímenes de los otros, y en pocos años, a pesar de la dureza de las leyes, la gente vive feliz. Se reforman los sistemas de impuestos y la escala de premios en el ejército. Shan Yang, que divide el país en condados gobernados por magistrados, aligera los impuestos, legaliza la propiedad privada de las tierras, libera las ventas de tierra, crea un cuerpo de funcionarios responsables ante el rey e inicia la unificación de pesos y medidas. Con campesinos más ricos y fuertes, y, por tanto, soldados más numerosos y bien alimentados, el reino prospera. Shang Yang transforma definitivamente la base del poder real, cambiando esa abstracta investidura celestial de antaño por una muy concreta base de campesinos ricos y fuertes para sustentarlo.

Así, a la muerte del rey Xiao Gong, el Reino de Qin ya es el más poderoso de China, aunque su hijo, Hui Wen, pagará al sabio sus servicios a la patria condenándole a muerte, instigado por los nobles que se vengan de esta forma por los privilegios perdidos. Al poder económico y administrativo Qin une un poder militar único, fruto de sus continuas campañas contra los enemigos de más allá de las fronteras; con los que se ejercita, y acaba por adoptar muchas de sus tácticas guerreras.

Han Fei, seguidor de las teorías de Shan Yang y el máximo exponente de la escuela legista o legalista, también estuvo al servicio de Qin, y aunque, al igual que Shan Yang, acabó ejecutado, la mayor parte de sus teorías políticas, no obstante, acabaron por ser aplicadas. A los esfuerzos de los filósofos por conseguir de nuevo una China unificada, se suman los de los comerciantes, que sueñan con la posibilidad de hacer negocios en un mercado único, sometido a las mismas leyes, en el que las odiosas aduanas estén abolidas, poblado por personas con gustos y necesidades semejantes. Su influencia será grande, como veremos más adelante. De hecho Lu Buwei, un próspero comerciante, será uno de los principales impulsores del proyecto unificador de China.

Las relaciones entre los estados son cada vez más intensas. El comercio se desarrolla enormemente. Los comerciantes de algunos productos, como la sal y el hierro se enriquecen espectacularmente. La astronomía progresa. Se publica el primer *Libro de las Estrellas* que sitúa de forma precisa más de 120 estrellas y menciona varios centenares más, permitiendo prever con exactitud el inicio de cada estación. En medicina se realizan grandes progresos. El médico Bien Que, del estado de Qi, sienta los cimientos de la medicina tradicional china.

EL ORIGEN DE LOS EUNUCOS

En tiempos de Primaveras y Otoños, los delitos que no eran tan graves como para merecer la pena de muerte se castigaban con la castración, la amputación de un pie, la amputación de la nariz o la marca en la cara. Los criminales así castigados pasaban luego a desempeñar diferentes labores: los que sufrían la amputación de un pie quedaban al cuidado de los parques y jardines imperiales, en los que no tenían la posibilidad de dedicarse a la caza; los que perdían la nariz eran enviados a guarniciones lejanas, para evitar las burlas de los niños y su continuo sufrimiento; los marcados en la cara solían ser enviados a defender las puertas de la ciudad, para hacerles sentir vergüenza por los delitos cometidos; por último los castrados eran enviados al servicio de palacio, ya que se consideraban más dóciles que el resto de los hombres, y no había peligro de que cuidaran las mujeres de los príncipes. No obstante, a lo largo de la historia, los eunucos no han sido un grupo tan apacible como se esperaba de ellos, viéndoseles involucrados en asesinatos y conspiraciones desde los primeros tiempos. Durante la época imperial, especialmente cuando se sientan al trono emperadores débiles, su privilegio en el trato cotidiano con el monarca llegará a convertirles en los auténticos detentadores del poder. Trabajando a la sombra de la legalidad institucional, destituirán ministros, eliminarán opositores y harán temblar incluso al propio emperador.

Unificación de China

El poder de los qin es incontestable; los otros reinos solo se defienden como pueden. Su confianza es tal que en el año 256 a.C., el rey Zhuang Xiang hace abdicar a su favor al último emperador de la dinastía Zhou. Zhuang Xiang, cuando era apenas un príncipe, estuvo prisionero en el reino de Wei. Fue rescatado de su prisión por Liu Buwei, un rico mercader que se convierte en su amigo, protector y consejero. Liu Buwei tendrá un papel determinante en la política de Qin durante los años siguientes. Consigue influir en la voluntad del padre de Zhuang Xiang, que le nombra heredero, ignorando los derechos de sus hermanos mayores. Una vez en el trono, le presenta también a su concubina favorita, según las malas lenguas ya embarazada, con la que tiene a su hijo y sucesor Ying Zheng, que posteriormente se convertirá en el Primer Emperador. Tal vez, por lo tanto, hijo de Liu Buwei y no del rey.

Ying Zheng sube al trono en el año 246 a.C. Tiene entonces sólo trece años, y Lu Buwei actuará como regente hasta que sea proclamado rey en el año 238 a.C. Pronto se deshace de Lu Buwei, partidario de una conquista paulatina de los otros reinos, sustituyéndole por Li Si, también de la escuela legista, que propone una acción militar rápida. De su mano, en sólo una década acabará con los estados que han guerreado por el poder durante casi un milenio.

¿Por qué triunfan los qin sobre los otros reinos tras tres siglos de guerras continuas? Es cierto que entre los qin se daban buenas condiciones para imponerse a los demás reinos. Contaban con un ejército disciplinado y curtido en las guerras fronterizas, una economía desarrollada con una próspera agricultura y un rico comercio, una amplia base territorial aumentada con la anexión de los Reinos de Shu y Ba en Sichuan, estaba situado en una estratégica situación difícil de atacar; y, sobre todo, una administración eficaz que pone todos los recursos del estado a disposición del soberano y sus intereses políticos. De hecho, otros estados tenían ejércitos disciplinados, como Zhao, economías desarrolladas, como Qi y Chu, o amplia base territorial, como Chu. Pero carentes de una administración eficiente, el destino del estado era manejado por unas corruptas aristocracias que miraban más su propio beneficio que el del estado. Aprovechando esa situación, Qin utiliza su poder económico para ir sobornando a los nobles de los estados enemigos, mientras su fuerza militar derrota a los ejércitos de los otros reinos.

En el año 230 a.C. Ying Zheng comienza sus conquistas. Derrota primero al reino Han, acabando con sus reyes. Su campaña victoriosa continúa con la derrota sobre Zhao, cuyo poderosísimo ejército es descabezado por el propio rey en el momento decisivo. Pronto le siguen Wei, Chu, Yan y por último Qi, cuyos nobles, sobornados por Qin, promueven una rendición sin lucha. De esta forma, en el año 221 a.C. Ying Zheng es el amo de toda China, proclamándose emperador, título reservado hasta entonces para los primeros míticos gobernantes del pueblo chino, con el nombre de Qinshihuangti (primer emperador de la dinastía Qin).

La construcción de China con las dinastías Qin y Han

Dinastía Qin

Con el establecimiento de la dinastía Qin, el largo proceso de gestación de China se culmina con el nacimiento de un país unido mucho mayor y más homogéneo que las entidades políticas establecidas hasta el momento. La China de los qin abarca la parte principal de la China actual. La dinastía Qin, sin embargo, es una de las dinastías que menos tiempo se mantuvo en el poder, apenas quince años, desde el año 221 al 207 a.C. No obstante, en tan corto espacio de tiempo provocó tan grandes transformaciones que su influencia se deja sentir hasta el presente.

El primer emperador, una vez derrotados los reinos rivales, comienza su tarea de hacer efectiva la unidad de China en torno a él. Para evitar las rebeliones de los estados conquistados, confisca las tierras de sus

Extensión del Imperio Qin

reyes y príncipes, repartiéndolas entre los campesinos; arrasa las fortificaciones de las ciudades y murallas del interior; acaba con los regionalismos mediante masivos trasplantes de población, y con el feudalismo alejando a los nobles del gobierno de sus territorios, obligándoles a trasladarse a su capital, Xianyang, donde los convierte en sus cortesanos, haciendo construir para ellos lujosos palacios. De esta forma traslada a las cercanías de Xiangyang a 120.000 nobles de los estados conquistados. Mantiene la estructura de gobierno que tanto éxito le ha dado al Reino de Qin, asistido por tres ministros que representan los tres canales de administración que se extienden por todo el país: civil, militar y supervisora o censora. El gobierno queda en manos de funcionarios nombrados por él mismo. De esta forma realiza una división administrativa de China con 36 prefecturas, en las que ejercen su poder un comandante militar, un gobernador civil y un inspector imperial. Las prefecturas son divididas a su vez en condados gobernados por un magistrado.

Tras organizar la administración según el modelo qin, unifica los caracteres chinos, ya que en cada región se utilizaban distintos caracteres, con el fin de que los funcionarios se puedan entender en todas las prefecturas del imperio. Se unifican también las leyes, así como las monedas, pesos y medidas para poder cuantificar el pago de impuestos de forma uniforme y hasta la anchura de los caminos, para que tanto los funcionarios como los comerciantes puedan circular sin barreras por todo el reino. De hecho se crean dos grandes carreteras lisas y arboladas que desde Xianyang van hacia el sur y el este, y otras muchas más pequeñas comunicando las ciudades principales de cada prefectura.

EXTENSIÓN DEL IMPERIO QIN

Una vez unificado el espacio de China, inicia una serie de campañas destinadas a ampliarlo y definirlo.

En el norte los xiongnu, con sus continuos ataques, se habían convertido en una constante amenaza para los chinos. Antes de la unificación, los Reinos de Qin, Zhao y Yan ya habían construido murallas intentando contenerles. Qinshihuang expulsa a los xiongnu hacia el

Guerrreros de terracota en la tumba del primer emperador Qinshihuangti

Norte, forzándoles a abandonar los ricos pastos de la meseta de Ordos, que enseguida coloniza con penados deportados desde otras regiones de China. Pero al privar a estos pueblos nómadas de sus mejores pastos y de los beneficios del comercio con China, provoca una situación de angustia propicia al surgimiento de líderes militares. El caudillo Doumen comenzará a unificar bajo su mando las diferentes tribus Xiongnu, que se mantendrán en continua guerra contra los chinos. Esto les obligará a mantener grandes guarniciones en la frontera norte y a unir las murallas defensivas construidas en los tiempos pasados hasta crear una Gran Muralla que se extiende sin interrupciones desde el desierto hasta el mar y que divide para siempre a los de dentro, chinos, de los de fuera, bárbaros. El general Meng Tian es el encargado de la defensa del Norte, de mantener las guarniciones y de construir la Gran Muralla.

El Primer Emperador envía otro gran ejército al sur. Ante la imposibilidad de cruzar las escarpadas montañas que separan la cuenca del Yangtze de la del río Xijiang con sus pesados pertrechos, los soldados construyen un canal. El canal Lingqu tendrá gran repercusión sobre el desarrollo posterior del sur de China, ya que será la única vía de comunicación con el Norte. En la actual provincia de Guangxi los ejércitos de Qinshihuang combatieron una guerra fantasma. Mientras el calor, los parásitos y las enfermedades tropicales iban diezmando a la tropa, los antepasados de los zhuang, emboscados en el laberinto de montañas que ha hecho famosa esa región, les sometían a un continuo acoso. Casi no hubo batallas, pues los zhuang se enfrentaron a este enemigo superior en una guerra de guerrillas, atacando por sorpresa y desapareciendo en las montañas a continuación. Los chinos conseguirán atravesar las provincias de Guangxi y Guangdong, hasta el rico puerto de Cantón y el norte de Vietnam, dividiendo la región en tres comandancias. Para garantizar la presencia china, en los años siguientes serán deportados al sur más de 500.000 convictos. El canal Lingqu se mantendrá hasta principios del siglo XX como una de las principales vías de comunicación con el sur.

Bajo los auspicios de su ministro Li Si, tras la unificación política, económica y legal, Qinshihuang pone en marcha la unificación cultural. Por ello, en vista de que las críticas de los intelectuales, más cercanos a Maquiavelo que a Descartes, pueden llegar a poner en peligro su imperio, ordena la quema de los libros de filosofía y de historia (que permiten comparar el régimen presente con los del pasado) y hace cesar las críticas a su gobierno. Poco después 460 intelectuales son enterrados vivos, acusados de hacer correr rumores difamatorios. Este es uno de los sucesos que más ha servido para ilustrar su despótica personalidad en boca de sus detractores, pero conviene aclarar que ni acabó con los libros, ya que mantuvo copias de ellos en la Biblioteca Imperial, quemada posteriormente por las tropas de Xiang Yu cuando arrasó su capital, ni los intelectuales eran, como ya hemos dicho, puros pensadores, sino una mezcla entre el político y el creador de imperios que podían suponer un peligro real.

El emperador llevaba personalmente el peso del gobierno de su imperio. Tenía una gran capacidad de trabajo, se dice que cada día repasaba varios kilos de informes escritos en tablillas de bambú. Obsesionado con la muerte y la posibilidad de ser asesinado, construyó el Palacio de Efang, su residencia, con tantas habitaciones que nadie sabía donde dormía; realizó numerosos viajes a las montañas sagradas,

La Gran Muralla en las proximidades de Beijing

y envió diversas expediciones a los confines de su imperio en busca de las hierbas de la inmortalidad.

En las obras que realiza, la Gran Muralla, sus palacios imperiales, su magnífica tumba y el vanguardista sistema de carreteras que comunicaba todas las regiones de China, se llegaron a emplear a casi dos millones de personas: condenados, deportados y campesinos en prestaciones de trabajo obligatorio. Un elevado porcentaje de la fuerza productiva de la época. Los campesinos se sentían agotados y esquilmados. China se empobrecía. Las rígidas leyes mantenían una tensa calma.

FIN DE LA DINASTÍA QIN

Qinshihuang murió en el año 210 a.C. mientras realizaba uno de sus viajes de inspección por las provincias. A su muerte, su ministro Li Si y el eunuco Zhao Gao conspiraron para inducir al suicidio al príncipe Fu Su, legítimo heredero, y sustituirle por Hu Hai, una marioneta fácilmente manejable por ellos. La crueldad con la que Zhao Gao, que pronto se libró de Li Si, gobernó el país, fue la guinda que colmó la paciencia del pueblo chino. Mientras Zhao Gao iba eliminando a los miembros de la familia imperial y a cuantos oponentes políticos encontraba, las rebeliones surgían por doquier.

Uno de los primeros levantamientos fue protagonizado por novecientos soldados que acudían al reemplazo de la defensa del norte cuando encontraron su camino cortado por graves inundaciones. Viendo que no llegarían a tiempo de ocupar sus puestos, y sabiendo que el retraso estaba castigado con la muerte, decidieron rebelarse. Por donde pasan los soldados rebeldes, los campesinos se enrolan en su ejército. Pronto son varios miles de rebeldes formando un reino campesino, que unos meses después se atreve a atacar Xiangyang. La victoria aún no está madura, y aunque su ejército es derrotado por los generales qin, la mecha de la rebelión ya ha prendido en el pueblo, y solo cesará con el fin de la dinastía.

La siguiente ola de rebeliones que se extiende por China no tarda en encuadrarse en torno a los antiguos reinos, surgiendo el fantasma de una nueva fragmentación. La desconfianza entre los gobernantes es aprovechada por los generales más inteligentes para aumentar su poder. En los últimos días de la dinastía Qin, solo quedan Liu Bang y Xiang Yu aspirando a convertirse en sus sucesores.

En el año 207 a.C., ante la presencia de Liu Bang en las cercanías de la capital, el ministro Zhao Gao hizo asesinar al Segundo Emperador, proponiendo a Liu Bang que se repartieran el Imperio Qin. Liu Bang rechazó la oferta. El Tercer Emperador subió al trono. Durante los escasos 46 días que pudo mantenerse en él antes de entregar el poder al propio Liu Bang, ordenó ejecutar a Zhao Gao.

Liu Bang no se proclama emperador, ni saquea la capital qin. Xiang Yu, su principal oponente, se encuentra en las proximidades con un ejército cuatro veces más numeroso. Ante esa situación desfavorable, salva la vida entregando a Xiang Yu los frutos de su conquista. Las tropas de Xiang Yu serán precisamente las que arrasen la ciudad, saqueando sus riquezas, incendiando sus palacios y bibliotecas y exterminando a la familia imperial.

Así es como en el año 206 a.C. la dinastía Qin sucumbe víctima de los enormes odios que ha despertado entre la aristocracia, los militares y el pueblo. El régimen legalista que, mediante la aplicación de leyes rigurosas a un pueblo próspero y pacífico, había proporcionado la hegemonía el Reino de Qin, fracasa ahora ante un pueblo explotado por las continuas levas para las grandes obras imperiales, esquilmado por unos impuestos que suelen rondar los dos tercios de la cosecha, y en el que las rígidas leyes no pueden contener el odio y los deseos de rebelarse.

Dinastía Han

Al final de la dinastía Qin había tantas posibilidades de que China permaneciera unida como de que volviera a la fragmentación previa a la unificación de Qinshihuang. De hecho, los ejércitos rebeldes que se levantaron contra los qin enseguida se repartieron títulos y feudos según recuperaban el control de algún territorio, reorganizando el espacio político chino en torno a los reinos recientemente desaparecidos. El propio Xiang Yu, tras acabar con el último emperador Qin, confirió títulos y feudos a más de veinte nobles. Al fin y al cabo, era la forma tradicional de repartirse el país. Tal vez el más firme partidario de mantener ese modelo de China unificada propuesto por los qin fuera Liu Bang, que tras cinco años de lucha conseguirá vencer a los otros contendientes y establecer la dinastía Han. Fue la llamada Guerra Chu-Han, que desde el año 207 al 202 a.C. enfrentó a Liu Bang con Xiang Yu por el control del territorio chino, saldándose con la derrota y muerte de Xiang Yu y con el entronamiento de Liu Bang como emperador Taizu.

Cuando Liu Bang subió al trono se encontró con un país asolado por las guerras, con los campos abandonados, las ciudades saqueadas y la administración casi inexistente, pero en los escasos siete años que reinó puso en marcha una serie de políticas que definirían la dinastía Han y la China que conocemos. La dinastía Han, a lo largo de sus casi cuatrocientos años de gobierno, imprimió el carácter de lo que sería la China del futuro. De hecho, muchas de las instituciones sociales que se diseñaron durante esta dinastía se mantendrán vigentes, con sus lógicas transformaciones, hasta principios del siglo xx. Los chinos, para referirse a sí mismos, aún se denominan han.

Los generales de Liu Bang

Cuando un grupo de hombres combaten juntos durante años contra un enemigo común, compartiendo durante sus campañas alegrías y penas, victorias y derrotas, y, superando al final cuantos obstáculos se encuentran en su camino, consiguen derrotar al enemigo fundando una nueva dinastía, se puede decir que se han establecido estrechos vínculos entre ellos. Pero a partir del momento en que se funda la dinastía, uno de los camaradas, el líder, destaca por encima de todos los demás al obtener el poder absoluto del imperio. Su naturaleza humana, incluso, parece súbitamente transformada, pues colocándose por encima del resto de los mortales se convierte en el Hijo del Cielo. Es difícil que los hombres que han dormido, comido, bebido, luchado y amado a su lado acepten de inmediato su súbita divinización. Una de las primeras acciones que deberá realizar el fundador de una nueva dinastía será deshacerse, por las buenas o las malas, de esos sus generales que en cualquier momento se pueden tornar en peligrosos competidores.

Para consolidar su poder, Liu Bang utilizó la forma tradicional de recompensar a sus generales, concediéndoles extensos territorios como feudos. De esta forma, de las 54 provincias en las que dividió su estado, 39 se las entregó a sus antiguos compañeros de armas. Pero para evitar la posibilidad de secesión, limitó su poder colocándoles bajo la supervisión de funcionarios que dependían de la administración central dirigida por él mismo. Por otra parte desmovilizó el ejército, disminuyendo la importancia militar de sus antiguos generales, previendo que en caso de guerra se reclute un ejército imperial y se nombren nuevos generales.

Estas medidas solo consiguieron estabilizar la situación durante un tiempo. A su muerte, de hecho, surgirán pequeñas rebeliones en las provincias, ya que, si ya es difícil mantener la lealtad al emperador, aun lo es más mantenérsela a su esposa, la emperatriz Lu, que actúa como regente en nombre de su hijo. De esta forma los feudos que Liu Bang había entregado a algunos de sus seguidores aumentan su poder, formando reinos casi independientes que cada vez tienen menos respeto por el poder imperial. Antes de su muerte el propio Liu Bang mandó asesinar a algunos de los generales más poderosos, sustituyéndoles por sus hijos al frente de los feudos más importantes. Pero eso no acabará con el problema. En tiempos del emperador Wen Di (179-157 a.C.), la tensión entre el centro y las provincias estalla en la llamada Guerra de los Siete Estados. Derrotados por las fuerzas imperiales, se restablece la unidad. El problema sólo alcanza su solución definitiva en tiempos de su sucesor, Wu Di, que promulga leyes contra el mayorazgo con las que, obligando a dividir las propiedades de los nobles entre sus hijos, evita una excesiva concentración de poder en sus manos. Esto no acaba con el poder de las familias, pero lo disminuye tanto que imposibilita que puedan competir con el estado.

La Administración han

El segundo reto al que se enfrenta Liu Bang es conseguir un cuerpo de funcionarios capaz de administrar el imperio recién fundado. Para ello no le queda más remedio que servirse de los únicos que tienen experiencia en esa actividad. Utiliza a muchos de los funcionarios que sirvieron a la dinastía Qin, manteniendo su división administrativa y su código penal. Para que ésta pueda funcionar de forma eficiente ordena reconstruir los caminos, canales y murallas, consiguiendo hacer de China una entidad territorial unificada. El propio Liu Bang, a la cabeza del gobierno central dirige la política exterior, la interior y las finanzas, mientras las administraciones provinciales se ocupan del transporte, el comercio, la justicia, educación e higiene. Esta autonomía permitirá que, a pesar de los grandes periodos de luchas palaciegas que se suceden tras la muerte de cada emperador, la Administración del país permanezca casi inalterada.

Mantiene casi todas las leyes de los qin propuestas por la escuela legalista, pero su aplicación no es tan severa ni estricta. De hecho, su primer ministro ya había ocupado un cargo importante en la Administración qin. La famosa prohibición de los libros decretada por Qinshihuang se mantendrá hasta después de la muerte de Liu Bang, siendo revocada sólo en el año 191 a.C.

Deja la administración del estado en manos de un cuerpo de funcionarios letrados. Dado que éstos necesitan un nivel básico de educación y que sólo las familias pudientes se lo pueden permitir, la administración corre a cargo de una nueva clase de terratenientes, que arrendando sus tierras a los campesinos, tienen tiempo para dedicarse a la cultura y a la política. Esta colusión de los intereses públicos y privados por parte de los funcionarios imperiales acabará por crear graves problemas durante la dinastía.

De hecho, la necesidad de contar con un cuerpo de funcionarios capaces de llevar el gobierno del país hasta los últimos rincones del territorio nacional, desarrollará hasta convertir a estos funcionarios en los auténticos detentadores del poder. Como escribe Balazs:

"Esa élite improductiva obtiene su fuerza en su función, socialmente necesaria e indispensable, para coordinar, vigilar, dirigir y encuadrar el trabajo productivo de los demás y así hacer que funcione todo el organismo social. Los funcionarios letrados son los que asumen todas las funciones mediadoras y administrativas: se ocupan del calendario; organizan transportes e intercambios; vigilan la construcción de los caminos, canales, diques y presas; ordenan todos los trabajos que hay que hacer (...) Son a la vez arquitectos, ingenieros, instructores, administradores y directores de la sociedad (...) refractarios a cualquier especialización, sólo conocen un oficio, el de gobernar.".

Aunque posteriormente se adoptará una ideología confuciana adecuada para el mantenimiento del orden social, heredará de los legistas la primacía del interés público sobre el interés privado, así como una legislación intervencionista en la que "nada escapa a la reglamentación oficial: las minas, la construcción, los ritos, la música, las escuelas, toda la vida pública y una gran parte de la vida privada."

Por debajo de los funcionarios, los campesinos son el verdadero pilar del estado. Su vida sigue el modelo en el que "el hombre trabaja en las tierras, la mujer cose en la casa", entregando cada año una parte de su cosecha y una cantidad de tela como impuesto al Estado, y le sirven asimismo durante un número de días en labores no remuneradas.

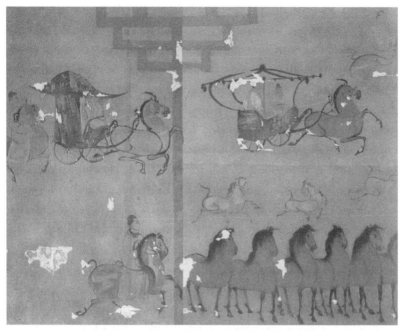

Pintura mural en una tumba de Mongolia. Jubrov

Esto crea una sociedad agraria y burocratizada, que caracterizará durante los siglos siguientes la realidad de China.

El Imperio Xiongnu de Modu

Los xiongnu, expulsados por el primer emperador al norte de la Gran Muralla, han aprovechado el caos en que se ve envuelta China a su muerte para volver a ocupar las ricas tierras de la llanura de Ordos, al sur de la Muralla, desde donde empiezan a saquear las poblaciones chinas. Liu Bang prepara un gran ejército con el que ataca a los xiongnu, intentando expulsarles de nuevo al norte; pero es derrotado por el caudillo Modu, que le llega a tener sitiado en una colina cercana a la ciudad de Datong. Liu Bang consigue escapar gracias a una hábil estratagema.

La paz se conseguirá con un tratado por el que los chinos se comprometen a entregar periódicamente a los xiongnu seda, cereales, sal y otros productos. El acuerdo se sella con la entrega a Modu de una princesa china. La desmilitarización de la sociedad pasa factura a la hora de enfrentarse a las amenazas externas.

Las relaciones entre los xiongnu y los chinos responden más a los intereses puntuales que a los alineamientos basados en el carácter étnico. Dado el largo contacto entre ambos pueblos, ni existe una diferenciación tan clara entre el chino y el bárbaro, ni un alineamiento político uniforme acorde a la identidad étnica. Entre los xiongnu sirven muchos chinos, algunos por dinero, otros piensan que podrán progresar mejor en la administración xiongnu, y otros por salvar la vida tras cometer delitos en China. Por eso entre los ejércitos xiongnu que atacan a los chinos se encuentran numerosos chinos (igual que se enrolan xiongnu aliados en las expediciones para atacar a los xiongnu enemigos).

Los xiongnu, posiblemente los antepasados de los hunos que saquearán Europa cinco siglos después, según las crónicas chinas vivían a caballo, moviéndose continuamente con sus rebaños en busca de pastos frescos. Cada familia poseía un poco de tierra para su uso exclusivo. De niños aprendían a montar sobre ovejas y a disparar a ratones o pájaros con sus pequeños arcos. En cuanto eran capaces de tensar un arco se les consideraba soldados. Se alimentaban de carne y leche, vistiéndose con pieles de animales. Los soldados recibían los mejores bocados, descuidándose a los viejos y débiles. Cuando un hombre moría, su hermano o sus hijos tomaban su esposa. No consideraban vergonzosa la retirada ante el enemigo, ya que su guerra era una suma de emboscadas, estrategias y trucos. No obstante las excavaciones realizadas en el territorio antaño habitado por los xiongnu ha sacado a la luz fortalezas y asentamientos permanentes que nos muestran una sociedad más avanzada de lo que se creía, en proceso de urbanizarse, y con una importante división de actividades.

En los tiempos de Liu Bang, Modu (209- 174 a.C.) era el Chanyu o emperador de los xiongnu. Modu había finalizado el proceso de confederación tribal entre los xiongnu iniciado por su padre. Apenas le sucedió en la jefatura de las tribus, inició su expansión. Primero dirigió sus ataques hacia el Oeste, donde vivían los Yuechi. Estos yuechi que habitaban en Gansu son un pueblo realmente interesante. Se sabe poco de su historia y de sus relaciones con los reinos chinos de la vecindad, pero no cabe duda que han mantenido con ellos estrechas relaciones convirtiéndose en un puente en las tempranas relaciones culturales entre Oriente y Occidente. El más oriental de los pueblos pertenecientes a la familia indoeuropea, cobrará protagonismo precisamente tras su derrota ante los xiongnu. Mientras, siguiendo la costumbre xiongnu, Modu bebe licor sobre la calavera del vencido jefe yuechi, éstos huyen al oeste, hacia la región de Ili. De allí serán expulsados por los wusun, acabando su larga migración en la región oriental del actual Afganistán, donde, imponiéndose sobre los últimos reinos griegos, cobrarán un singular protagonismo en los intercambios culturales entre India, Irán y China.

Tras sus conquistas en occidente, Modu inició su expansión por oriente. Allí su enemigo principal eran los donghu o tunguses, que, derrotados con facilidad, son desplazados a regiones más lejanas. De esta forma, en el curso de unos años Modu conquista un imperio que se extendía desde el lago Baikal al océano Pacífico, subyugando en su expansión a otras pequeñas tribus que le mostraban oposición. Modu no es solo un gran general. Excelente gobernante, está creando en su imperio una Administración semejante a la china, apoyada por funcionarios emigrados del norte de China.

Tras su victoria en Datong, los jefes xiongnu tienen en su mano la conquista de China. En un concilio entre los principales jefes tribales se plantea la disyuntiva entre iniciar la conquista de un país densamente poblado, cuya administración les obligará a cambiar su forma de vida tradicional, o explotar su debilidad con ventajosos tratados que les permitan mantener su cultura y tradiciones. Eligen la segunda, y aprovechan sus victorias sobre los chinos para llegar a unos acuerdos por los que reciben de forma pacífica y gratuita lo que antes conseguían por comercio o saqueo: sedas, vino, granos, y ocasionales princesas con las que sellar la amistad. Con ello, aunque los ataques no cesan del todo, se alcanza una paz relativamente estable. Los ataques no terminan porque los beneficios de la victoria sobre los chinos son acaparados por las tribus más cercanas a la frontera, mejor relacionadas con Modu, mientras que otras tribus xiongnu, más lejanas, que no obtienen ningún beneficio con la paz, mantienen el recurso de la violencia para conseguir las riquezas de los chinos.

A la muerte de Liu Bang se inicia otro de los procesos que serán constantes a lo largo de la dinastía Han, la interferencia de princesas y concubinas en el gobierno de China. En una sociedad en la que el emperador está por encima de todos los mortales, alcanzando una semideificación, no es sencillo encontrar una fórmula estable de sucesión. Ya hemos visto que en la propia China, en los tiempos antiguos, la sucesión por abdicación no había llegado a durar mucho, mientras que la sucesión por rotación entre los diferentes clanes reales había dado una cierta estabilidad a los primeros estados. En otros países el linaje real mantiene su pureza por el casamiento entre hermanos, o, como en Europa, donde existen una serie de monarquías de igual rango, mediante el matrimonio con las casas reales de otros países. En China, antes de la unificación, se concertaban matrimonios entre las familias reales, pero en esta China súbitamente unificada no se encontrará una fórmula capaz de garantizar la sucesión estable de los emperadores, que desde la muerte del primer emperador Han, hasta el derrocamiento de la última dinastía Qing, se convertirá en la principal fuente de conflictos internos.

Y es que en China, al quedar el emperador por encima de todos los nobles, sin familias de igual rango entre las que buscar esposa, y sin familias reales de otros reinos con los que tratarse en plano de igualdad; la familia de la mujer escogida por el emperador como emperatriz se convierte automáticamente en la segunda familia de China. Generalmente las familias que reciben ese privilegio, que suele ser temporal, intentan aprovecharlo para acumular poder, dinero y puestos oficiales. Si la emperatriz sobrevive al emperador y el heredero no ha alcanzado la mayoría de edad, durante su periodo de regencia intentará mantener los privilegios conseguidos para su familia, reinando en nombre del heredero primero, forzándole a desaparecer en algunos casos al alcanzar la mayoría de edad, designando entonces un nuevo emperador completamente fiel a su camarilla, o incluso estableciendo una nueva dinastía encabezada por ella misma.

A Liu Bang le sucede nominalmente su hijo, aunque es la emperatriz Lu quien gobierna en su nombre primero, intentando posteriormente crear su propia dinastía. Repartió feudos entre sus allegados y persiguió a algunos seguidores del difunto emperador. La emperatriz Lu impulsó el crecimiento económico, abortó los intentos separatistas de los nobles y mantuvo la paz con los Xiongnu, cuyo propio emperador, Modu, le propuso un matrimonio que habría creado un gran imperio de chinos y xiongnu, pero la emperatriz le rechazó considerándole inferior. Aunque su gobierno fue bastante acertado, no pudo impedir la restauración han.

La paz empieza a dar sus frutos con el emperador Wen Di (179-157 a.C). Durante su reinado, China experimenta un gran progreso económico, al roturarse nuevos campos y mejorarse las técnicas agrícolas, crece la población y las cosechas. Los campesinos viven bien, y los aristócratas, cada vez mejor. Sus costumbres imitan a los nobles de antaño, reviven viejas tradiciones convirtiendo a Confucio en su maestro y modelo. La política de Wen Di es benevolente. Baja los impuestos, organiza el cuidado de los ancianos por parte del Estado, inicia la reforma penal publicando leyes claras para que el pueblo las pueda entender y, permitiendo las críticas al gobierno, deroga cuatro de los cinco castigos utilizados desde la dinastía Shang (marcar en la cara, desnarigar, amputación de miembros y castración), que sustituye por las penas de latigazos, manteniendo la decapitación para las ofensas graves. Acaba también con el castigo de los tres clanes, ya que antes se extendía la responsabilidad penal de una persona al clan de su padre, al de su madre y al de su esposa. En su tumba, que se empieza a excavar a principios del siglo XXI, no se han encontrado figuras de guerreros ni armas, sino ciudadanos de a pie, vestidos con seda y numerosos animales domésticos.

El emperador Wu Di, la Edad de Oro de los han

Con el emperador Wu Di (141-86 a.C.) se alcanza la Edad de Oro de la dinastía Han. La paz se acaba. A lo largo de su reinado, uno de los más largos e importantes de la historia china, el panorama del país cambia por completo. Sus dominios se extienden como nunca antes lo habían hecho, alcanzando regiones hasta entonces desconocidas. Pero, como toda aventura imperial, no tarda en pasar factura en la situación económica del país y, si bien sus medidas fiscales consiguen controlar el deterioro del estado, posiblemente se pueda encontrar el germen de la posterior decadencia de los han en sus años de mayor esplendor.

La paz con los xiongnu es inestable porque siempre piden más regalos, porque continuamente llegan tribus de zonas más lejanas, no afectadas por los tratados de amistad, sobre las que esta China cada vez más rica actúa como un poderoso imán, y porque sus tierras se van convirtiendo en refugio de malhechores y opositores al régimen Han.

APERTURA DE LA RUTA DE LA SEDA

Antes de iniciar sus campañas militares, Wu Di envía al general Zhang Qian al oeste en el año 139 a.C. para forjar una alianza con los yuechi y concertar un ataque simultaneo a los xiongnu desde dos direcciones. Zhang Qian es capturado por los xiongnu. Solo diez años después consigue escapar y llegar por fin al país Yuechi. Pero su rey ya está más interesado por la política de Asia Central, donde está creando un poderoso imperio, que por lo que suceda en China, y se niega a establecer una alianza militar. No obstante, Zhang Qian adquiere un conocimiento preciso de los países situados al oeste de China, así como de la existencia de una ruta comercial más al sur, por la que los productos de Sichuan llegan a través del Reino de Dian y la India hasta los Reinos de Xinjiang.

Tras el fracaso de la alianza con los yuechi, los chinos continúan en solitario sus ataques contra los xiongnu. Intentando dar estabilidad a la frontera norte y evitar su alianza con los qiang, que viven en la frontera oeste, Wu Di lanza entre los años 133 a 119 a.C. varias campañas contra ellos. Tras un sin fin de cruentas batallas durante las que la victoria sonríe a uno y otro bando, consigue expulsarles más al norte, hasta la región cercana al actual Ulan Bator, acabando temporalmente con su amenaza. Después de la victoria coloniza las tierras situadas al norte del río Amarillo con más de un millón de campesinos.

Con las noticias recibidas sobre la existencia de una ruta comercial en el sur de China, entre Sichuan y la India, se envían varias expediciones al sur, que ponen en contacto a los chinos de Han con el reino de Yelang y el de Dian, en Yunnan, pero que no consiguen establecer una ruta segura hacia la India. Poco después se prepara una segunda expedición de Zhang Qian a la Ruta de la Seda. Saldrá de Chang'an en el año 115 a.C. Durante el avance, Zhang Qian vuelve a fracasar en sus intentos de conseguir una alianza con los wusun contra los xiongnu, pero abre a los chinos la llamada Ruta de la Seda. En su informe destacan la recomendación de atraer con regalos a los reinos de la Ruta de la Seda, y las descripciones que hace de los famosos caballos voladores de Fhergana, con los que espera mejorar la caballería de los han.

Los wusun, que habitaban tradicionalmente al oeste de los qin, habían emigrado al oeste tras ser derrotados continuamente por los qin en su expansión. Posiblemente fueran de origen di, pero tras el mezclarse con poblaciones locales, tienen facciones arias y mongoloides. Se les describe con ojos azules y barba roja.

Antes de los viajes de Zhang Qian ya existía una comunicación indirecta entre China y los países occidentales, por la que cantidades limitadas de seda iban alcanzando los países situados al otro lado del desierto. De hecho, desde la dinastía Zhou, la seda china ya había llegado hasta Grecia a través de la región de Xinjiang, habitada en aquellos tiempos por pueblos de una rama de la gran familia indoeuropea, pues hablaban una lengua de tipo iraniano, bautizada como tocario a principios del siglo xx en honor a los yuechi, que eran conocidos en occidente como tocarios. China ya era conocida como el país de la seda. El comercio, no obstante, se veía tremendamente dificultado por la inestabilidad política de estas rutas. Las dos más importantes, que bordeaban el desierto de Taklamakan por el Norte y el Sur, atravesaban varias docenas de estados que, centrados en los ricos oasis que permiten la agricultura y la ganadería, se mantenían en un inestable juego de alianzas políticas.

Tras las expediciones de Zhang Qian, el camino se hace más seguro, y las salidas comerciales se multiplican. Cada año partirán desde Chang'an, la capital de China, entre cinco y doce misiones al oeste, formadas cada una de ellas por varios cientos de personas, que llevan seda y otros productos chinos para comerciar con los pueblos de la zona.

El interés chino en la región es más militar que comercial. Algunos autores han analizado minuciosamente el valor de las mercancías que entraban y salían de China, los gastos en regalos imperiales que se otorgaban a los embajadores que llegaban a presentar tributo, así como los gastos militares ocasionados por su defensa, llegando a la conclusión de que las actividades en la Ruta de la Seda fueron tremendamente deficitarias para los chinos. Algo evidente durante la propia dinastía Han, cuando antes de realizar ninguna intervención política en la zona se calculan minuciosamente sus costes. Entre un 30 y 40% de las rentas estatales se emplean en los generosos regalos destinados a los reinos de la Ruta de la Seda y tribus aliadas de Mongolia. La concesión de títulos chinos y la educación de los príncipes en la corte imperial acabarán por llevar a estos reinos a la esfera cultural china, lo que mantendrá su estrecha relación hasta mucho después del desmoronamiento de la dinastía Han.

La necesidad militar compensará todos los gastos. Esa búsqueda de alianzas que motivó las primeras expediciones ha dado a conocer en China la existencia de los famosos caballos celestiales de Fhergana, mucho más fuertes y aptos para la guerra que los de los chinos. La negativa del rey de Fhergana a entregar caballos provoca una expedición militar en el año 104 a.C. dirigida por el general Li Guangli, que tras poner sitio a la ciudad de Kokand regresa con varios miles de ellos. Muchos morirán en el camino. Con poco más de mil équidos se inicia la renovación de la yeguada militar de los han.

LOS REINOS DE LA RUTA DE LA SEDA

Esta expedición de Li Guangli consigue poner en la órbita china a los numerosos reinos del valle del Tarim y del Turquestán. Con ellos se inicia la política de intercambio anual de tributos por regalos, mediante la que si bien los chinos ven reconocido su poder, no siempre obtienen beneficios. Dada la generosidad con la que los emperadores agasajan a los embajadores que llegan presentando el tributo, muchas de las consideradas misiones diplomáticas entre los chinos no son más que aventuras mercantiles organizadas por avispados comerciantes, que, contribuyendo a mantener la imagen de China como el gran país central rodeado de estados tributarios, deforman la realidad política del momento, con consecuencias que se hacen sentir hasta nuestros días.

Con los caballos de Fhergana los chinos esperan derrotar a los xiongnu. Con la red de relaciones diplomáticas establecidas con los reinos del Turquestán, quieren asegurarse de que sus enemigos no les atacarán desde el oeste.

Los principales reinos establecidos en esta región durante la época han eran: Khotan (actual Hetian), Shache (actual Yarkand) y Shule (actual Kashgar) en el sur y oeste del desierto Taklamakan; Loulan en Lop Nor, Qiuci, Quli, Luntai y Yanqi en el norte. Con el incremento del comercio producido tras la toma de control por parte de los chinos de esta ruta comercial, estos estados mantienen su agricultura y ganadería, pero convierten el comercio y la artesanía en sus actividades más importantes. De hecho, cada uno de ellos es un importante punto de parada de las caravanas de intercambio de bienes, donde se traficaba con un buen número de monedas distintas. Sus habitantes practicaban diferentes religiones, como el chamanismo, el zoroastrismo y el budismo, según las épocas. Utilizan varios tipos de escritura, en general derivadas de la de los tocarios, con las que escribían sobre madera, cuero o papel en las últimas épocas.

Uno de los centros comerciales más activos durante aquellos años es el Reino de Khotan. Uno de los más poblados, además de la capital del mismo nombre, contaba con una serie de ciudades a su alrededor. Fundado por un pueblo de estirpe indoeuropea, fue uno de los primeros lugares donde llegó el budismo ya en el siglo I a.C., desde allí se extendió al oeste hasta Kashgar y al este hasta Kroriana. Fue una de las ciudades que más floreció con la intensificación del comercio transcontinental; en su capital se construyeron los primeros templos budistas de China, en los que abundaban las influencias griegas y romanas.

Más al este, en las ruinas de Miran, se han encontrado templos algo posteriores, en cuyo interior aún se conservan algunos frescos que intercalan motivos griegos en los temas clásicos del budismo. Seguramente el autor fuera un romano llegado hasta esas tierras remotas.

El comercio tendrá un efecto a largo plazo, pues pronto se creará una ruta comercial que pondrá en contacto las dos civilizaciones más poderosas del momento: la china y la romana. Las noticias del poderoso Imperio Han alcanzarán occidente, y con ellas sus sedas, que revolucionando la moda de los romanos, crearán una pequeña crisis económica. Ambos mundos se mantendrán en relación por medio de terceros países, especialmente los partos, que se benefician tanto con el comercio que atraviesa sus tierras, que se encargarán de desmoralizar tanto a los viajeros romanos como a los chinos con aterradoras historias sobre lo que se encuentra más allá de sus mundos conocidos.

La conquista del Sur: Nanyue y Vietnam

Dispuesto a seguir abriendo rutas comerciales, Wu Di se dirige primero al nordeste. Allí, en el año 128 a.C. derrota a los donghu y se anexiona la parte meridional de Manchuria. Posteriormente, en el año 108 a.C. conquista el oeste de Corea y establece relaciones con Japón. Wu Di también envía numerosas expediciones al sur del Yangtze, donde habitan unos pueblos más pacíficos, organizados en torno a la caza, la pesca y la recolección, sobre los que durante estas primeras expediciones apenas consigue imponer su dominio sobre las estructuras políticas más avanzadas y abrir unas rutas de penetración utilizables para el futuro. Citando a Jacques Gernet:

"La expansión china al sur del Yangtze constituye uno de los grandes fenómenos de la historia de Asia Oriental, tanto por su duración, que abarca cerca de tres milenios, como por las transformaciones que la acompañaron: movimientos de población, mezclas étnicas, desaparición o adaptación de antiguas culturas, influencias recíprocas..."

En Yunnan consigue el vasallaje del rey de Dian en el año 109 a.C., un estado establecido en la llanura donde ahora se encuentra la ciudad de Kunming, donde confluían las rutas comerciales que comunicaban

Bailarines de bronce de la dinastía Han

Sichuan con la India y Myanmar. El rey de Dian acepta la soberanía de los han y recibe un cetro real, poco después su estado misteriosamente desaparecerá para siempre. Los chinos establecen en la zona el armazón de una administración, pero realmente está demasiado alejado de los principales centros económicos y políticos, y sin un aliciente claro para su explotación, Yunnan permanecerá gobernada por sus jefes locales, que eso sí, manifiestan su lealtad oficial al imperio chino. Un poco más al norte, en la provincia de Guizhou, se había establecido una confederación tribal conocida como el Reino Yelang, que también se somete a los ejércitos han. Peor suerte corren los soldados imperiales en el montañoso Reino de Qiongdu, posiblemente habitado por los antepasados de los yi, donde no realizan grandes progresos.

Mucho más interesante que el remoto y mal comunicado suroeste de China, es el sudeste. Aunque el primer emperador Qinshihuang ya había conquistado Cantón, con el colapso de la dinastía Qin, Zhao Tuo, el general encargado del gobierno de esa remota región, se declaró independiente. Su poder fue reconocido por la dinastía Han en el momento de su fundación. Allí, alejado de los focos de la cultura china, se adaptó progresivamente a las costumbres locales, organizando un poderoso estado en torno a su persona, basado en las confederaciones tribales preexistentes. Desde la ciudad de Cantón extendió su dominio tanto al norte, incorporando algunos territorios chinos, como al sur, hacia el norte de Vietnam. En la ciudad de Cantón y las bajas llanuras aluviales del delta del río Xijiang, así como en el valle del río Rojo alrededor de Hanoi, vivían los yue. Estos yue, eran unos de los primitivos habitantes de las tierras bajas del este de China. Grandes navegantes que practicaban una agricultura intensiva del arroz en los valles irrigados de los grandes ríos, se extendían desde la desembocadura del río Qiantang (en la ciudad de Hangzhou), hasta el norte de Vietnam. A sus parientes del norte ya les hemos visto irrumpir con fuerza en el siglo v a.C. en la política de los estados centrales, acabando con el reino de Wu. Estos que vivían en la región de Cantón y norte de Vietnam, eran conocidos como yue del Sur o Nanyue, pues *nan* significa sur en chino (el propio nombre de Vietnam no es más que la pronunciación local de yue=Viet del sur=nam). Mientras los yue del sur prosperan gracias a su activo comercio y a la riqueza agrícola de los valles que habitan, más allá imponen sólo su soberanía formal, dejando que las poblaciones aborígenes se gobiernen por varios reyes que gozan de completa autonomía.

Aunque al fundar la dinastía los primeros han no se habían preocupado mucho por este régimen que gobernaba tierras lejanas y que no podía poner en peligro su dominio, cuando ésta se ve consolidada, Wu Di no puede ignorar que Cantón se hubiera convertido en el principal puerto del Sudeste de Asia, comerciando de forma regular con regiones tan lejanas como la India y Arabia, y que un poco más al oeste en la misma costa, Hebu fuera el centro donde se conseguían grandes cantidades de perlas. De esta forma la riqueza de Nanyue anima al emperador a enviar en el año 114 a.C. un ejército para conquistar Cantón. Tras cumplir sus objetivos, en el año 111 los soldados chinos siguen hacia el norte de Vietnam, que durante los próximos diez siglos permanecerá integrado en el imperio chino. En Vietnam los chinos gobiernan el rico delta del río Rojo y las tierras aledañas, pues en el sur del actual Vietnam se ha establecido el Reino de

Champa, que no será conquistado por los chinos. La civilización china, más avanzada, penetra en los diferentes aspectos de la vida vietnamita. En sus mitos aún se recuerda la actividad civilizadora de algunos gobernadores chinos. El control chino sobre esta región, a pesar de la distancia, será más estrecho que el que ejercen sobre algunas regiones montañosas centrales. En Vietnam se establece una burocracia dirigida por mandarines ilustrados, semejante a la china. Los caracteres chinos son utilizados por la clase culta, que domina como sus colegas de la capital, las obras básicas del confucianismo.

No todos los vietnamitas acogen con el mismo entusiasmo la presencia china. La llegada de los primeros colonos y su establecimiento en las tierras de los Yue traerá los primeros conflictos, que culminarán en el levantamiento de las hermanas Trung en el año 40 de nuestra era, que recibirá apoyos al otro lado de la frontera, en la China actual. Siendo el más importante, no conseguirá acabar con la presencia han en la zona, como tampoco lo conseguirán la larga docena de levantamientos que producen hasta el final de la dinastía. Sólo en el año 939 recuperará Vietnam su independencia, no volviendo a ser provincia china, excepto por periodos muy breves, seguirá no obstante hasta finales del siglo XIX, reconociendo formalmente la soberanía china y entregando periódicamente tributos simbólicos.

Para seguir debilitando a los xiongnu, su enemigo principal, establece alianzas con otros pueblos, que desplazados durante la expansión del Imperio Xiongnu, se encuentran ahora en su retaguardia, como son los wusun, los dingling y los wuhuan. Coloniza las zonas recuperadas, Hexi y Ordos, y establece comandancias en la cuenca del Tarin.

EL CONFUCIANISMO COMO RELIGIÓN DE ESTADO

La guerra y las expediciones militares al Turquestán, con su enorme consumo de recursos económicos y humanos, crean una crisis financiera, que se intenta controlar mediante la venta de títulos nobiliarios a los comerciantes, la emisión de billetes en piel de venado blanco (que no llega a prosperar), el monopolio sobre el hierro, la sal (este último constituirá hasta épocas muy recientes un porcentaje importante de los ingresos del Estado) y las bebidas alcohólicas, así como los mecanismos de nivelación de precios (el Estado compra cereales baratos cuando hay abundancia, y los vende en época de carestía). Los nobles ven cómo sus signos de riqueza son gravados por nuevos impuestos: sobre su patrimonio, sus carruajes, sus barcos y sus títulos nobiliarios. No obstante, son los campesinos los que sufren un progresivo y constante deterioro de su situación, con levas forzosas, impuestos elevados o confiscación de sus caballos.

Para evitar los desórdenes sociales, Wu Di refuerza ideológicamente el poder imperial. Bajo la influencia de su primer ministro Dong Zhongshu acaba oficialmente con la influencia legalista, decretando en 140 a.C. el confucianismo, que hasta entonces había estado mal considerado, como religión de estado. Dong Zhongshu enfatiza las tres relaciones ideales del confucianismo. El soberano gobierna a los súbditos, el padre a los hijos, el marido a la mujer. Poco después instituye la primera Universidad Imperial en la capital y numerosas escuelas en las provincias. En ellas la formación se centra en torno a las enseñanzas de Confucio, especialmente las que sirven para justificar filosóficamente el poder absoluto del emperador. La Universidad Imperial, que solo cuenta con cincuenta alumnos el año de su fundación, alcanzará los 3.000 en el año 50, y a partir de los primeros años de nuestra era será capaz de suministrar todos los funcionarios necesarios para la administración del imperio. Con ella se inicia la selección de funcionarios mediante exámenes, aunque también se puede alcanzar un puesto oficial al ser recomendado por las autoridades locales.

Sima Qian (149-90 a.C.) escribe sus Registros Históricos, la primera historia de China que abarca desde los tiempos míticos hasta el reinado del propio Wu Di. Con ella se inicia la historiografía moderna en China. Su información se ajusta a la realidad, es precisa, detallada y razonada. Siguiendo la ideología imperial del momento establece una continuidad histórica entre el Emperador Amarillo y el propio Wu Di colocando además a China, desde el principio de su historia, como un gran país rodeado de pueblos salvajes. Su calidad como historiador ha hecho que el aspecto sinocéntrico de su historia modifique el pensamiento de los chinos en los siglos venideros. De hecho Dong Zhongshu y Sima Qian, son los constructores reales del pensamiento chino posterior, aunque en teoría recojan su autoridad (como ya hacía Confucio) de autores anteriores.

Mientras el confucianismo se convierte en la ideología de Estado, el taoísmo se va mezclando con creencias chamánicas y cultos locales, transformándose en una religión capaz de satisfacer las necesidades del pueblo.

El buen desarrollo del comercio interior, con un tráfico fluido de hierro, sal, ganado, seda y cereales, permite a los comerciantes acumular grandes fortunas; mientras, el carácter deficitario del comercio exterior genera una salida real de capital chino al exterior. La industria se desarrolla con fuerza durante estos años. En las ciudades principales existen grandes talleres de fundición de hierro y grandes telares donde se teje la seda, que algunas veces cuentan con miles de obreros.

Las guerras de los primeros años de Wu Di suponen un empobrecimiento de la economía xiongnu, que junto con las disensiones internas fomentadas por los chinos, y los nuevos enemigos que surgen en la retaguardia, les hace debilitar su confederación, de tal forma que para el año 58 un número importante de jefes de las tribus del sur se somete al poder chino.

El estado Han también se deteriora irremediablemente. Los campesinos empobrecidos venden sus tierras, que son acumuladas por los terratenientes, con lo que el Estado pierde impuestos; las obras públicas son desatendidas, con lo que disminuye la producción; disminuye el poder del Estado y aumenta el de las familias nobles, que van formando partidos o camarillas que controlan para su provecho los resortes del poder. Las diferencias sociales cada vez son mayores, los desastres naturales dejan empobrecidos a millones de campesinos. A la muerte de Wu Di, la regencia de Huo Guang, que solo se preocupa de elevar a los miembros de su familia a los puestos principales de la Administración, marca el inicio de una evidente decadencia en la sociedad han. Tras la muerte de Yuan Di (48-32 a.C.) la decadencia es imparable. La corrupción en la corte y la concentración de tierras en manos de los terratenientes impedirán cualquier reacción efectiva. La emperatriz gobierna como regente en nombre del emperador Cheng Di (32-7 a.C.), colocando a los miembros de su familia en todos los puestos de poder. De esta forma Wang Mang, su sobrino, inicia su carrera como funcionario.

El golpe de Wang Mang

Wang Mang pronto controla los entresijos del poder imperial, de tal forma que a la muerte de Cheng Di, en el año 7 a.C., es el amo virtual de China. Se retira, tal vez de forma estratégica, durante el reinado del joven Ai Di (6-1 a.C.), para reaparecer después de su muerte tras nombrar a un niño como emperador Ping Di (1-8). Cuando éste muere, se siente capacitado para asumir el título imperial.

Wang Mang es un personaje controvertido, un genio de la ambigüedad. Funda una nueva dinastía, llamada Xin, que los historiadores posteriores no reconocen. Algunos dicen que es el primer socialista, otros le tildan de oportunista. Aunque sus reformas parecen interesantes, al plantearse su desarrollo se muestra catastrófico. Es difícil pensar que no lo hubiera podido prever un hombre con la experiencia en la Administración que él poseía, aunque tampoco se puede subestimar la reacción de los nobles contra la pérdida de sus privilegios. Para mejorar la situación del pueblo, decreta que los latifundios no deben exceder las 150 hectáreas de extensión, repartiéndose las tierras sobrantes entre los campesinos, de tal forma que cada familia debe conseguir cinco hectáreas de tierras cultivables, pagando un impuesto del 10% para el Estado. Obliga al cultivo de las tierras; los que posean tierras y no las cultiven, deberán pagar un impuesto triple. Instituye el monopolio estatal del oro, forzando a los nobles a entregar el oro al Estado a cambio de monedas de bronce. Disminuye el interés de los préstamos. Extiende el monopolio estatal a la minería, los bosques, la caza y la pesca. Estas medidas, cumplidas al pie de la letra, habrían favorecido a los empobrecidos campesinos, pero dada la actual situación del país, sólo contribuyeron a esquilmarlos aun más. Podrían haber conseguido mejorar las finanzas del Estado, pero la corrupción de sus funcionarios hizo que el coste social fuera demasiado grande. Como sugiere Montenegro:

"su misma improvisación, y el deseo de ponerlas inmediatamente en marcha, no hizo más que acrecentar el desorden general y el desequilibrio existente (...) Las reformas de Wang Mang no respondieron a la buena voluntad que las dictaba y, a fuerza de utópicas y constrictivas, provocaron la resistencia general".

La situación empeoraba día a día. Todos estaban en contra de Wang Mang. Las revueltas surgieron por doquier.

El río Amarillo se desborda en el año 6, y de nuevo en el año 11. Los campesinos de la región de Shandong, desesperados, se organizan e inician rebeliones. Una de las más importantes fue la de las Cejas Rojas (cuyos miembros se teñían las cejas de rojo para resaltar su compromiso), que enseguida tuvo un ejército de miles de seguidores. En el sur, los campesinos rebeldes se encuadran en el ejército de los Verdes Bosques. Pero no sólo ellos se oponen al emperador. Los príncipes organizan sus propios ejércitos para recuperar el poder imperial; los terratenientes, los suyos, con el objetivo único de acabar con Wang Mang; incluso los generales destinados a la frontera ven que pueden sacar más provecho en la revuelta situación de China que combatiendo a los xiongnu.

Durante varios años los ejércitos de los distintos contendientes por el poder arrasaron China. Las batallas fueron escasas, pues todos se concentraron en asolar y saquear las indefensas poblaciones civiles.

Las campañas de Wang Mang contra los rebeldes campesinos en el año 20 son desastrosas. En el año 21 es derrotado de nuevo. En medio de todas las fuerzas que contienden por el poder, Wang Mang es muerto en el año 23. No será hasta el año 25, cuando Liu Xiu, lejano familiar de la familia imperial, consiga imponerse sobre las demás facciones en lucha, restableciendo el poder de los han. Lo que tiene ante sí es un país despoblado por el hambre y las guerras.

LA DINASTÍA HAN DEL ESTE

Con Liu Xiu, conocido póstumamente con el título de Guang Wu, se restablece la dinastía Han. Como Chang'an ha sido arrasada por las guerras civiles, traslada su capital a Luoyang. Por eso se les conoce como Han del Este o Han Posteriores.

Durante las primeras décadas de esta nueva dinastía, China vuelve a experimentar una gran prosperidad. Los primeros diez años de su reinado los dedica a la reconstrucción nacional y la reunificación del país. Para lo primero decreta la emancipación de los esclavos, distribuye tierra a los campesinos pobres, a los que presta incluso grano y herramientas para iniciar la producción. Restaura los trabajos de control de inundaciones; de hecho, los diques que construye en el río Amarillo evitarán que cambie de curso durante los siguientes 800 años. Para la reunificación de China derrota definitivamente a los rebeldes de las Cejas Rojas. En medio de una cruel represión captura 80.000 prisioneros, que serán perdonados e incluso incorporados al ejército imperial. Los Cejas Rojas, de hecho, luchaban por la restauración han (al ser el rojo el color de esta dinastía). Aún realiza numerosas campañas militares hasta ir integrando en su China, por la negociación o por la guerra, a los diferentes señores militares surgidos durante los tiempos revueltos, que culminan en el año 36 con la reconquista de Sichuan.

Apenas restablecida la unidad, en el año 40 surge una rebelión en Cantón, así como en Vietnam, donde las hermanas Treng lideran a los indígenas que intentan liberarse del dominio chino. A partir del año 43 el general Ma Yuan inicia una gran campaña hacia el sur, subyugando temporalmente Hainan, Tonkin y Anam. También incorpora a China algunos territorios del sur y del sudoeste del país, habitados por pueblos menos desarrollados económicamente, a los que habían ido emigrando campesinos chinos durante los turbulentos años de las guerras. El propio Ma Yuan morirá de unas fiebres años después, durante la campaña por apaciguar las rebeliones indígenas de Wuling, en el actual Hunan. Los aborígenes de Wuling serán vencidos posteriormente. Dispersados, no volverán a dar problemas al gobierno chino recién establecido en esa región hasta el año 160. Las operaciones militares irán seguidas por esfuerzos educativos que intentan integrar a los bárbaros en la corriente del mundo chino mediante la transmisión de la cultura confuciana.

Se refuerza el control sobre Nanyue y se consigue derrotar a los min-Yue, en la actual provincia de Fujian, que tras haber estado nominalmente sometidos a la dinastía Qin, habían recuperado su independencia tras el colapso de ésta. Los nobles de los min-Yue serán enviados al norte, aunque sus tierras montañosas no serán efectivamente colonizadas por los chinos hasta varios siglos después.

Con los xiongnu sigue una política muy diferente, basada principalmente en la contención y en la reducción del gasto público para las campañas militares, deja a los pequeños reinos surgidos en la Ruta de la Seda que lleguen a su equilibrio con estos nómadas.

Wang Mang había seguido una política agresiva hacia los xiongnu que sólo había conseguido romper la paz difícilmente conseguida al final de la dinastía Han. De hecho, la gran concentración de tropas acantonadas en el norte para hacerles frente, le impide enfrentarse con éxito a las revueltas que inflaman el país. La ascensión al poder de Guang Wu va seguida de un buen número de expediciones destinadas a contener, al menos, los avances de los xiongnu, que en realidad no tienen mucho éxito. De hecho, en el año 46 controlan un territorio semejante al de su antepasado Modu, llegando a atacar a veces hasta las cercanías de Chang'an. Ese mismo año, la muerte del chanyu Yu, "será seguida por un conflicto interno que llevará a la división y destrucción del estado Xiongnu" (De Crespigny). Conflictos sucesorios debilitan a los xiongnu cuando los xianbei y los wu huan, aún nómadas, les hostigan por el este, y sus tierras son azotadas por la sequía y las plagas. En el año 50 el chanyu Bi se establece Ordos, donde, aliado a los chinos, se compromete a defender la frontera norte. Se les llama los xiongnu del Sur. Los del Norte, sus enemigos, mantendrán su poder independiente en la zona de Mongolia hasta finales de siglo. Un imperio cada vez más debilitado por las sucesivas sequías y plagas, los ataques de los xianbei y wu huan (bien recompensados por los chinos), y las divisiones internas. Cuando se dispersen su puesto en seguida será ocupado por los xianbei y los wu huan (que lógicamente contarán entre sus gentes con un importante número de xiongnus), que sólo esperarán a ser lo bastante fuertes para volverse contra los chinos.

Tal vez la única crítica que se realiza de Guang Wu es que su política descentralizadora, que restablece los reinos y marquesados, a la postre será la causa de la desintegración del país.

A la muerte de Guang Wu en el año 58, le sucede su hijo Ming Di (58-75). El hecho más relevante de su reinado es la introducción del budismo en China, y su empeño por reafirmar el culto a Confucio, ya que "ordena que en la Universidad Imperial y en todas las escuelas del gobierno de cada distrito se venere a Confucio" (Chen Huan-Chang). Las primeras noticias sobre el budismo habían alcanzado la corte china tras las campañas al oeste durante el reinado de Wu Di, y algunos monjes predicaban ya en China las doctrinas budistas. Según la leyenda, el emperador soñó con unos gigantes, y sus ministros le dijeron que era Sakyamuni, el fundador del budismo. Por ello el emperador envió funcionarios a la India para conocer esa religión, que regresaron a China con dos monjes y numerosas escrituras religiosas. A su llegada, en el año 67, se funda el templo del Caballo Blanco a las afueras de Luoyang.

Ban Chao en la Ruta de la Seda

En la Ruta de la Seda, Ming Di intenta mantener la política de su padre, que utilizando las rivalidades de los pequeños reinos de los oasis en su propio beneficio, evita a los chinos tener que afrontar el gasto de garantizar el comercio. Pero a la muerte del rey de Yarkand, los xiongnu vuelven a ocupar los territorios situados al norte de esta ruta comercial, amenazando de nuevo a estas ciudades estado. De hecho, los xiongnu, debilitados por los continuos ataques de los xianbei y los wu huan en el este, están desplazándose hacia el oeste intentando establecer un gran imperio en Turquestán. Los chinos temen que lleguen a aliarse con los qiang mostrándoles un frente enemigo en todo el norte y oeste de China. En el año 73 el emperador envía al general Ban Chao a recuperar el dominio de la importante ruta comercial; se acompaña de un escaso número de hombres: sigue la máxima de "servirse de los bárbaros para atacar a los bárbaros", con la que alcanza un rotundo éxito militar. Venció a los xiongnu en el norte, estableciendo colonias militares en Hami y Turfan. Siguió hacia el Oeste derrotando a los reyes de Khotan, Yarkhand y Kashgar. Con el control de las principales rutas comerciales se establece en Kashgar, desde donde controla las políticas de los reinos de los oasis y envía patrullas hasta el mar Caspio y el Mar Negro. Tras la muerte del emperador Ming Di y la subida al trono de su sucesor, Chang Di (76-88), la camarilla anti imperialista ocupa el poder. Ban Chao mantiene con sus escasos medios el dominio chino desde Kashgar, sofocando con violencia las frecuentes sublevaciones con ayuda siempre de los ejércitos de los reinos aliados. Sólo con la subida al trono del emperador He Di (88-103), emparentado con la propia familia de Ban Chao, la atención de la corte vuelve al Turquestán, el general recibe unos pocos refuerzos, con los que seguirá dominando la región hasta su muerte en el año 102.

Mientras chinos y xiongnu se disputan el control de la Ruta de la Seda, desde principios de nuestra era, esos Yuechi establecidos en el oriente de Afganistán están de nuevo unificados por el clan Kusana. Los reyes kusanas se extienden hacia la India, conquistan el Punjab y se convierten en un puente entre las culturas china e hindú. Con Kanisha, tal vez el más importante de sus reyes, las relaciones comerciales con China se incrementaron. Y no solo el comercio, el budismo, que se difundió con fuerza entre los yuechi, convirtió este país en una plataforma desde la que se fue propagando a los reinos de la Ruta de la Seda y hasta China.

La decadencia de los han del Este

Como la dinastía Han del Este ha alcanzado el poder gracias al apoyo de los terratenientes, hasta las leyes más favorables a los campesinos se ven contrarrestadas por un proceso continuo de concentración de tierras y poder en manos de unas pocas grandes familias, que acumulan riqueza mientras los campesinos se empobrecen. Muchos de ellos acaban por venderles sus tierras, convirtiéndose en asalariados o arrendatarios de los terratenientes. Mientras los terratenientes incrementan sus propiedades, crean ejércitos para protegerlas. Pronto dependen de ellos los funcionarios locales, y a veces también algunos de la corte. Sus haciendas son como un estado dentro del Estado.

Se inicia la decadencia de la dinastía Han del Este. A los intereses de estado se anteponen los de las grandes familias, luchando por controlar a través de las emperatrices, concubinas, eunucos y funcionarios cercanos al emperador, el aparato del Estado. El poder de los eunucos aumenta de forma extraordinaria desde que son utilizados por He Di para aplastar una rebelión en la corte.

Desde la subida al trono del emperador He Di en el año 88, las intrigas de la corte modelan la política del país. Como el emperador apenas tiene 10 años, la emperatriz viuda actúa como regente, llevando a su familia al poder. Para contrarrestar su influencia, cuando el emperador alcanza la mayoría de edad busca el apoyo de los eunucos, que aprovechan a su vez para reforzar su posición en la corte. Desde el año 88 al 146 la política está marcada por las tensiones entre las familias de las emperatrices, los eunucos y los gobernadores militares. En el año 135, consiguen que se les reconozca el derecho a adoptar, lo que les da la posibilidad de tener herederos para sus fortunas. Fortunas que cada vez son más abultadas, y que incluyen tierras y palacios, joyas, oro, etc.

Las primeras rebeliones campesinas, reacción de un pueblo que se va depauperando, comienzan en el año 107. En los años que siguen hasta el final de la dinastía se contabilizan más de cien rebeliones. Ese mismo año se produce la gran rebelión de los qiang en la frontera noroeste del país. Los qiang, buenos guerreros, que habían participado como aliados de los chinos en numerosas campañas contra los xiongnu, se rebelan en parte por la opresión que sufren a manos de los gobernantes locales chinos, que les obligan a realizar trabajos forzados y ocupan cada vez una mayor cantidad de sus tierras. Su situación contrasta con el continuo envío de regalos a las tribus aún no sometidas. Los qiang mantendrán su rebelión durante los siguientes once años, dejando a China una vez más en la bancarrota. Los resultados no serán, sin embargo, concluyentes y los qiang se volverán a levantar en el año 147 en una nueva rebelión, que dura varios años y que corta durante un tiempo el acceso de los chinos a la Ruta de la Seda. Algunas tribus de los qiang emigrarán al sur huyendo de las guerras, en un largo proceso que acabará llevándolas hasta las abruptas regiones montañosas del noroeste de Yunnan, donde se les puede localizar hoy en día.

Emperadores entre eunucos y concubinas

Desde el año 150 la familia Liang se ha hecho con el poder merced a sus buenas conexiones familiares, Liang Na es la regente que eleva al trono al emperador Huan Di (146-168), que, posteriormente, hace emperatriz a su hermana Liang Nuyin, mientras Liang Ji, hermano de ambas, acapara los principales puestos de la Administración del Estado. La familia Liang llegó a acumular tanto poder que, cuando Liang Ji sea ejecutado veinte años después, sus bienes confiscados permiten condonar los impuestos de la población durante un año. El emperador Huan Di, por su parte, sin posibilidad de acercarse al poder real, se dedicó a los placeres. Dicen que llegó a tener 6.000 concubinas, poniendo en peligro la estabilidad económica del imperio. Dado que no tenía ningún hijo varón, posiblemente porque las concubinas embarazadas eran inducidas a abortar por la emperatriz, que no quería ningún heredero varón que pudiera poner en peligro su puesto, tras la muerte de ésta practicaba sus juegos sexuales con nueve concubinas, esperando que el número, mágico para los chinos, le diera por fin un heredero.

Durante el reinado de este emperador, en el año 166, llega a China el primer embajador del Imperio Romano. Ha seguido la ruta marítima, por la que desde hace años se mantienen relaciones comerciales regulares a través de India y Persia.

La debilidad de los emperadores se había institucionalizado en favor de la fortaleza de la familia de la emperatriz, con varias reglas no escritas pero aceptadas por todos:

Si el emperador moría sin un hijo varón, la emperatriz viuda tenía el derecho de designar el nuevo emperador dentro de los varones de la familia imperial. Para esa elección contaba generalmente con el consejo de sus parientes. Habitualmente se designaba un niño, para poder disfrutar durante más tiempo del puesto de regente; ese niño, si posteriormente se consideraba que no estaba a la altura de lo esperado, solía perecer en extrañas circunstancias. El puesto de comandante en jefe de los principales ejércitos se adjudicaba habitualmente a algún miembro de la familia de la emperatriz.

El emperador es poco más que un títere en manos de la emperatriz, primero, y de sus eunucos posteriormente. Su utilización de los eunucos para frenar a las familias de los poderosos se convertirá en un peligro posteriormente, ya que a partir del reinado de Huan Di, éstos aumentan tremendamente su poder y acaban por quedar fuera del control del emperador. De hecho, desde la muerte de Liang Ji los eunucos ya se han hecho con el poder en la corte. Confiando en su capacidad de manipular la voluntad imperial, no dudan en enfrentarse a los funcionarios y a los militares. Su osadía alcanza el límite en el año 189, cuando asesinan al general He Jin, que ha solicitado al ejército que controle el poder de los eunucos. El asesinato de He Jin llevará a una matanza general de eunucos, en la que más de 2.000 serán asesinados por los soldados enfurecidos.

Los xianbei

Descendientes de esos donghu derrotados por Modu, el emperador de los xiongnu en el siglo II a.C., los xianbei eran un pueblo con unas estructuras sociales y políticas bastante avanzadas. Entre ellos las mujeres desempeñaban un papel importante, pues las casas les pertenecían, la herencia se trasmitía a través de ellas y eran consultadas en todos los asuntos de la sociedad excepto en la guerra. Tenían una sociedad igualitaria, en la que ningún hombre servía a otro y en la que los cargos de sus jefes no eran hereditarios, sino que eran elegidos para el mando entre las familias importantes.

Los xianbei se habían mantenido alejados de China hasta el año 45 de nuestra era. De hecho, empiezan a progresar según los xiongnu se van debilitando, ocupando los territorios que ellos abandonan, de tal forma que a mediados del siglo II los han sustituido por completo, creando bajo el liderazgo del jefe Danshihuai un imperio que se extendía desde el lago Baikal hasta el Pacífico, e iniciando sus ataques a las fronteras chinas. Las expediciones enviadas por los emperadores contra ellos son derrotadas en 146 y de nuevo en 177.

Pero una sola generación de paz y prosperidad produce un rápido aumento de la población, que pronto se encuentra con dificultades para alimentarse, pues ni la caza ni el ganado son suficientes para todos. Intentando solucionar esta crisis, trasladan a más de mil pescadores japoneses a un gran lago en Mongolia oriental, donde permanecerán hasta el siglo v.

Tal vez la falta de jefaturas hereditarias entre los xianbei provoca que a la muerte de Danshihuai su imperio se vaya despedazando tan rápido como fue creado. No obstante, diferentes tribus seguirán un desarrollo independiente, creando los estados que marcarán la historia del norte de China durante los siglos siguientes. Una rama emigra al oeste, a Gansu, donde formará el Reino de los Qin Occidentales, que dura 46 años; otros crearán el régimen de los liang del Sur, otra rama más dará origen a los toba, que fundan posteriormente la gran dinastía Wei del Norte. También son emigrantes Xianbei los que forman el reino de los tuyuhun en Gansu y Qinghai. Los que permanecen más ligados a la historia de China son la rama que funda el estado Yan, que dominará el norte de China durante algunas décadas, para retirarse tras su derrota a sus tierras ancestrales, de donde regresarán a China de la mano de los kitan para formar la dinastía Liao.

En la región de Hunan, los bárbaros de Wuling se rebelan contra los chinos que van colonizando sus tierras en el año 157. No serán vencidos hasta el año 164. No es una victoria definitiva, pues solo el Reino de Wu conseguirá someterlos años después. Las rebeliones de las minorías responden a la creciente presión de la población china, que ha pasado de apenas dos millones de personas en el año 2 en su región, a más de siete millones al final de la dinastía Han.

La dinastía Han del Este presencia numerosas innovaciones técnicas. Zhang Heng inventa un sismógrafo capaz de predecir terremotos en el año 132, adelantándose unos 1700 años a los inventores occidentales. Consistía en una urna con ocho dragones situados en ocho direcciones, cada uno con una bola en su boca. Al temblar la tierra en una dirección, la bola caía sobre un sapo de metal, produciendo un aviso de alarma. Se dice que en el año 138 desde Luoyang se consiguieron detectar terremotos sucedidos en la provincia de Gansu, situada a cientos de kilómetros de distancia. El papel se inventa en el año 100, lo que facilita enormemente la administración y trae cambios en la escritura.

La rebelión de los Turbantes Amarillos

Desastres humanos y naturales al fin de este siglo traen pobreza y bandolerismo. Según se deteriora la situación económica se intensifican las revueltas campesinas. La más importante es la de los Turbantes Amarillos, por la forma en que se identificaban sus seguidores. Liderada por un carismático chamán de tipo taoísta, consiguió combinar las demandas sociales con un milenarismo que lleva la esperanza a las clases oprimidas. Surgida con toda su fuerza en el año 184, se dedicaron a asaltar las prefecturas, matando o expulsando a los funcionarios, suprimiendo los impuestos y reparando los caminos. La llama de la esperanza se contagia entre los campesinos oprimidos. Los Turbantes Amarillos pronto están presentes en ocho provincias, donde sus seguidores se cuentan por millones. La pugna por el poder entre los funcionarios y los eunucos fue dejada de lado ante la amenaza de este ejército que, defendiendo los derechos de los pobres, llegó a poner en peligro todo el sistema social basado en torno al poder imperial. Todos se pusieron de acuerdo en la represión. Fue cruel, despiadada y ejemplarizante. Solo en dicho año causó más de 500.000 muertos.

Tras acabar con la rebelión de los Turbantes Amarillos y la de los Cinco Celemines, que resisten con su estado en Sichuan durante treinta años, los militares se hacen con el poder. Ya no existe otra razón que la que imponen las armas. Los generales instauran en sus territorios regímenes locales independientes. El emperador es solo un títere en manos de los generales más ambiciosos que únicamente le mantienen vivo mientras esperan la oportunidad de proclamarse emperador.

Dong Zhuo, tras masacrar a los eunucos, saquea la capital, quema los palacios, profana las tumbas y captura al emperador. Luego los generales de la represión se enfrentan entre ellos por conseguir el poder imperial. Luoyang fue incendiada y también su biblioteca. En palabras de Gernet, "una pérdida mucho más grave que la provocada por la célebre quema de libros del primer emperador". Poco después los señores de la guerra capitaneados por Cao Cao derrotan a Dong Zhuo, y el propio Cao Cao toma el gobierno.

La represión del levantamiento de los Turbantes Amarillos puso sobre la escena política numerosos ejércitos al mando de los potentados locales, que tras reprimir a los rebeldes se enfrentan en continuas guerras destinadas a ampliar su base de poder. Tras diez años de turbulencias Cao Cao y Yuan Shao quedan como los únicos contendientes. El ultimo emperador Xian Di sube en al trono en 189. Cao Cao se lo lleva a su capital y le convierte en marioneta de sus deseos. Yuan Shao prepara un numeroso ejército para acabar con Cao Cao en el año 200, sin embargo es derrotado, proporcionando a Cao Cao el control de todo el norte de China. Entre sus filas hay un importante contingente de xiongnu, a los que premiará su fidelidad asentándoles en el norte de la provincia de Shanxi.

En la cuenca del Yangtze aún hay dos generales que mantienen sus aspiraciones al poder, son Sun Quan en su curso bajo y Liu Bei en el medio. En el año 208 Cao Cao lanza a un gran ejército contra las tropas de Liu Bei, a las que derrota. Liu Bei sobrevive, reagrupa los restos de sus tropas, y en alianza con Sun Quan se prepara para resistir a un nuevo ataque. Planta cara al ejército de Cao Cao en el momento en que cruzan el río Yangtze, destruyendo su flota con barcos incendiarios y masacrando a los supervivientes.

A la muerte de Cao Cao, su hijo Cao Bei hace abdicar al último emperador Han, instaurando la dinastía Wei en el año 220, con capital en Luoyang. Al año siguiente, Liu Bei establece la dinastía Han en la región de Sichuan, bajo su control, y poco después Sun Quan se proclamará emperador de Wu, con capital en Nanjing. Con ello comienza la época de los Tres Reinos. Una época en la que continúa la degradación política y social precedente, con el prestigio imperial desaparecido, y los generales y terratenientes en lucha continua por el poder.

Tres Reinos

Esta división real de China en tres reinos perfectamente diferencia-dos con sus propios emperadores, capitales, y gobiernos, como las que seguirán en los tres siglos posteriores, no da lugar a una desmembra-ción real del imperio, pues las diferentes entidades políticas que sur-gen durante estos siglos turbulentos, se consideran sólo una parte de esa gran China de los qin y los han, manteniendo en su horizonte po-lítico la posibilidad de una reunificación bajo su hegemonía. De hecho, es posible que algunas de la treintena de entidades políticas que surgen en China durante estos tres siglos, pudieran haber segui-do una existencia independiente, pero el anhelo imperial que impreg-na estos años, lo hace imposible.

Ese anhelo imperial, esa aspiración por conseguir el trono imperial convierte a esta época en tiempos de guerra continua, permanente de-vastación de las vidas y cultivos de la población. Así vemos desde el

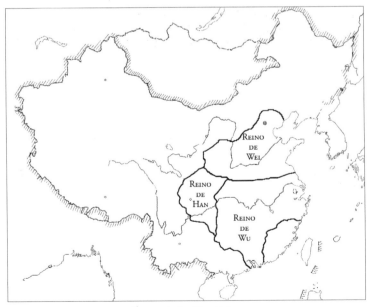

Época de los Tres Reinos

inicio de este periodo llamado de los Tres Reinos, a los reinos de Wei, Wu y Han enfrentándose continuamente en numerosas batallas destinadas a reconquistar el poder imperial. Los cuentos y la literatura popular recuerdan a los héroes y sus hazañas, posteriormente serán recopiladas por Luo Guanzhong en la novela llamada *Romance de los Tres Reinos*; algunos poetas aún recuerdan el sufrimiento de la gente común.

Durante este tiempo vemos como la multiplicación de los centros de poder en espera de alcanzar unos resultados militares definitivos, obligará a una expansión hacia al sur, que, a lo largo de los años, acabará por integrar en el mundo chino territorios apenas conocidos hasta entonces. Esa expansión al sur es la política natural tanto del Reino de Wu como el de Han, que viendo su frontera norte presionada por el poderoso Wei, y sabiéndose inferiores a sus enemigos en el aspecto demográfico y militar, inician su expansión a ese sur salvaje y desconocido con la esperanza de incorporar nuevas poblaciones que les permitan superar su debilidad. No obstante, el carácter montañoso de estas regiones permitirá, únicamente, un éxito relativo.

El Reino de Wei ya era de por sí el más poderoso, el más rico y más poblado. Además alcanzó considerable éxito desarrollando con rapidez su economía, organizando a los campesinos en estructuras casi militares y realizando numerosos trabajos de irrigación. Ellos también contribuyeron a la integración de pueblos del norte en la cultura china, pues muchos nómadas, que desde hace tiempo se mantenían en estrecho contacto con la cultura china, y habían colaborado con Cao Cao durante las guerras civiles, se fueron asentando en las regiones fronterizas, asimilándose en algunos casos entre la población china y convirtiéndose en otros, en peligrosos centros de poder militar en el interior de las fronteras del Reino Wei.

En el Reino Han establecido en Sichuan, Liu Bei, que se consideraba legítimo heredero de la dinastía Han (por eso seguía llamando a su reino como Han o a veces Shu-Han o Han de Sichuan), seguía empeñado en reunificar el país bajo su gobierno. Liu Bei aprovechó su buena situación defensiva, pues la penetración en su territorio sólo se puede realizar a través de dos pasos, para consolidar su dominio de

El famoso estratega Zhuge Liang, del Palacio Han, según pintura del
Palacio de Verano de Beijing

Sichuan, lanzando ataques esporádicos contra sus enemigos cuando la
situación se presentaba favorable. Para desarrollar su economía puso
especial énfasis en la conservación de los viejos trabajos de irrigación
construidos en tiempos de la conquista de los qin, intentando, por otra
parte, ampliar su poder entre los numerosos pueblos indígenas que
habitaban los territorios situados al sur y al oeste de su dominio. Para
ello, con la idea de intentar compensar las desventajas de su escasa población, Zhuge Liang, famoso en la historia china por su dominio del
arte de la estrategia y su lealtad a su señor, encabezó una gran expedición de conquista hacia el sur, que atravesó el abrupto sur de Sichuan,
alcanzando Yunnan y hasta el norte de Myanmar. Zhuge Liang tuvo
que abrirse camino combatiendo entre pueblos que defendían fiera-
mente su independencia hasta alcanzar y someter a los descendientes
del Reino de Dian, en la región del actual Kunming. A lo largo de ese
periplo puso en contacto por vez primera la cultura china con las tribus nativas del noroeste de Yunnan, pero a pesar de sus numerosas victorias sobre las tribus de estas regiones, sólo consiguió provocar una
continua guerra de resistencia que le impidió conseguir sus objetivos.
Debido a la dificultad de imponer la dominación china sobre las regiones más remotas, que por otra parte, dada su pobreza, pocas riquezas

podrían proporcionar a las arcas del estado, ensayó una política que combinaba la exhibición de su poder militar con el control del mismo, para conseguir que las tribus reconocieran la soberanía china, manteniendo, no obstante, su autogobierno.

Este reino de Han, a pesar de su debilidad, ha dejado una profunda huella en la memoria del pueblo chino. No sólo Zhuge Liang ha sido casi deificado desde su muerte, otro de sus mejores generales, Guan Yu, que fue muerto en enfrentamientos contra el Reino de Wu en el año 220, fue deificado posteriormente como el Dios de la Guerra para los chinos. Hasta principios del siglo xx existían numerosos templos en su honor.

Liu Bei mantendrá sus aspiraciones al trono hasta su muerte en el año 226. Su hijo sólo mantuvo algún interés por las tareas del gobierno mientras Zhuge Liang estuvo vivo. Cuando éste murió, en el 234, a causa de una enfermedad durante su último intento de reconquistar el norte de China, el rey de Han se dedicó a una vida disipada en los placeres y el vino, dejando el gobierno en manos de los terratenientes. A partir de ese momento Han pierde toda importancia, deslizándose por una lenta decadencia que acabará con su conquista por Wei en el año 263.

No obstante, los conocimientos adquiridos de los pueblos que vivían en el suroeste de China, así como las rutas comerciales que comunicaban con la próspera India, serán heredados por los regímenes políticos de los próximos siglos. Por otra parte, algunos de los pueblos de estas regiones conocerán la cultura china por primera vez de la mano de Zhuge Liang, artista, inventor, filósofo y estratega.

El Reino de Wu también inicia un desarrollo económico que acabará teniendo gran repercusión en el futuro de China. Con sus fronteras del norte bloqueadas por el poderoso Wei, tuvo que iniciar una expansión hacia el sur, en ese momento casi desconocido. Este reino, por otra parte, estaba escasamente poblado, sus tierras solo habían sido recientemente colonizadas por los chinos, quienes difícilmente se iban adaptando a su clima húmedo y sus terrenos casi pantanosos, su desarrollo agrícola no era todavía muy avanzado. Además, gran parte de su territorio estaba habitado por sus pobladores originales: tribus

Una de las batallas de los Tres Reinos según las pinturas
en el Palacio de Verano de Beijing

de lenguaje tai en los valles y yao en las montañas. La penetración de los chinos en esas nuevas tierras produjo diferentes respuestas, mientras algunos pueblos dejaron un espacio a los chinos y luego se unieron a ellos en la roturación de nuevas tierras, impregnándose poco a poco de su cultura; otros iniciaron un largo proceso de migración hacia el sur que les llevará en los siglos siguientes a ocupar grandes territorios en los valles y las montañas del sur de China y de los países del Sudeste Asiático.

Fue con este Reino de Wu con el que se crean los primeros centros políticos y comerciales en el sur, ya que desde su capital, Nanjing, se genera un importante desarrollo económico, comercial, intelectual e industrial. Su expansión marítima supone un avance sin precedentes en la historia china. Envía grandes expediciones a Taiwan y a la península de Liaotong (en el nordeste de China); abriendo también rutas marítimas que facilitan el comercio con los países de Indochina, Indonesia y el sur de Asia. A sus puertos pronto llegan marineros de países tan lejanos como la India, Persia, Arabia e incluso del Imperio Romano. Esa expansión marítima facilitará la integración de las regiones costeras de China en la corriente cultural del centro del país.

Pero ese desarrollo comercial no le aporta ninguna ventaja militar. La amenaza de Wei es una constante en la existencia de Wu. Para intentar liberarse de ella intenta forjar una alianza con el efímero reino de Yan, surgido en las cercanías del actual Beijing, con la idea de fortalecer un enemigo que pueda atacar a Wei por su retaguardia. Pero el Reino de Yan tiene una existencia brevísima y el Reino de Wu acabará por ser derrotado por un Reino de Wei que ya no es Wei. Y es que Wei, a pesar de su poderío militar, ha sucumbido unos años antes debido a sus desórdenes internos.

Desde la muerte de Cao Pi, sus sucesores en el trono son cada vez más incapaces, perdiendo rápidamente su influencia a favor de la familia Sima. En el año 267 el último emperador de los Wei será forzado a abdicar a favor de Sima Yan, que establece la dinastía Jin. Es por tanto Jin quien derrota a Wu en el año 280, reunificando una China más extensa que la de sus predecesores Han. Más extensa, pero mucho menos poblada. Según Jean Duche, "la población, que en el año 157 era de 56 millones de personas, había descendido en el año 280, a sólo 16 millones."

La breve dinastía Jin

Sima Yan, este primer emperador Jin, inició políticas destinadas a la reconstrucción nacional. Para acabar con los gastos militares decretó la desmovilización general del ejército, para evitar posibles levantamientos prohibió la tenencia de armas. Una vez más, interesantes medidas de gobierno fueron frustradas por los intereses particulares, ya que tras esta ley, mientras los nobles mantenían sus ejércitos privados y los soldados desmovilizados vendían sus armas y servicios a los pueblos nómadas del norte, el ejército imperial desaparecía.

Para evitar el excesivo poder de los nobles, dividió su imperio en feudos, que otorgó a veintisiete de sus familiares. La amenaza surgió entonces de su propia familia, pues a su muerte, en el año 290, las familias de dos de sus emperatrices se lanzaron a una disputa por el poder de la que la primera víctima fue el propio emperador. Se llama la Rebelión de los Ocho Príncipes. Sumió a China del Norte nuevamente en la guerra y el caos. En los dieciséis años siguientes se proclamaron ocho emperadores diferentes. Además, como cada uno de los contendientes, dispuesto a utilizar todos los recursos a su alcance, involucra en las luchas dinásticas a los miembros de los pueblos no chinos que vivían alrededor de ellos, siembra la semilla de una nueva fragmentación del norte de China y de la aparición de los estados de las minorías.

Los Dieciséis Estados

Es el tiempo llamado de los Dieciséis Estados, ya que en los 120 años que siguen hasta la reunificación del norte de China por los wei del Norte, se establecen dieciséis estados diferentes, todos de muy corta duración y que se suceden en los mismos territorios por guerras continuas. Estos años se caracterizan por una enorme fragmentación del poder político en el norte de China y por la participación activa de las minorías de China en la política de las regiones centrales. De hecho, sólo tres de estos dieciséis estados son establecidos por los chinos. Es importante notar que muchas de estas minorías ya mantenían un largo contacto con los chinos, participando en su política como aliados militares de facciones rivales. Pero en este tiempo, en lugar de luchar para otros señores, luchan para ellos mismos. Esta participación activa de las poblaciones del norte en la política del centro de China da lugar a una enorme fusión de pueblos.

Se puede decir que esta época se inicia en el año 304 con el establecimiento del reino de Cheng Han en la provincia de Sichuan, liderado por nobles di y qiang, aunque dada la situación periférica de Sichuan, algunos prefieren afirmar que se inicia con el establecimiento del Reino Han Posterior, en el año 311.

El Reino Han Posterior en el norte de China fue establecido por Liu Yuan, un príncipe de los xiongnu, que se proclamaba descendiente del mítico Modu y de la dinastía Han por medio de alguna de esas princesas entregadas en matrimonio a los jefes de su pueblo. No es de extrañar que Liu Yuan se decida finalmente a conseguir el poder para sí mismo. De hecho, un buen número de xiongnu, asentados en la ribera norte del río Amarillo desde el principio de la dinastía Han del Este, vivían una vida sedentaria semejante a la de los chinos. A ellos se les habían unido en los últimos años de la dinastía Jin numerosas tribus xiongnu que huían de las catástrofes naturales y de sus nuevos enemigos en el norte.

Esta dinastía tuvo muy corta duración, pues Liu Yuan intentó imponer unas maneras en la nueva corte que no respetaban los privilegios de los nobles xiongnu, que aprovecharon la debilidad de su hijo y sucesor, Liu Song, para rebelarse poniendo fin a la misma. Enseguida son sustituidos por los jiehu, que no son en realidad más que otra rama de los xiongnu, asentada también desde hace generaciones en las tierras del norte de la provincia de Shanxi. Se denominarán Zhao Posteriores, y sus escasos veintiún años de existencia solo ven continuas rivalidades, luchas y masacres,

Mayor éxito tuvieron los xianbei, que habían aprovechando las guerras que precedieron a la época de los Tres Reinos para establecer un poder efectivo en el noroeste de China. Desde allí, aun jurando su lealtad a los sucesores de Cao Cao, al que habían asistido en sus luchas por el poder, gobiernan sus tierras con total independencia. Al principio del siglo IV están en una posición excelente para aumentar los territorios bajo su control. Durante los cien años siguientes fundarán varios estados denominados: Yan Anterior, Yan Posterior, Yan del Sur. Todos tienen muy corta vida, pero contribuyen al establecimiento definitivo de los xianbei en esa región, donde gradualmente se irán fundiendo en la gran corriente de los chinos. Dos ramas de los xianbei, en el oeste, alcanzarán gran protagonismo durante los siglos siguientes. Unos serán los toba, que fundarán la dinastía Wei del Norte. Otros se fundirán con los pueblos di, para dar lugar a los tubo, antepasados de los tibetanos.

Los qiang, ese vecino de los chinos que desde la dinastía Shang ocupaba las tierras situadas al oeste de la provincia de Shaanxi, mencionado por sus frecuentes guerras contra los han del Este, también aprovechan el caos reinante en el centro de China para establecer su propio estado. Además de sus tierras originales, abarca la región del río Wei, extendiéndose hasta la ciudad de Luoyang. Apenas durará medio siglo antes de ser derrotado por un nuevo estado fundado por los xiongnu.

Aún no está muy clara la diferencia que existía entre los qiang y los di. Posiblemente ambos grupos tuvieran un mismo origen, pues en las crónicas antiguas frecuentemente se les menciona unidos ocupando un territorio semejante. Además del estado Cheng Han, que como ya se ha mencionado establecieron los di en el año 304 en la actual provincia de Sichuan, a lo largo de estos años establecerán dos estados más, conocidos como Qin Anterior y Liang Posterior.

Los pueblos lao

Precisamente las crónicas de la época atribuyen la debilidad del Reino Cheng Han a la súbita aparición en su territorio de cerca de 100.000 lao, que ocupan valles y montañas, desgastando a los di en numerosas campañas de las que no salen victoriosos. Los lao, organizados en torno a jefes tribales, tenían una serie de costumbres bastante curiosas. Mantenían esclavos, utilizaban tambores de bronce en sus ceremonias, bebían por la nariz utilizando unas cañas de bambú, enterraban a sus muertos colgados de precipicios o acantilados, se rompían un diente con motivo de duelo o mayoría de edad, tenían por costumbre que el marido descansara tras el parto de la mujer, y no conocían arcos ni flechas. Eso ha hecho fácil trazar el curso de sus migraciones a través de los siglos, que, según Inez de Beauclaire resumimos a continuación por su valor ilustrativo.

Los lao se originaron posiblemente en la frontera entre las provincias de Sichuan y Shaanxi, de donde migraron hacia el sur en el siglo v a.C., estableciéndose en la actual provincia de Guizhou. Se enfrentan en algunas ocasiones con las tropas del reino Wu durante el siglo iii. No se sabe por que razón migran al norte de nuevo, ocupando gran parte de la región oriental de Sichuan, donde causan la caída del estado Cheng Han. Allí se mantienen nominalmente sujetos a los chinos, pero disfrutando de una virtual independencia. En el siglo vi dominan tanto territorio que intentan, sin éxito, organizar una entidad política independiente. Durante la dinastía Tang aún se les menciona en Sichuan, de donde desaparecen sin motivo aparente, migrando algunos hacia Yunnan, aunque la mayoría se trasladan al sudeste por las montañas de Hunan y Guangxi. Durante la dinastía Ming se dice que habían vuelto a la provincia de Guizhou, de donde habían salido hacía más de mil años. Se les considera entonces famosos mercenarios y comerciantes. Pero el empuje de los chinos, que emigran cada vez en mayor número, y de otros pueblos como los miao, que también huyen de los chinos, les obligará a integrarse en la sociedad mayoritaria o a retirarse a zonas cada vez más pobres. Hoy en día todavía sobreviven unos cuantos miles de lao (llamados gelao) aislados en las zonas más inhóspitas de esa misma provincia.

El Reino Tuyuhum

De las distintas ramas de los xianbei que establecen estados durante esta época, los más afortunados son los llamados tuyuhun, que emigrando hacia el Oeste, en el año 350 fundarán su propio reino en la frontera entre las provincias de Gansu y Qinghai. Los primeros reyes de los tuyuhun, que según la costumbre xianbei toman el nombre del jefe tribal que organizó la migración al oeste, eran personas de gran educación y capacidad administrativa, lo que, sumado a su situación alejada del centro de China, donde los conflictos territoriales son continuos, les permitirá desarrollarse creando un estado poderoso. Ocupando una posición clave en la Ruta de la Seda, enseguida se enriquecen con el comercio que florece por esta ruta, especialmente como intermediarios entre la China del Sur y los países del Oeste. Con su presencia en la zona bien establecida, envían expediciones militares con las que llegan a conquistar Khotan y extender su dominio hasta el Pamir. Se puede decir que la prosperidad de los tuyuhun va ligada a la debilidad china, pues apenas se establece una nueva dinastía unificada, como es la dinastía Sui, en el año 581, los tuyuhun son derrotados y sometidos por los chinos. Se liberarán tras la caída de esta dinastía, manteniendo su independencia un par de décadas hasta que en el año 635 sean derrotados de nuevo por la dinastía Tang. Los propios tang intentan revitalizarles en 670 para oponerles a unos tibetanos

Gu Kaizhi. *La ninfa del río Luo*

cada vez más belicosos, pero es demasiado tarde. No podrán resistirse a unos tibetanos lanzados a controlar los estados de la Ruta de la Seda, para los que el Reino de Tuyuhun es el principal obstáculo. Mantendrán su Estado, no obstante, hasta principios del siglo X, primero en Qinghai y luego en el norte de Shanxi, donde acabarán fundiéndose con sus primos los kitan.

LOS JIN DEL ESTE

Un príncipe, tras su derrota y expulsión de Luoyang por los Han Posteriores, escapa a Nanjing, donde con ayuda de los terratenientes locales es proclamado emperador de un nuevo régimen conocido como los jin del Este, que en cierta forma continuará la tradición comercial y marinera iniciada con los wu. La situación de paz relativa que reinaba en el sur les hizo recibir oleadas de emigrantes procedentes del norte, que escapaban de las continuas guerras, la destrucción de cultivos y los saqueos y asesinatos. Muchas veces eran familias de nobles que se trasladaban con todos sus servidores hacia el sur, lo que supuso una grave presión no sólo para los aborígenes, sino para los chinos emigrados durante el siglo anterior, que ya se habían adaptado a las condiciones locales.

Los grandes terratenientes viven en medio del lujo, y sus palacios se convierten en el refugio de músicos, pintores y poetas. "Las familias compiten en los gastos y pomposidad de sus bodas, funerales y tumbas (...). Los aristócratas se perfuman sus ropas, se afeitan y pintan el rostro". Estos nobles crean un círculo cerrado que, merced a sus riquezas pronto se convierte en el auténtico ostentador del poder. Las dinastías imperiales se suceden y sólo tendrán un cierto éxito mientras sus políticas sean las destinadas a favorecer a esta clase social. Con estos jin y sus nobles procedentes del norte, también llega al sur el esquema de lucha por el poder que estaba llevando al norte a la ruina, y aunque el pueblo nunca llega a participar en ellas, supuso un grave lastre en el desarrollo del país.

Esplendor del budismo

El budismo fue penetrando a China desde el siglo I de nuestra era. Los monjes y doctrinas budistas llegan por los dos caminos por los que se realiza el comercio entre ambos países: a través de la ruta de oasis de la llamada Ruta de la Seda, en la que el Imperio Kushana de los yuechi desempeña un papel fundamental; y a través de las rutas marítimas que comunican China con el sur de Asia.

La primera comunidad budista de la que se tiene noticia, se estableció en el año 191, en Pancheng, al norte de la provincia de Jiangsu. No es casualidad que el budismo cuaje precisamente en estos tiempos revueltos. La armonía social que propugnaba el confucianismo ha desaparecido por completo. En un mundo que no parece ofrecer una esperanza para los hombres, la promesa de salvación, si no en la vida presente, al menos en las próximas reencarnaciones, resulta muy atractiva. Con el budismo llegan numerosos misioneros de distintos países que traen a China la noticia de culturas lejanas. Uno de los que más influencia alcanza es el monje Kumarajiva. Nacido en Kuqa en una familia budista de origen hindú, en su juventud viaja a Cachemira a

Seda pintada con la imagen de Bodhisattva

recibir instrucción religiosa. Cuando vuelve a su Turquestán natal, su fama es tal que los soberanos de los Reinos de Kashgar, Yarkhand y Kuqa se lo disputan. En el año 383, el general chino Lu Kuang, que ha conquistado Kuqa, se lo llevará con él a China. Allí realizará una inmensa labor de traducción de obras budistas, que contribuye de forma decisiva a la expansión de la nueva religión.

Escultura budista en la gruta de Longmen en Luoyang

Otro de los monjes que mayor influencia ejercieron en esa época fue el chino Fa Xian, que en el año 399 viaja a la India en busca de las escrituras budistas. En un libro publicado al volver de su viaje, catorce años más tarde, narra con detalle la situación de Pakistán, la India y Ceilán, así como los numerosos pequeños países por los que viaja, que dan una idea de cómo se expande el conocimiento del mundo chino durante estos años.

Como hemos visto, los oasis de la Ruta de la Seda, libres de la amenaza de sus poderosos enemigos de antaño, enriquecidos por un comercio que no para, se convierten en importantes focos de religión, cultura y civilización. Dicen que el general Lu Kuang se quedo admirado de la majestuosidad de los palacios que encontró en Kuqa. Los restos de sus ciudades, descubiertas enterradas en las arenas del desierto por los exploradores europeos de primeros del siglo XX, suscitaron la misma admiración.

El budismo se expande en China, estableciéndose numerosos monasterios. Pronto, a su importancia religiosa, se suma una creciente influencia en la vida social y económica, especialmente por tres aspectos: en el cultivo de las tierras, que le convierten en unos años en los

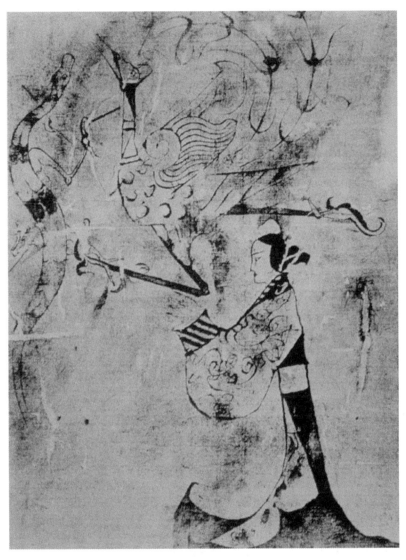

Pintura de seda encontrada en una tumba.
Época de los Tres Reinos

mayores terratenientes de China; en sus prestamos, que al igual que sucedió en los oasis de la Ruta de la Seda le dan la fortaleza de una autoridad monetaria, y en el campo de la instrucción y educación.

La dinastía Wei del Norte fue fundada por los toba en el año 439 con capital en la actual ciudad de Datong. Los toba eran una rama de los xianbei que se había establecido en el norte de la provincia de Shanxi a principios del siglo IV. Habían aprovechado las continuas guerras que asolaban China para ir extendiendo su poder, de tal forma que al constituir su dinastía tienen el dominio indiscutido del norte de China. Con la fundación de esta dinastía se reunieron alrededor de los toba numerosas tribus de origen turco y mongol, lo que les permitió derrotar a los otros reinos del norte de China y unificar bajo su mando toda esa región en el año 440. Con la dinastía Wei del Norte, China controla de nuevo la Ruta de la Seda. A través de ella se multiplican los contactos con la India, dándose el impulso definitivo al establecimiento del budismo en el norte de China. De hecho, los wei dejarán en sus dos capitales, Datong y Luoyang, algunas de las más magníficas representaciones del arte religioso budista: las cuevas de Yungang y las de Longmen respectivamente. El auge del budismo fue tal que se dice que en el año 477 ya había en Datong cien templos, mientras que Luoyang contaba en el año 515 con más de 1.300 templos budistas.

Los toba, como tantos otros pueblos nómadas antes y después que ellos, se dieron cuenta de que para administrar un imperio tan densamente poblado necesitaban organizar una administración al estilo chino. De esta forma el gobierno de los toba fue cayendo en las manos de los chinos, que sabían cómo gobernar a lo chino; con ello su cultura fue cediendo gradualmente ante la cultura china, y pronto se convirtió en el gobierno de una aristocracia militar de origen toba asistida completamente por los chinos. En el año 495, haciendo frente a esta realidad, trasladan su capital de Datong a Luoyang, desde donde esperan dominar mejor el país, ya que su posición en el centro de China facilita las comunicaciones y sobre todo el transporte de impuestos, que aún se hace en especie (grano y telas).

En Luoyang el proceso de sinificación se acentúa. El propio emperador adquiere las formas chinas y promulga leyes que prohíben a los extranjeros, incluidos los propios toba, hablar otro idioma que no sea el chino en público, adaptando al chino los nombres de los jefes y tribus toba.

Como reacción a esta política de sinificación forzosa, en el año 530, los nobles xiongnu y toba, cada vez más marginados por el gobierno de su propia dinastía, se rebelan. Llegan a tomar Luoyang, donde dan muerte a miles de chinos y tobas pro chinos, acabando de hecho con esta dinastía. Posteriormente se reorganizarán en sus regiones originales al norte de Shanxi y oeste de Mongolia, donde fundarán nuevos estados de corta duración, conocidos en la historia como las dinastías del Norte.

En el sur de China, en el año 420 los jin del Este son sustituidos por una nueva dinastía Song. En las próximas décadas se sucederán cuatro dinastías y casi veinte emperadores en el sur de China, por lo que se llama a ese periodo de las dinastías del Sur. Como en el norte se sucedieron otras cuatro dinastías, esta época se denomina en los libros de historia china como dinastías del Sur y el Norte.

Estas dinastías del Norte, incluyendo una de breve duración fundada por los chinos en Luoyang, apenas sobrevivirán unas décadas antes de ser conquistadas por el general Yang Jian, que fundará la dinastía Sui. El mismo Yang Jian conquistará a la última de las débiles dinastías del Sur en el año 589, unificando China tras casi cuatro siglos de separación.

Esplendor y miseria
de los tang

Dinastía Sui

Yang Jian, el fundador de la dinastía Sui, se convierte en emperador tras un golpe palaciego. Su ascensión imperial viene precedida por una larga carrera militar, durante la que numerosas victorias en la frontera norte le convierten en uno de los hombres más populares de China; tanto es así que el penúltimo emperador de los zhou del Norte, temeroso de su creciente influencia, prefiere mantenerle alejado de la corte. Desgraciadamente, muere antes de que Yang Jian abandone la capital, que aprovecha el nombramiento de su hijo como nuevo emperador para autoproclamarse regente, y unos años después, emperador de una nueva dinastía: la sui.

Una vez que el emperador asegura su poder en la China del Norte aplastando a los ejércitos locales se lanza a la conquista del Sur. En apenas tres meses de campaña los ejércitos Sui acaban con la dinastía Chen, la última de las dinastías del Sur, reunificando China de nuevo en 589, tras más de 370 años de división.

El régimen de estos sui reunificadores de China tiene bastantes semejanzas con los qin, que la unificaron por primera vez 800 años antes, y muchas menos con los zhou, que lo hicieron 1.600 años antes. No obstante, algunos autores han postulado la existencia de unos largos ciclos, de cerca de 800 años, que se van repitiendo a lo largo de la historia de China. Durante ellos hubo unificación, surgimiento de un régimen poderoso, decadencia, separación y caos, para volver a iniciarse con la unificación.

Yang Jian establece su capital en Chang'an (actual Xian), en el centro de la región en la que tiene más firmemente establecido su dominio; pero la Chang'an de estos años no tiene nada que ver con la capital de la dinastía Han del Oeste. Debido a las continuas guerras entre los chinos y los pueblos del Norte, la región se ha ido despoblando progresivamente, emigrando al Sur muchos de sus habitantes. El centro agrícola y económico del país se ha trasladado al Este y al Sur, desde donde el transporte de los productos a la capital se hace pesado y costoso. Además, la lejana capital deja fuera del gobierno a las familias terratenientes del este de China, que en los últimos años se habían beneficiado de la administración de las dinastías Chen, en el sur, y Qi del Norte; que desde el primer momento serán enemigos declarados del régimen de Yang Jian.

Wen Di, nombre dinástico de Yang Jian, establece una serie de medidas destinadas a la estabilización del imperio. Exime de impuestos a los campesinos de la región cercana a Nanjing, empobrecidos por la conquista del régimen Chen. Restableciendo el poder imperial a expensas del de los nobles, hace un nuevo reparto de tierras: confisca a los nobles tierras arables, que pasan a propiedad estatal, y las distribuye luego entre los campesinos, a los que cobra impuestos relativamente bajos en grano y telas, obligándoles a veinte días de trabajo anuales al servicio del Estado. Suaviza las leyes y las simplifica, permitiendo apelar hasta tres veces al emperador en los casos de condena a muerte.

En la administración toma como modelo a la dinastía Han. Su gobierno consta de tres departamentos dirigidos por tres primeros ministros, con lo que ensaya una cierta división de poderes, y seis ministerios (personal, finanzas, ritos, asuntos militares, justicia y obras públicas).

Reforma el sistema de exámenes para librarlo del lastre que suponía la influencia de las grandes familias terratenientes, intentando que solo los hombres de mérito accedan al funcionariado, sin importar su clase de origen. Y así a los tres "hombres de talento" que cada año debían recomendar los gobernadores de cada provincia, se suman los funcionarios elegidos tras los exámenes escritos. Vuelve a unificar las monedas, pesos y medidas, que se habían diferenciado durante los años de anarquía. Con estas medidas pronto hay una gran prosperidad agrícola, industrial y comercial. Se dice que en sus graneros se almacenaba trigo como para poder alimentar a toda la población de China durante varios años.

Reconstruye los tramos de la Gran Muralla más deteriorados. El poder más importante al norte de la Gran Muralla es, por estos tiempos, el de los turcos, que descendientes de algunas de las tribus xiongnu, han ido fortaleciéndose en el nordeste de Gansu durante la primera mitad del siglo VI, sometiendo a numerosas tribus más débiles. Con Mukan Khan (552-573) los turcos empujan a los juan juan hacia el Oeste y a los kitan hacia el Este, hasta ocupar la mayor parte del territorio tradicional del Imperio Xiongnu. Wen Di utiliza sus conocimientos del mundo turcomano para sembrar la discordia entre las distintas tribus, consiguiendo su división entre turcos occidentales y turcos orientales. Apoyando posteriormente a las tribus más indómitas entre ellos, fomenta la continua fragmentación de estos pueblos dificultando las alianzas estables. Solo en el año 601, el khan Tardu unificó a todos los turcos del norte de China bajo su mando, amenazando Chang'an, pero los disturbios surgidos en el seno de su propia alianza le hicieron caer en el año 603.

Los Sui promovieron el budismo; el propio Wen Di fue uno de los monarcas que más favoreció esa religión. Ordenó que se erigieran numerosos templos y pagodas en todas las provincias, especialmente al pie de las cinco montañas sagradas para los chinos, convirtió el budismo en la religión de China, y la propia China pronto se convirtió en un centro difusor del budismo.

El emperador Yang Di

El emperador Wen Di murió en el año 604, asesinado por orden de su propio hijo Yang Di, en el que se encarnaban los intereses de los terratenientes del sur y el este del país, quienes a lo largo del reinado de Wen Di habían visto su poder disminuido constantemente.

A pesar de la mala fama que tiene Yang Di por el asesinato de su padre y su afición al lujo y las mujeres, no se le puede negar un gran talante político, pues las medidas tomadas durante sus escasos quince años de reinado transformarán el panorama político y económico de China durante siglos. De hecho, con él se realiza la verdadera reunificación del país. Yang Di traslada la capital a Luoyang, en el centro de la zona de mayor productividad agrícola en el norte de China, fundando una capital secundaria en Yangzhou, a la orilla del río Yangtze. Posteriormente construye el Gran Canal comunicando ambas capitales, con lo que integra definitivamente el sur y el norte de China. En el terreno militar recupera el dominio sobre tierras lejanas que antaño habían reconocido el poder de los chinos. Tal vez demasiadas tareas para un país recién reconstruido y un gobierno en el que reinan la intriga y la traición.

La construcción de su capital en Luoyang excedía los límites de la imaginación más ambiciosa: en un perímetro de 25 kilómetros se construyeron los lujosos palacios imperiales, alrededor de los cuales había 103 barrios para la población y tres barrios comerciales. Una avenida de 4.000 metros de largo y 100 de ancho atravesaba la ciudad, perfectamente cuadriculada según los conceptos urbanísticos chinos. En las afueras de la ciudad se encontraba el gran jardín imperial, con un perímetro de 100 kilómetros. Tenía en su interior un gran lago artificial sobre el que se construyeron tres islas, con cuevas, jardines y pabellones.

Construcción del Gran Canal

Si la construcción de las capitales de Yang Di ya supuso un enorme esfuerzo material y humano, la construcción del Gran Canal requirió esfuerzos aún mayores. A pesar de aprovechar los sistemas de canales que se habían ido construyendo en los siglos precedentes, hizo falta el trabajo de más tres millones de personas, ampliando los canales ya existentes y excavando los nuevos, para crear un sistema de comunicación fluvial con forma de Y que permitía el tráfico de mercancías desde Hangzhou en su extremo sur, con Luoyang, y el de tropas desde el Sur hasta la región de Tianjin, cerca de la frontera norte. Un total de más de 2.500 kilómetros de longitud.

El Gran Canal contaba con una anchura media de 40 metros. A cada orilla se había construido una carretera perfectamente arbolada, así como numerosos pabellones destinados al descanso del emperador cuando viajaba. Los tres viajes que el emperador realizó a lo largo del Gran Canal supusieron asimismo un gasto enorme, pues por no abandonar sus tareas de gobierno, viajaba con toda su corte, en una comitiva de barcos que se extendía durante varios kilómetros y que, para no depender de los caprichos de los vientos, eran arrastrados por 80.000 soldados. Su propio barco tenía tres cubiertas, contando con más de cien habitaciones. La comitiva imperial debía ser mantenida y entretenida por la población local de los distritos que atravesaba, lo que suponía, como es natural, una pesada carga.

Existen numerosos paralelismos entre la construcción del Gran Canal y la de la Gran Muralla, las dos obras más representativas del mundo chino. Ambas fueron construidas por dinastías de corta duración. Es posible aventurar que precisamente el enorme esfuerzo que supuso su construcción contribuyó a la caída de éstas. Ambas obras, al extender a nivel nacional, casi continental por el tamaño del país, sistemas ya existentes, se convirtieron en elementos básicos de la definición del mundo chino: la muralla separándoles del mundo nómada al norte, el canal integrando de forma efectiva las culturas del norte y del sur de China. De tal forma que, tras la construcción del Gran Canal, se puede definir el mundo chino como lo que existe al sur de la Muralla comunicado por el Gran Canal y sus miles de ramificaciones.

Los esfuerzos de los sui por recuperar para China territorios que anteriormente habían dominado se iniciaron con la conquista de Annam en el año 603, cuya capital es saqueada, avanzando los ejércitos sui hasta el Reino de Champa, al sur del actual Vietnam; en la costa este de China conquistan las islas Ryu Kyu, a lo que siguió la invasión de Taiwan en el año 610, donde la resistencia de las tribus aborígenes fue aplastada y varios miles de prisioneros enviados al continente.

No obstante, la atención prioritaria se presta a la frontera norte, fomentando la desunión entre los turcos, estableciendo alianzas matrimoniales mediante la entrega de princesas chinas a sus jefes, y realizando campañas militares cuando la ocasión se muestra propicia. Se envía al general Pei Ju a reabrir la Ruta de la Seda. El general Pei Ju utiliza un calculado juego de alianzas con los pueblos amigos, sembrando la discordia entre los enemigos, lo que le permite recuperar el control de la Ruta de la Seda con escaso esfuerzo militar.

Un ejemplo de esto, es su derrota de los tuyuhun, esa rama de los xianbei que había desplazado a los qiang estableciéndose en la provincia de Gansu, para la que cuenta con ayuda de los tolos. Una vez que los tuyuhun se retiran más al Sur, a la región norte del Tibet, Pei Ju se deshace de los tolos. Los Tuyuhun habían aprovechado las oportunidades que les brindaba el comercio, para desarrollarse socialmente incorporando aspectos de la cultura china y tibetana. Durante los siglos siguientes los Tuyuhun aún jugaran un papel de cierto protagonismo entre el imperio chino y el tibetano. Al final la política de la región no deja lugar para más regímentes independientes, y su último rey, Nuoxiebo, se refugiará entre los chinos. Su organización política se mantendrá, no obstante, bajo el dominio de los tibetanos durante 350 años más, hasta acabar difuminada en la de otros pueblos.

La Guerra de Corea y la caída sui

El escollo principal a sus victoriosas campañas de conquista lo encontró en el pequeño reino de Koriyo, uno de los Tres Reinos en los que estaba dividida Corea, donde la expedición enviada a exigir los tributos que se habían obtenido en la dinastía Qin y Han, fue rechazada. Tras ello, el propio emperador dirigió el ataque de un ejército de más de un millón de personas, que fue derrotado y desbandado. Nuevos intentos de conquistar el Reino de Koriyo sólo llevan mayor inestabilidad al régimen Sui.

Los gastos militares aumentan espectacularmente, especialmente con la construcción de una gran armada que debe apoyar a las fuerzas de tierra. El malestar entre el pueblo, reclutado mediante levas forzosas, crece de forma simultánea. Además, las continuas derrotas de los chinos ante el pequeño país coreano animan a los turcos a renovar sus hostilidades. En el año 615 el propio emperador Yang Di es sitiado con su ejército en la llanura de Ordos por el khan Shi Bi. Sólo la brillante estrategia de su general Li Shimin consigue convencer a los turcos de la inminente llegada en su ayuda de un gran ejército, permitiendo al emperador salvar la vida, y a su ejército escapar a la aniquilación.

No obstante, la derrota ante los turcos supone, de hecho, el fin de la dinastía Sui. Tras ella, el emperador se establece en su capital secundaria, Yangzhou, mientras el general Li Yuan, padre de Li Shimin, entroniza como sucesor a un niño.

Lo cierto es que la prosperidad alcanzada por las benévolas políticas de Wen Di, se ha convertido en miseria por los continuos gastos que requieren las obras públicas y las campañas militares de su hijo. Desde el año 611 estallan rebeliones en diferentes partes del país. Todas siguen el mismo patrón: asesinato de funcionarios y nobles y reparto de alimentos entre la población. Son la respuesta al súbito empobrecimiento y represión en que viven los campesinos. Una de las más populares y que llega a controlar mayor territorio es la del conocido como ejército de Wagang, que, actuando en la provincia de Henan, asalta los barcos y graneros imperiales, distribuyendo el grano entre los campesinos necesitados. Como siempre, las revueltas campesinas van acompañadas por una multiplicación del poder militar de las familias nobles, que en tiempos revueltos ven la oportunidad de conseguir nuevos beneficios.

De esta forma, tras el asesinato de Yang Di en 619 por uno de sus asistentes, el general Li Yuan, jefe de la guarnición de Taiyuan, ocupa Chang'an y se proclama a sí mismo emperador de una nueva dinastía: la dinastía Tang. Hasta el año 622 no acabará con todos sus rivales al trono.

DINASTÍA TANG

Los historiadores consideran a la dinastía Tang como la más brillante de la historia china. No en vano, durante los casi 300 años que duró, el imperio chino alcanzó la mayor extensión que llegó a tener nunca bajo una dinastía nativa; su influencia cultural se extendió por toda Asia, las artes y las letras se desarrollaron de forma prodigiosa y el pueblo en general disfrutó de un largo periodo de paz apenas interrumpido por las ocasionales guerras fronterizas o de expansión imperial.

No obstante, una mirada detallada a los acontecimientos sucedidos durante esta dinastía nos muestra que las tensiones entre la corona y los nobles, los terratenientes del Este y los del Oeste, los pueblos de un lado y otro de la muralla, se mantuvieron latentes durante los primeros cien años del dominio Tang, para aflorar con toda su violencia durante los años siguientes, en un largo periodo de decadencia que volvió a sumir al país en el caos y la fragmentación. En realidad, como dice Lattimore, "el poder tang se basaba en la combinación entre la frontera septentrional china y el corazón agrícola del país."

Para entender con claridad el estado de China durante la dinastía Tang conviene dividirla, como hace Bai Shouyi, en tres periodos:

Un periodo de esplendor, resultado de las políticas del emperador Taizong, la emperatriz Wu Zetian y la primera parte del emperador Xuanzong, que duraría desde su fundación hasta el año 741. Un periodo turbulento, caracterizado por las continuas luchas entre los diferentes estamentos compitiendo por el poder, que duraría desde el año 742 al 820. Y un periodo de decadencia caracterizado, como al final de la dinastía Han, por el poder de los eunucos y de los generales fronterizos que duraría desde el año 820 hasta el final de la dinastía en el año 907.

El emperador Taizong

Aunque el primer emperador de la dinastía Tang fue Li Yuan, su fundador efectivo fue su hijo Li Shimin, que pasará a la posteridad con el nombre imperial de Taizong. Este brillante general, que había librado al emperador Yang Di de caer en manos de los turcos, posiblemente perteneciera a una familia de origen toba completamente sinizada. Y, curiosamente, a lo largo de su reinado alcanzó tal prestigio entre sus antiguos enemigos, que fue reconocido como khan de todas las tribus turcas.

A la caída de los Sui, el imperio que con tantos esfuerzos había unificado Yang Jian se hizo pedazos. En las llanuras centrales, los descendientes imperiales y los de las familias nobles combatían por el poder, mientras al sur del río Yangtze se formaron regímenes nuevamente independientes. Hasta el año 623 los tang no consiguieron dominar todo el territorio chino, iniciando inmediatamente las primeras reformas.

La primera, como siempre, fue efectuar un nuevo reparto equitativo de las tierras entre los campesinos. A continuación se diseñaron mecanismos para que éstos las pudieran mantener durante generaciones. Contar con una base de campesinos independientes, capaces de tributar en grano y telas para los gastos de la administración del imperio y la familia imperial, era una condición básica para la prosperidad del país. Por ello cada nueva dinastía efectúa un nuevo reparto de tierras destinado a crear una base económica firme. Con Taizong se proporcionó a cada campesino mayor de 18 años 100 mu (6,6 ha) de tierra, que se quedan sólo en 30 para las viudas, a no ser que fueran cabeza de familia, en cuyo caso se aumentaría a 50 mu.

A cambio, cada campesino tenía que entregar al gobierno 2 piculs de grano y 20 pies de seda (6,6 metros), así como prestar servicios personales durante 20 días al año.

Apenas estabilizado el poder en torno a la familia Li, empezaron los problemas en el seno de ésta. Li Shimin, era, de hecho, el segundo de los hijos de Li Yuan, y su hermano mayor, temiendo que su enorme poder y popularidad acabará por arrebatarle la herencia al trono imperial que como primogénito le correspondía, urdió una trama para asesinarle. Pero el complot fue descubierto por Li Shimin y sólo llevó a la muerte de su hermano mayor, del pequeño confabulado con él y a la abdicación de su padre en el año 627.

Este hecho es solo una pequeña muestra de la importancia que han tenido las intrigas palaciegas y cortesanas a lo largo de la historia de China. El propio reinado del emperador Taizong, uno de los emperadores más lúcidos, hábiles y poderosos de la historia de China, está tremendamente influido por estas intrigas. Como ya hemos visto, Taizong subió al trono tras el asesinato de sus dos hermanos; posteriormente sobrevivió al intento de envenenamiento por parte de su hijo heredero, al que se vio forzado a desterrar; e incluso el filial Gaozong, que acabó por sucederle en el trono, estuvo cortejando ya en vida de su padre a su concubina Wu, con la que se casará, convirtiéndola en emperatriz a su muerte. La influencia que tantas intrigas tienen en la historia no es despreciable, pues cada uno busca sus camarillas de aliados entre los nobles que se enfrentan entre sí por el poder, sin importarle la salud del imperio.

Taizong no era sólo un hábil militar, aficionado al estudio y a debatir abiertamente con sus consejeros y ministros los asuntos del Estado, puso a China en el camino de la prosperidad. El reparto de las tierras trajo un gran desarrollo a la agricultura. La invención de arados más eficientes, capaces de regular la profundidad del surco, incrementó el rendimiento de los campos; la construcción y el mantenimiento de nuevas obras de irrigación permitieron el cultivo de campos hasta entonces estériles, aumentando la superficie de tierras cultivadas. El aumento de la población y del rendimiento de los campos generó mayores ingresos para el Estado. Unos ingresos necesarios para mantener la administración de un enorme país cuya población se acercaba a los 50 millones de personas. El tamaño de China hacía necesaria la creación de un cuerpo de funcionarios especializados. Para elegir los funcionarios desarrolló el sistema de exámenes iniciado con los sui, agregando a los conocimientos de los clásicos materias de actualidad y composiciones originales. De esta forma, aunque evidentemente las familias con ciertos recursos tenían más facilidad para que sus hijos se dedicaran al estudio, campesinos un poco prósperos o con grandes familias también podían conseguir que alguno de sus hijos llegara a funcionario. Con ello el cuerpo de los letrados se alejó un poco del dominio de la clase terrateniente.

Mantuvo las mejoras de los sui en el diseño de la Administración, con una cierta división de poderes, creando unos ministerios de carácter técnico que se ocupaban de los distintos aspectos del gobierno. Organizó una nueva división territorial mediante la que estructuró China en diez grandes regiones, colocando por primera vez en las regiones fronterizas a los gobernadores militares por encima de la Administración Civil. Esta medida, tal vez necesaria en tiempos de guerra, se mostró muy peligrosa en tiempos de paz. Para las minorías que viven en las zonas casi inaccesibles en el interior de las fronteras diseña un sistema de autogobierno que les permite mantener su vida tradicional reconociendo la soberanía de los tang. Se promulgaron leyes claras con la esperanza de que todo el mundo las entendiera, con un buen cuerpo de comentarios a ellas. En esas leyes la gradación de las penas se realiza de acuerdo a la gravedad del delito y la relación social entre los implicados.

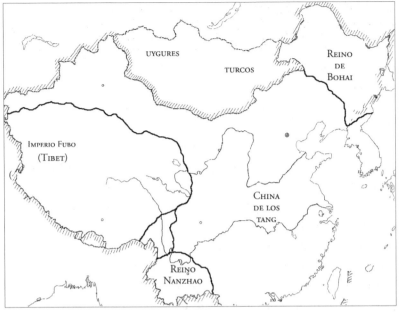

La China de los tang

ESPLENDOR DE LOS TANG

La prosperidad que generaron estas políticas fue casi inmediata. La población y la riqueza de China aumentaron espectacularmente. En la capital, Chang'an, donde vivían casi dos millones de habitantes, confluían comerciantes, artistas, estudiantes y peregrinos de los países vecinos. La ciudad estaba rodeada por una muralla de 35 kilómetros y dividida en calles cuadriculadas que separaban a la población según sus gremios y oficios. Conforme prosperó la dinastía Tang, aumentó el número de extranjeros que acudieron a la ciudad a conocer la cultura y religión de los chinos. Llegaban desde Corea y Japón, desde los reinos insulares del sur de Asia y los situados allende el desierto en el Oeste. Tras sus muros se desarrolla una intensa vida cultural, experimentándose nuevas formas en la poesía, la pintura, la música y el teatro. La música china se revitaliza con la influencia de los pequeños reinos de la Ruta de la Seda, de los que llegan nuevos ritmos e instrumentos musicales. Desde Chang'an la cultura china se extiende por toda Asia.

En el futuro, a los barrios chinos de otros países se les conocerá como Ciudad de los tang.

Pero Chang'an ya no es el único foco de cultura. Luoyang es una ciudad magnífica que se mantiene como capital secundaria; y al sur del Yangtze florecen numerosos centros urbanos, como Nanjing, Hangzhou o Cantón, que prosperan gracias al comercio con el Norte o con los lejanos países del sur de Asia.

La industria también prospera. Numerosos talleres estatales y particulares surgen en las ciudades importantes, algunos de los cuales emplean cientos de obreros. Se desarrolla la porcelana, en la que se utilizan técnicas nuevas que ponen de moda la cerámica tricolor típica de esta dinastía. La imprenta con planchas de madera, que se había empezado a utilizar de forma rudimentaria con los sui, se populariza. Cada año se imprimen calendarios, sutras budistas, leyes y libros de texto para los estudiantes. El consumo de té se pone de moda entre unos ciudadanos cada vez más refinados, y los comerciantes en esta nueva bebida pronto se encuentran entre los hombres más ricos del país.

Desde Chang'an se trasmite la esencia de la cultura china a Corea, y posteriormente a Japón, que encuentra en los tang el impulso adecuado a su propio desarrollo. Durante la dinastía Tang un total de trece delegaciones japonesas visitan China; cada una cuenta con 200, 300 o hasta 600 personas: embajadores, monjes, médicos, artistas y estudiantes, que se empapan de la cultura Tang. A través de ellos llega a Japón el budismo, la literatura y el arte, la medicina, la arquitectura y las técnicas industriales chinas, así como los caracteres chinos, adaptados posteriormente al idioma japonés.

Los viajes de Xuan Zang y el desarrollo del budismo

El esplendor de la dinastía Tang es el esplendor del budismo en China. Ambos fenómenos están estrechamente relacionados. Los peregrinos de otros países asiáticos, especialmente Japón, encontraban en China no sólo un foco de cultura, sino el centro filosófico y religioso desde el que las numerosas escuelas del budismo se extendían por toda Asia. En Chang'an y Luoyang, las dos ciudades principales, había numerosos templos budistas; desde ellos, sabios monjes de renombre mundial creaban numerosas escuelas en las que se enfatizaban diferentes aspectos de esta doctrina religiosa.

De entre las diez grandes escuelas del budismo que florecieron en la dinastía Tang, la de mayor importancia es la escuela *chan*, conocida como zen en Japón. Esta escuela, fundada poco antes del inicio de la dinastía Sui por un monje llegado de la India, Bodhidharma, se desarrolla durante sus primeros tiempos en el monasterio de Shaolin, cerca de Luoyang. El budismo chan propone alcanzar el estado de budeidad no mediante la meditación y la oración, sino gracias a una iluminación para la que el creyente se prepara desligándose de los intereses terrenales y siguiendo los ritmos de la naturaleza. Si todo el budismo chino está impregnado de filosofía taoísta, el budismo chan lo está aun más. A partir del sexto patriarca, Hui Neng, seguirá un desarrollo completamente local, que se extenderá por toda China hasta Japón, donde acabará por convertirse la rama principal del budismo.

El monje más famoso de estos años es Xuan Zang, que, tras haber alcanzado un conocimiento profundo de las doctrinas budistas, aún no se siente satisfecho con las traducciones disponibles en China, por lo que realiza un largo viaje a la India, cruzando las regiones de la Ruta de la Seda y los peligrosos pasos del Hindukush. Buena muestra del profundo nivel alcanzado por el budismo chino es que Xuan Zang es invitado a impartir numerosas lecciones budistas en los más famosos templos de la India. Su regreso a Chang'an cargado con 1.335 tomos de escrituras budistas fue un acontecimiento que conmovió al país. El propio emperador Taizong salió a las puertas de la capital a recibirle. Bajo su dirección se creó en Chang'an una nueva escuela de traductores que consigue, por fin, traducir de forma precisa las obras principales de la religión budista. Esta escuela, en sólo dieciocho años, traducirá la cuarta parte de todas las escrituras budistas traducidas al chino durante seis siglos.

La corte favorece el budismo, se construyen templos y pagodas, y sobre todo magníficas cuevas destinadas al culto budista. En ellas trabajan los mejores artistas del momento: las esculturas religiosas y las pinturas murales suponen una cierta revolución. Las esculturas más impresionantes y mejor conservadas son las de las grutas de Longmen, cerca de Luoyang. En cuanto a la pintura, los más de 45.000 metros cuadrados que se pueden admirar en las grutas de Mogao, cerca de Dunhuang, se pueden considerar la cumbre de la pintura tang. En ellas las influencias occidentales son evidentes, reflejo de un mundo que cada vez se hace más pequeño.

Las fronteras del Norte

La estabilidad de las fronteras septentrionales sigue siendo para los tang el principal problema de su política exterior. Apenas han vencido las resistencias internas, empiezan a sufrir los ataques por parte de los turcos del Este. Aunque en alguno de estos ataques llegan a las puertas de Chang'an, las disensiones entre las tribus debilitan su alianza. En los años 629 y 630 Taizong realiza varias campañas victoriosas, imponiendo la paz, llegará a ser reconocido como khan de todos los turcos. No obstante, para mantener la paz establecerá a un millón de turcos al norte del río Amarillo, con la esperanza de que se vayan sinizando gradualmente.

En el nordeste, consigue detener los ataques de las tribus Mohe o Bohai, integrando a sus príncipes en la estructura administrativa y manteniendo a la vez el gobierno de sus líderes nativos. En el oeste aprovechan la rebelión de los uygures en el seno de la confederación turca, para arrebatarles la ciudad y reino de Gaochang, que por ser el lugar donde confluían las caravanas que llegaban del norte y el sur, disfrutaba de una posición estratégica. Con ello dominan de nuevo la Ruta de la Seda y establecen dos provincias en el Turquestán. Un dominio que durará poco, pues un nuevo imperio acecha en las mesetas del Sur.

De entre las numerosas victorias militares de Taizong, sólo Corea se le resistió. Un numeroso ejército con el que intentó la conquista en el año 645 fue derrotado y forzado a retirarse.

Detalle del *Sutra de los Diez Reyes*. Describe los diez estados por los que
el alma debe pasar tras la muerte.
Tinta sobre papel. Descubierto por Dunhuang

La expansión tibetana

Por esos años en la región de Gansu, los tuyuhun derrotados por los
sui han dejado paso a los tubo, antepasados de los tibetanos, que han
desarrollado un régimen peculiar en los fértiles valles del río Bramapu-
tra (Yarlong Zangpo), y en pleno proceso de integración tribal, se ex-
panden por la provincia de Qinghai, el norte de Xinjiang, y Gansu.

En la meseta tibetana, además de los tubo vivían varios pueblos que
habiendo alcanzado un cierto desarrollo político se dividían el país en
una serie de pequeños reinos. Las crónicas tibetanas hablan primero
del tiempo de los cuarenta reinos (posiblemente hacia el siglo VI) que
parecen concentrarse rápidamente en los doce reinos. En ellos, además
de los sheboye que darán origen al linaje imperial, destacan:

El Reino Zhang-zhung en la zona oeste, una confederación de diferentes tribus de tamaño variable que existió del siglo IV al VII, más

o menos en la región donde posteriormente surgirá el reino de Guge, que había recibido grandes influencias de Asia Central. Posiblemente fuera en esta región donde el chamanismo tradicional se fue transformando en la religión bon, en la que se pueden encontrar muchos elementos del zoroastrismo. El Reino Zhang-zhung desempeñó un papel importante en las comunicaciones entre el sur, centro y este de Asia.

El misterioso Reino de las Mujeres al Este. Desde los tiempos antiguos las tradiciones de los chinos mencionan la existencia de tribus matriarcales más allá de su frontera occidental, como prueba el relato de la visita del rey Mu de los Zhao a la Reina Madre del Oeste. La existencia actual de pueblos en la zona cercana, como los Mosou del lago Lugu, donde la sociedad aún es matriarcal, permite pensar que en los tiempos anteriores a la dominación tubo habían alcanzado un cierto desarrollo político actuando como algún tipo de federación tribal, conocida en el exterior como Reino de las Mujeres.

Los tubo se habían ido formando con tribus de los qiang del oeste y los xianbei que habían emigrado desde la cuenca del río Amur.

Songsan Gangpo (618-649) es el primer rey de los tubo. Continuando la política de alianzas iniciada por su padre Namri Lutsam, consigue reunir en torno a sí mismo a todos los príncipes tibetanos. Una vez conseguida la unidad sus primeros esfuerzos van destinados a la construcción de un estado, con una escritura propia, derivada del sánscrito, unas leyes escritas destinadas a perpetuar la nueva realidad nacional y una administración que se extiende por todo el país.

Una vez asegurado el control de las ricas tierras del Tibet central, da comienzo a una poderosa expansión, justificada, según algunos, para conseguir botín con el que compensar a los nobles por su perdida de poder ante el establecimiento de la monarquía. La dirección natural de esta expansión es el Norte, donde el control comercial de la Ruta de la Seda promete una riqueza sin precedentes. Allí ataca al Reino Tuyuhun, que se libra de ser conquistado gracias a la ayuda de los chinos. La propia China pronto siente la presión de las tropas tibetanas, que amenazan la región del Turquestán e incluso la capital del país. En el año 641, el emperador Taizong, tras rechazar su invasión, le entregará como esposa a la princesa Wen Chen. Con la princesa y su sequito llegan al Tibet el budismo y otras muchas características de la cultura china, como el papel, la seda, el té, que junto con las influencias llegadas de Nepal por medio de la princesa Bhrikouti Devi, también casada con Songsan Gangpo, supondrán un fuerte impulso al desarrollo económico y cultural del Tibet.

La emperatriz Wu Zetian

La obra de Taizong fue continuada solo en parte por su hijo Gaozong (650-683). Éste, de carácter débil, pronto cedió las riendas del gobierno a la emperatriz Wu Zetian, de fuerte personalidad. Wu Zetian había sido concubina de Taizong, convirtiéndose en monja a su muerte. Desposada por Gaozong, dirigirá hasta el año 684 los destinos de China por medio del emperador.

A la muerte de Gaozong hizo matar a varios centenares de aristócratas, convirtiéndose ella misma en emperatriz. La única emperatriz que gobierna oficialmente en la larga historia de China, y que será el alma política de China durante un periodo de cincuenta años, hasta su muerte en el año 705.

En el aspecto interno mantendrá la prosperidad precedente, sin dejar que las intrigas de palacio influyan en su gobierno. Intentó conseguir el equilibrio con las grandes familias terratenientes del este, con las que tenía buenas relaciones, trasladando la capital a Luoyang. Hace del budismo la religión de estado, por lo que durante su reinado se construyeron numerosos templos. Dado que cada vez que se establecía un templo se le donaba para su mantenimiento una buena cantidad de tierras libres de impuestos que arrendaba a los campesinos de la zona, se produjo un aumento desmesurado de las tierras pertenecientes a los monasterios, que se convirtieron de esa forma en una importante fuente de poder. Por otra parte, como ha señalado Eberhard, los templos budistas, "con el bronce utilizado en las estatuas de Buda se convirtieron en la autoridad reguladora del mercado monetario."

Wu Zetian gobernó con firmeza, acabó con los abusos del ejército sin que surgieran rebeliones, consiguiendo por fin la conquista de Corea en el año 660, gracias, entre otras cosas, a la alianza con uno de los reinos en que entonces estaba dividido este país. Los chinos encontrarán, no obstante, una enconada resistencia: solo en el año 669 se enviarán más de 38.000 "rebeldes" coreanos deportados a la China central.

La paz en la Ruta de la Seda se verá interrumpida por el conflicto con los tibetanos por el control de la zona. En el año 670 los tibetanos, contando con la asistencia del Reino de Khotan, derrotan sucesivamente a los chinos y a sus aliados tuyuhun, el estado más poderoso de la zona, que se había convertido en su principal oponente. Los tang intentan recuperar su hegemonía enviando un potente ejército contra los tibetanos, que sufre una nueva derrota en el año 678. Hasta el año 692 no conseguirá derrotar a los tibetanos, recuperando el control sobre Kuqa, Khotan, Kashgar y Qarachar. A través de esa importantísima ruta comercial llegan los artículos de lujo cada vez más demandados por una próspera sociedad y las religiones de la otra orilla del desierto: mazdeísmo, maniqueísmo, cristianismo nestoriano, judaísmo e islamismo. Tanto en las ciudades del interior como en los puertos de la costa se establecen importantes colonias de extranjeros, que ocupan a veces barrios enteros de los grandes centros urbanos.

A la muerte de Wu Zetian, que había llegado a establecer una dinastía por sí misma, vuelven las luchas de poder entre los terratenientes del este y los turcos que piden la restauración tang. La balanza se inclina a favor de estos últimos, y con el emperador Xuanzong se restaura el poder de la dinastía Tang.

El canto del cisne de Xuanzong

Xuanzong (713-755) traslada la capital de nuevo a Chang'an, desde donde favorece el taoísmo para conseguir el equilibrio entre las religiones. Durante los primeros años de su largo reinado mantuvo la prosperidad de China. Un siglo seguido de prosperidad tang convierten su reinado en una de las épocas más felices de China, pero en ella ya acechan los signos del inminente desastre. La hegemonía china es contestada en todo momento por los tibetanos, que a pesar de recibir una princesa tang atacan las posiciones fronterizas de forma periódica. El último intento serio de los tang por extender y mantener su influencia en la región de Xinjiang se produjo con la expedición del general Gao Xiaochi, que a pesar de conseguir un cierto éxito en sus primeras etapas, será derrotado a manos de una confederación de pueblos árabes en la batalla del río Talas en el año 751, lo que supuso el fin de la presencia china en el Turquestán durante cientos de años.

Pese a derrotar a los chinos, los árabes no avanzan hacia el este. Consiguen un premio mejor. Entre los soldados chinos capturados prisioneros los hay que conocen la forma de fabricar papel. En Samarkanda fundaron fábricas donde la técnica china de fabricación de papel pasó al mundo árabe y, a través de él, al europeo. Samarkanda se mantuvo durante muchos años como el más famoso centro de fabricación de papel.

A partir del año 740 el carácter del emperador se transforma. Influido por algunas enseñanzas taoístas, se va alejando de la realidad cotidiana para refugiarse en los placeres con la concubina Yang. Entre ella, su Primer Ministro Li Linfu, un político carente de escrúpulos que sólo se preocupa de sus propios intereses, y el general An Lushan (hijo adoptivo de la concubina Yang), el poder se le escapa de las manos.

LA GUERRA CIVIL DE AN LUSHAN

An Lushan, perdonado por el emperador de un crimen de traición, irá forjando su poder al mando de las guarniciones del norte en lucha contra los Kitan. Combinando sus intrigas en la corte con sus habilidades militares, pronto consigue que todas las provincias del norte estén bajo su mando. Aprovechará su poder para marchar a la conquista del imperio. Toma Luoyang en una operación relámpago, proclamándose emperador en 756. Los generales tang no consiguieron detenerle, y An Lushan conquistó y arrasó Chang'an, de donde ya había huido la familia imperial.

Mientras Xuanzong huía de Chang'an con su concubina y una guardia selecta que asesinó a la concubina Yang antes de que abandonara la capital acusándola de ser la causante de todos los males, su hijo, el príncipe Suzong (756-762) inició la resistencia con ayuda de sus aliados los uygures. Convocó también a las tropas estacionadas en la Ruta de la Seda, y reunió un imponente ejército que derrotó a las fuerzas rebeldes y saqueó Luoyang, restaurando la dinastía Tang. Eso no es el fin de la guerra, que se extiende por las provincias del norte de China hasta el año 764.

La rebelión de An Lushan fue, de hecho, una guerra civil que durante ocho años sumió al norte de China en la miseria y la desolación. Aunque algunos autores sostienen que An Lushan representaba de nuevo los intereses de los nobles del este de China, lo cierto es que ni todos los funcionarios se sometieron a él, surgiendo resistencias por doquier, ni contaba con un proyecto político que fuera más allá de su ambición personal. En cuanto acabó la marea conquistadora surgieron las contradicciones entre sus propios seguidores. La breve dinastía que fundó, llamada Yan, tuvo cuatro emperadores en sólo ocho años. An Lushan murió asesinado por su propio hijo, que murió a su vez a manos de un general de su padre, asesinado a su vez por su hijo, que se ahorcó ante el avance de las tropas imperiales.

En medio del caos, los tibetanos arrasan Chang'an, recuperada sólo con la inestimable ayuda de los uygures. Luego se vuelven al oeste. Aprovechando el vacío militar dejado por los chinos en la Ruta de la Seda, ocupan de nuevo estas tierras con facilidad. Estos ocho años de guerra civil han destruido la base agrícola y administrativa de la China tang, que además ha quedado a merced del apoyo de los uygures, para mantener un poder cada vez más nominal. A partir de entonces se inicia un largo proceso de decadencia durante el que las instituciones y políticas que habían llevado la prosperidad al pueblo van desapareciendo, llevándole a la miseria. Los nobles luchan por conseguir más y más tierras, más y más riquezas, mientras los campesinos se hunden en vidas cada vez más miserables. Al final, la rebelión se sofoca cuando la corte imperial ofrece el perdón a los generales rebeldes, y los confirma además en sus destinos. Los generales se pasan al bando imperial, manteniendo, no obstante, hasta el final de la dinastía, el mando, generalmente hereditario, sobre sus áreas de influencia. Sin remitir a la corte los impuestos de su región y eligiendo ellos mismos sus propios funcionarios, muestran el preludio a la desintegración del país.

El Reino de Nanzhao

Más al sur, en la actual provincia de Yunnan, las conquistas de Zhuge Liang se habían convertido ya en leyenda. Habían surgido por otra parte diferentes regímenes locales que imponían su autoridad sobre un territorio reducido. Entre ellos los más importantes económica y estratégicamente eran los seis reinos o zhaos establecidos en las fértiles tierras que rodean el Lago Erhai y la actual ciudad de Dali. Todavía hoy existe una acalorada polémica, no exenta de tintes nacionalistas, sobre la composición étnica de los dirigentes del Reino de Nanzhao. Mientras algunos de los estudiosos (muchos de ellos tailandeses) aseguran que eran de origen dai, emparentados con la actual población tai de Tailandia, otra escuela (predominante en China) asegura que eran los antepasados de los bai y los yi, por tanto chinos de una de sus minorías nacionales. Esta polémica nos muestra dos cosas, la relativa certeza de las verdades históricas, esclavas como son de las modas y tendencias políticas, y el esplendor que llegó a alcanzar el Reino de Nanzhao, que todos quieren atribuirse su fundación.

Lo cierto es que para la dinastía Tang era más conveniente tratar con un solo reino que reconociera su soberanía, que tener que estar pendiente de los movimientos de numerosos pequeños estados y sus gobernantes. De esta forma, con el apoyo de los tang, los seis zhao ya mencionados acabaron por ser sometidos y unificados por el más fuerte, que por tener su territorio situado más al sur, fue conocido como Nanzhao, que había establecido su capital en la actual ciudad de Dali, a la orilla del lago Erhai, desde el año 629. En el año 731, su primer rey, Piluoge, se deshace de sus competidores a traición, asesinándoles durante un banquete, enseguida jura fidelidad a la dinastía Tang. A partir de se momento comienza su expansión atacando a las tribus tibetanas e yi que vivían en el noroeste de Yunnan. Como esas tribus habían sido una constante preocupación para los tang, le agradecen sus servicios proclamándole rey de Yunnan en el año 738. En unos años domina, de hecho, gran parte de esta provincia. Un incidente diplomático a manos de los funcionarios chinos, enemistó a Piluoge con sus antiguos benefactores, que en 750 ataca los distritos del este de Yunnan y oeste de Guizhou, y participa en el saqueo tibetano de Chang'an. En el año 751 derrota cerca de Dali a un ejército chino de más de 60.000 hombres, poniendo fin a todo intento chino de dominar la provincia de Yunnan durante los siglos ulteriores.

Los reyes de Nazhao, aliados esta vez con los tibetanos extienden sus territorios a costa de los chinos en el norte. En el sur, invaden los valles del Irawady, donde derrocan a la dinastía Pyu que gobernaba Myanmar. El Reino de Nanzhao llega a dominar la mayor parte de la provincia de Yunnan, el sur de Sichuan, oeste de Guizhou y de Guangxi, y el norte de Myanmar. Esclaviza a algunas tribus, otras le pagan tributo y le asisten en sus expediciones guerreras que a veces llegan hasta el norte de Vietnam. Ajusta sus relaciones exteriores al vaivén político que sufren sus poderosos vecinos. Así, según el relato de C.P. Fitzgerald les vemos reconociendo la soberanía de los chinos en el año 793, atacando el sur de Sichuan e incluso ocupando su capital, Chengdu, en 829, que mantuvo hasta el 873, atacando el delta del río Rojo en el norte de Vietnam en 861 y 866. La expulsión definitiva de Sichuan en el año 879 fue una de las últimas victorias militares de los tang, antes de sumirse en las rebeliones y el caos que pondrían fin a la dinastía. El sueño del Reino de Nanzhao, de convertirse en la gran potencia del suroeste se desvaneció con esa derrota. Ni siquiera la debilidad china de los años posteriores le permitió iniciar otra ronda de conquistas. Las contradicciones internas en un imperio tremendamente heterogéneo ya amenazaban con su colapso. El sangriento final de este régimen llegará en el año 902 cuando una revolución acabe con más de 800 miembros de la familia real. Durante unos años varias familias compiten por el poder. La situación no se estabiliza hasta que en el año 937 la familia Duan toma el poder instaurando el régimen de Dali o del Gran Orden.

A Nanzhao llega el budismo procedente del Tibet. Pronto se convierte en uno de los principales centros budistas del sur de China. Un punto estratégico en las rutas que ligan China, Tibet, Myanmar y la India, alcanza durante su existencia una gran prosperidad cultural y económica.

Los aliados uygures

Los uygures, estrechamente relacionados con los turcos, descienden, como ellos, de algunas tribus, separadas de la gran corriente del pueblo xiongnu durante su migración al oeste. Desde el año 649 apoyan a los tang del emperador Taizong en sus luchas contra los turcos más indómitos. Desde el año 743, tras vencer a los turcos del este, se hacen con el control de la mayor parte de Mongolia.

En el año 760 los uygures hacen del maniqueísmo su religión oficial. El maniqueísmo es un dualismo que afirma la separación esencial entre la materia y el espíritu, considerando mala a la primera y bueno al segundo. En sus aplicaciones más fundamentalistas pueden proponer la eliminación del mal, negándose a realizar cualquier tipo de actividad destinada a crear materia: a tener hijos, curar las heridas e incluso alimentar el cuerpo material.

Aunque los chinos, también basaban su mundo en el dualismo, éste se conformaba más por el equilibrio que por el antagonismo. Por ello odiaban el maniqueísmo. No obstante, la necesidad que tienen de los uygures les hará permitir la construcción de varios templos maniqueos en el año 768.

Los uygures se muestran como un peligroso aliado. En su persecución de los rebeldes de An Lushan, no dudan en saquear cuantas ciudades encuentran en su camino. Establecidos en torno a Turfan, controlan la ruta que corre al norte del Taklamakan, mientras los tibetanos dominan la del sur, consiguiendo grandes beneficios de las caravanas de la Ruta de la Seda así como de los regalos imperiales.

El Imperio Tibetano

A la muerte de Songsan Gampo en 650, su ministro Gar Tongtsen asume la regencia en nombre de su nieto. Continuó sus políticas consolidando el estado tibetano y presionando sobre esos tuyuhun que tienen la llave de la Ruta de la Seda. A su muerte le sucede su hijo en la regencia en un intento de establecer una nueva dinastía de los gar, que con un gran ejército de 200.000 hombres consigue derrotar a los chinos en Qinghai. Su presión sobre la Ruta de la Seda es interrumpida por la mayoría de edad del legítimo heredero (ya bisnieto de Songsan Gampo), que desde 695 a 698 libra una guerra con la familia Gar por el control del imperio. La familia Gar es derrotada, sus ejércitos buscan cobijo entre los chinos. El nuevo rey no tuvo tiempo de disfrutar su victoria, pues en el año 704 murió en una expedición a Yunnan. La tensión entre China y el Tibet se desactivó gracias al carácter pacífico de la Emperatriz Wu Zetian y la regente Molu Chimarlei, que acordaron que una princesa china (Jincheng) se casara con el nuevo rey del Tibet Trite Zhotsan, que, hasta su muerte en 754, en medio de una rebelión, mantuvo buenas relaciones con los tang.

Con Trisung Detsan (755-797) el Imperio Tibetano alcanza su máximo esplendor. El esplendor tibetano va acompañado de la decadencia china. Sus soldados atacan Chang'an en medio de la guerra que arrasa China, aunque pronto se retiran, aseguran que el control de la Ruta de la Seda quede bajo el poder tibetano, poniendo en el sur al Reino de Nanzhao bajo su dominio. Es la mayor expansión territorial tibetana, que va acompañada, paradójicamente, por la introducción y difusión del budismo entre ellos. El propio rey promovió el budismo, eliminando a los ministros opuestos a esta religión e invitando a grandes maestros de la India. Con él se funda el primer monasterio, el de Samye en 779. Pronto aumenta el número de monasterios, a los que se entregan tierras y se mantienen con impuestos recaudados entre la gente. A partir del año 815 su hijo y sucesor, Ralpachen, un fervoroso budista, promueve la construcción de monasterios y la traducción de obras budistas. "Ordenando que cada siete familias mantengan un monje, que son ya una clase especial con numerosos privilegios".

Como cada monasterio tiene en propiedad importantes cantidades de tierras, pronto los sacerdotes de la religión tradicional bon, marginados y perseguidos, hacen frente común con los príncipes tibetanos, cuyas tierras van acaparando los monasterios budistas. En el año 841 un monje bon asesina al rey, iniciando la represión contra los budistas. Se destruyen templos, se queman las escrituras y se persigue a los monjes.

En el año 843 un nuevo rey sube al trono, este favorece la religión bon, es asesinado a su vez por un monje budista en 846. El Imperio

Ruinas de la ciudad de Jiaohe, en las cercanías de Turfan

Tibetano estalla fragmentándose de nuevo en numerosos principados independientes, desapareciendo en 877 en medio de revueltas sociales. Algunos de los príncipes tibetanos participan posteriormente en la construcción del imperio de los xia del Oeste. Los territorios conquistados durante los siglos anteriores se van perdiendo lentamente.

El arte tang

Es curiosamente en esta época cuando florecen con mayor vigor el arte y la literatura. Una sociedad rica y madura, que ya entra en una evidente decadencia, un imperio que se desmorona, proporciona el ambiente adecuado a la creación artística.

Desde la fundación de la dinastía y el establecimiento de los exámenes para seleccionar funcionarios que administren un imperio cada vez más grande y poblado, se ha creado una numerosa clase de letrados, familiarizados con la cultura clásica, y capaces, al mismo tiempo, de soluciones innovadoras.

La dinastía Tang es el siglo de la poesía, no podía ser menos en una época donde las artes florecen como nunca. Se conservan más de 50.000 poemas de los más famosos 2.000 poetas tang. *Los 300 poemas tang*, son un clásico de la cultura china, poemas que se aprenden en las escuelas, cita continua por pensadores y políticos. Los más destacados de entre ellos son: Wang Wei (701-761), loando a la naturaleza, Li Bai (701-770), con obras de gran contenido social, y Du Fu (712-770), con un penetrante conocimiento de la sociedad de la época. Un poco posteriores son Han Yu (768-824) y Bai Juyi (772-846).

Los más importantes son, sin duda, los poetas de renombre universal Li Bai y Tu Fu. Son los mayores exponentes de la poesía tang y de toda la poesía China. Tienen en común un sentimiento trágico por la decadencia que se está produciendo en la sociedad de la época, conocen de primera mano los sufrimientos del pueblo y la indiferencia de las clases elevadas. Intentan cambiar la sociedad, pero cuando consiguen puestos administrativos, los abandonan decepcionados. Aunque la poesía es el género por excelencia de la época tang, el teatro da sus primeros balbuceos, como mezcla de las representaciones religiosas de los pueblos del Norte y de las tribus del sur de China.

La pintura, tremendamente influenciada por los artistas de los reinos del oeste, experimenta una importante renovación temática y estilística.

La decadencia de los tang

La China tang ya es sólo un fantasma. Un espectro del imperio construido durante el siglo anterior que corre el riesgo de desaparecer en medio de las continuas amenazas que le rodean. La corte sólo controla nominalmente el país, a la autonomía de los generales, que al menos ayudan a mantener la ficción de un poder centralizado, se suman las amenazas externas. Por el nordeste los kitan se van haciendo cada vez más fuertes, aprovechan la debilidad china para ocupar parte de Manchuria; al este de ellos el Reino de Silla unifica una Corea independiente de los chinos; los uygures por su parte se convierten en los amos de Mongolia; las costas son asoladas por los piratas, que se mueven a sus anchas por el mar; los tibetanos dominan la Ruta de la Seda y atacan con frecuencia las tierras cercanas a la capital y el Reino de Nanzhao recorta la frontera sur de China.

El Reino de Khotan y los otros reinos del borde sur del desierto Taklamakan, gobernados por los tibetanos desde la rebelión de An Lushan, no recuperarán su independencia hasta mediados del siglo IX. El budismo florece en Khotan, monasterios y nobles acaparan las riquezas de la sociedad. Su vida cultural, sorprendentemente rica, dejará interesantes contribuciones en el campo de la música, danza, escultura y literatura. Su independencia desaparecerá al caer derrotados por los musulmanes de Qaraghan a principios del siglo XI.

Los pequeños reinos de los oasis, que se habían ido convirtiendo en centros budistas, poco a poco se van transformando en centros islamistas, y la cultura china desaparece de la región, siendo sustituida por la cultura árabe.

Las continuas guerras del Norte, de las que el Sur, menos interesado en las luchas de palacio que en el desarrollo económico, se ha librado, así como el desarrollo del comercio entre los cursos medio y bajo del Yangtze y la introducción de nuevas variedades de arroz que permiten alcanzar las dos cosechas anuales, trasladan definitivamente el centro económico de China a la cuenca del río Yangtze.

Tras la derrota de An Lushan, parece que la dinastía Tang no podrá mantenerse en el poder sin el continuo apoyo de los uygures, pues la lucha entre los intereses del este y los del oeste mantiene a China en continuo peligro de verse desmembrada. Pero el mantenimiento de estos uygures en Chang'an y los numerosos regalos con los que se mantiene su alianza suponen un importante drenaje de recursos estatales. Mientras, la base impositiva disminuye conforme los gobernadores militares y los terratenientes aumentan su poder.

En el año 780 se promulga la Ley de Doble Imposición, que responde a las transformaciones en el seno de la sociedad durante los últimos años. Dada la movilidad de la población y los desplazamientos provocados por las guerras, es difícil mantener la imposición sobre las familias, por lo que se traspasa a las tierras y las cosechas. Los impuestos sobre el comercio y los monopolios de algunos productos básicos superan en importancia a los impuestos agrarios.

Durante los últimos cien años de la dinastía Tang las diferencias regionales van en aumento. Cada provincia paga impuestos distintos y es gobernada bajo distintas leyes, reconociendo sólo nominalmente el poder imperial. Esta regionalización da lugar al desarrollo de las capitales provinciales como centros políticos, económicos, comerciales y culturales. Con ello el número de ciudades en China aumenta considerablemente. El comercio de sal y de té, producidos fundamentalmente en el sur, crea aún más riqueza en esa mitad del país.

Desde la muerte de Suzong, los eunucos en la corte ponen y quitan emperadores a su antojo. Se da así una larga sucesión de gobernantes incapaces, preocupados por los placeres, la magia o los elixires de la inmortalidad, mediante los que algunos de ellos fueron envenenados cuando dejaron de servir a los intereses de los eunucos. Las rebeliones y las luchas por el poder se suceden también en una China que se desmorona.

La decadencia es palpable. Siete de los ocho últimos emperadores Tang fueron nombrados por los eunucos, que eliminaban previamente a los competidores por el trono. El único que no lo fue, acabó asesinado por ellos. Entre los años 840 y 846 el emperador Wuzong intenta recuperar la prosperidad. Aplasta rebeliones internas, vence los ataques externos y prohíbe las religiones no chinas, incluyendo el budismo.

Su prohibición responde a un sentimiento general de que la política cosmopolita de los primeros tang ha sido un tanto desastrosa, caracterizada por un general sogdiano, An Lushan, arrasando las ciudades principales; un ejército de uygures convertidos en los amos de China, y unos templos budistas donde el gobierno cada vez tiene menos control.

Lo cierto es que los monasterios budistas habían seguido creciendo en número y riqueza. En el momento de la prohibición se contabilizaban 4.600 templos, 40.000 santuarios y unos 260.000 monjes y monjas. Tenían millares de hectáreas de tierra de labor y más de 150.000 esclavos trabajando para ellos. Los monjes no tributaban, por lo que muchos monasterios se habían convertido en refugio de personas que huían del fisco o de los trabajos obligatorios. La orden imperial viene dada por el deseo de hacerse con sus bienes y, como especifican las regulaciones que acompañan: "las estatuas de bronce de templos y fieles se usarán para acuñar moneda, y los que las mantengan sufrirán las penas previstas por la posesión ilegal de bronce." La riqueza acumulada por los templos budistas había ido creciendo de forma constante, sin problemas de herederos, neutrales en tiempos de conflictos y eximidos de impuestos, hasta alcanzar unas dimensiones desproporcionadas.

Si bien la prohibición consiguió proporcionar al Gobierno los fondos que necesitaba durante unos años, el budismo se convirtió de nuevo en la religión de Estado poco después. Los templos se volvieron a reconstruir y los monjes acudieron de nuevo a ellos, pero China, que había perdido el espíritu religioso de los tiempos pasados, dejó de ser el foco de la fe budista.

En cuanto a los otros cultos foráneos, ni el mazdeísmo ni el nestorianismo se habían extendido más allá de unos cuantos fieles extranjeros en las capitales principales, por lo que su prohibición supuso el fin de su presencia en China. El maniqueísmo, que desde el año 763 había sido la religión oficial de los uygures, extendiéndose por Mongolia y el valle del Yangtze, corre una suerte paralela a esos uygures que les protegen, desapareciendo prácticamente de la vida pública en 843, aunque aún se mantienen sus prácticas en secreto durante unos siglos más. Los musulmanes, que en esos años solo contaban con pequeñas colonias en los puertos y las ciudades comerciales, mantuvieron su fe a pesar de los inconvenientes políticos.

Rebeliones campesinas ponen fin a la dinastía Tang

Las continuas guerras, así como los impuestos para financiarlas y mantener las alianzas militares, tienen al pueblo en una situación de miseria. Numerosas rebeliones surgen por doquier. Una de las más importantes es la de los campesinos hambrientos de Zhejiang en el año 860, aunque fue la surgida en Hebei en 874 la que dará el golpe de gracia a la debilitada dinastía Tang.

Esa rebelión, dirigida por Huang Chao y Wang Xianzhi, dos activos contrabandistas de sal y té, entonces monopolio del Gobierno, surgió como reacción a los sufrimientos del pueblo. Tras sus primeras victorias sobre las tropas imperiales, se dedicaron a matar a los funcionarios y terratenientes, repartiendo sus tierras entre los pobres. Se llamaban a sí mismos el Ejército de la Igualdad y miles de campesinos empobrecidos engrosaron rápidamente sus filas. El apoyo popular hizo que resistieran durante cuatro años los ataques de las fuerzas imperiales. Solo cuando los turcos shato pasaron a combatir al lado del emperador, los rebeldes fueron derrotados.

Estos turcos shato o turcos del desierto eran una rama de los turcos que habitaba las cercanías de la ciudad de Urumqi desde principios del siglo VIII. Destacando por su coraje entre estas tribus de guerreros, se habían convertido en uno de los más firmes aliados de los intereses chinos en la región. Posteriormente se habían ido desplazando hacia el este, sirviendo durante algunos años como fuerza de choque de los tibetanos, hasta renovar su tradicional amistad con los tang.

No obstante, uno de los líderes campesinos, Huang Chao, consiguió huir hacia el Sur con los restos de su ejército (unas 100.000 personas) atravesando Anhui, Jiangxi y Fujian, hasta llegar a la rica ciudad de Cantón, en una Larga Marcha que precedió a la realizada por Mao Zedong 1.100 años después. Según las crónicas de los viajeros árabes, arrasó e incendió la ciudad, saqueó sus bienes y asesinó a más de 120.000 extranjeros y a un número semejante de chinos.

Como se ve, el comercio en Cantón había experimentado un desarrollo espectacular. Controlado por funcionarios imperiales, se regía por costumbres muy particulares. Había funcionarios que se ocupaban de la recepción de las mercancías, comprando para el emperador lo que éste necesitara, y que pagaba generosamente. El impuesto de las mercancías era del 30%. Los musulmanes de Cantón tenían derecho a ser juzgados por uno de los suyos, investido de este poder por el gobernador de la provincia.

Con el botín conseguido, Huang Chao volvió al norte. En el año 880 cruzó de nuevo el Yangtze al mando de un ejército campesino de 600.000 personas, que no tardó en capturar Luoyang y posteriormente Chang'an, donde el propio Huang Chao se proclamó emperador de una nueva dinastía Qi.

A pesar de haber tomado la capital, Huang Chao se encontró en una situación desesperada. Pues aislado en medio de unas tierras poco productivas asoladas por las continuas guerras, se aferraba a su capital mientras, a su alrededor, se iban tejiendo las alianzas de los ejércitos de los terratenientes que acabarían con él. El régimen de este primer campesino convertido en emperador solo duró cuatro años, cuando Chang'an fue tomada de nuevo y él vencido y muerto por los turcos shato al servicio de los tang.

Es el fin de los tang. China estalla entonces literalmente en numerosos regímenes que actúan de forma independiente. En general, responden a los intereses de los poderosos gobernadores militares locales o a los de nuevos jefes de los pueblos aliados que se ven desvinculados de sus compromisos por la desarticulación del régimen Tang. Es el periodo conocido por los historiadores chinos como de las Cinco Dinastías, aunque algunos, buscando un término que defina mejor la situación real de China, lo llaman de las Cinco Dinastías y los Diez Reinos. Dura 53 años y separa el tiempo de la dinastía Tang y el de la Song.

Cinco Dinastías y Diez Reinos

En realidad, empieza con la asunción de una efectiva independencia por los gobernadores de las provincias de Zhejiang en 883 y Sichuan en 891. Pasarán aún unos años hasta que el último emperador Tang deje su trono a la dinastía Liang Posterior (907-923), que fue seguida en el breve plazo de 53 años (907-960) por otras cuatro dinastías, las llamadas Tang Posterior (923-936), Jin Posterior (936-946), Han Posterior (947-950) y Zhou Posterior (951-960), que desde su capital siempre en Kaifeng, sólo consiguieron dominar durante breves periodos de tiempo la región del río Amarillo. Una vez más, mientras el Norte se ve asolado por las guerras entre los señores que quieren hacerse con la corona de un imperio que no existe, en el sur de China, diferentes regímenes locales, que se ajustan más o menos al territorio sobre el que ejercen jurisdicción los gobernadores militares tang, se contentan con mantener su dominio sobre el territorio controlado y diseñar políticas que lleven la prosperidad a su reino.

Las Cinco Dinastías, de hecho, son solo una continuación de la situación alcanzada durante los últimos años de la dinastía Tang. Sus reinados se suceden en el norte como fruto de la lucha por el poder entre los diferentes grupos de intereses políticos. Concentrados cada vez más en sus intereses particulares, apenas llegan a ejercer un gobierno real sobre el pueblo: los trabajos de irrigación se abandonan y surgen numerosos grupos de bandidos o rebeldes que crean sus propios regímenes en las zonas alejadas de las ciudades.

Cada una de estas dinastías tuvo varios emperadores que se sucedieron, de forma violenta generalmente, tras años en el poder. A lo largo de ellas se ve una creciente intervención de los kitan en la vida política de China, de tal forma que al final de este periodo los kitan tienen el dominio incontestado de una buena porción del nordeste de China donde han establecido la dinastía Liao.

La primera de estas dinastías es la Liang Posterior, establecida por los dirigentes de las rebeliones campesinas que pusieron fin a la dinastía Tang. Como muchos de los gobernadores no reconocen este nuevo poder, la fragmentación de China se agudiza durante su reinado. Pese a su origen humilde, en cierta forma heredero de los ya lejanos ideales del Ejército de la Igualdad que había sacudido China en los últimos años del siglo IX, apenas conseguido el poder, repitieron los mismos errores de las dinastías pasadas. Cada persona está más preocupada por sus intereses que por los del Estado y buscan sólo su propio beneficio. Pronto tanto el pueblo como los terratenientes estuvieron unidos en su contra, mientras, las luchas entre la cúpula del poder se multiplicaban y el propio emperador era asesinado por su hijo.

Su debilidad es aprovechada por el hijo de Li Keyong, general de los turcos shato y archirrival del padre del nuevo emperador, para desplazarle del poder, y evocando la alianza tradicional entre los turcos shato y los chinos tang, funda la dinastía llamada Tang Posterior (923-936). Una dinastía que a pesar de su breve duración, mantuvo en el poder a cuatro emperadores. Los Tang Posterior pasan sin pena ni gloria hasta ser desplazados a su vez por los Jin Posteriores (936-46), un régimen aun más gris establecido por un sobrino del último emperador de los Tang Posterior que, para afianzar su poder, cederá otra buena porción de territorio en el norte de China a los kitan, reconociendo sus aspiraciones imperiales. Aun más breve fue el reinado de la dinastía Han Posterior, con apenas cuatro años, desde el 947 al 951. La última tampoco mantuvo el poder mucho tiempo, los tres emperadores de la dinastía Zhao Posterior ocuparon el trono durante diez años (951-960).

Los llamados Diez Reinos, en el sur, surgen en los dominios de los gobernadores militares que se van independizando de un poder central corrupto e ineficiente, como sucede en Sichuan, Zhejiang, Hunan o Jiangsu. Por ello, en vez de sufrir el espectro de las continuas guerras, van desarrollando sus economías, con un floreciente comercio de sal y té. Ambos productos llevan la prosperidad a Sichuan y a Zhejiang.

De esta forma, en Hangzhou todavía se recuerda la breve época en que fue capital del Reino Wuyue, establecido en el año 923 por Qian-liu. Desde su fundación hasta que en el año 978 se integró pacíficamente en la dinastía Song, mantuvo una política de paz y prosperidad, promoviendo la industria y el comercio, lo que convirtió al final de su breve existencia, a Hangzhou, su capital, en la ciudad más próspera del sudeste de China.

En Fujian será el llamado Reino Min (909-978), establecido por Wang Shenzhi. Consciente del retraso que sufría su reino por las malas comunicaciones creó el ambiente propicio para atraer a los intelectuales, que diseñaron un gobierno justo. De esta forma se sentaron las bases del desarrollo marítimo que tendrá la región durante las dinastías siguientes:

En Jiangxi los llamados tang del Sur (902-975), establecidos por Li Bian siguieron asimismo una política pacífica promoviendo la educación y el comercio, que llevó prosperidad hasta la conquista song. En Cantón los Han del Sur (911-971) siguieron una política pacifista que sólo les sirvió para ser atacados por sus vecinos. En Sichuan, tal vez demasiado rico y cercano a los centros de poder, se fundaron en apenas medio siglo dos Reinos de Shu, que en las crónicas de llaman Shu Anterior y Shu Posterior. En Hunan se fundó el Reino de Chu (907-951) famoso por sus parvas ambiciones, que basó su política en los escasos impuestos a los campesinos y comerciantes y el Reino de Jiangnan (907-963), que basó su prosperidad en el comercio.

La diferencia evidente entre el Norte y el Sur es la estabilidad política en el sur de unos regímenes que actúan como transición suave entre el tiempo de los tang y el de los song; y el desorden militar en un norte donde diferentes ejércitos establecen breves dinastías con la esperanza de llegar a ser los amos de China.

La decadente civilización song

La dinastía Liao de los kitan

Durante estos años de conflictos por el poder, los únicos que mantienen algo parecido a un Gobierno son los kitan, que, de hecho, se han convertido en los principales candidatos a gobernar China. En el año 947 su khan se proclama emperador de los kitan y de los chinos, y tomando el nombre imperial de Liao empieza a organizar su estado a la manera china.

Los kitan son un pueblo que habitaba en las estepas al nordeste de China, en la región de la actual provincia de Liaoning. Posiblemente fueran descendientes de las tribus xianbei que, desbandadas tras sus breves intervalos de poder en el norte de China, habían ido recuperando su pretérito vigor bajo el liderazgo de nuevos jefes guerreros. Durante los últimos años de la dinastía Tang fueron formando una poderosa organización militar que les convirtió, de hecho, en el poder más formidable del norte de China. En 907 Abaoji es elegido líder de la confederación de ocho tribus que forman los kitan; primero acaba con el democrático sistema de elección heredado de los xianbei y posteriormente con los líderes de las otras siete tribus, unificándolas bajo su mando. Aprovechando los años caóticos que se viven en China, hace valer sus derechos al poder, proclamándose emperador de los kitan en 916. Pronto domina, además de la región del nordeste, las actuales provincias de Shanxi y Hebei. Unos años después, en 937 rebautizará a los kitan con el nombre dinástico de Liao. Aunque en principio se contentan con la soberanía sobre su territorio, su influencia sobre las breves dinastías que se suceden en Kaifeng es tan grande, que se les puede considerar los amos de China.

El Imperio Liao pronto adquirió cierta prosperidad. Sus largos años de relaciones con los chinos les permitió crear un sistema económico en el que se complementaba su estructura de pastores nómadas con la organización agrícola tradicional de China, permitiendo que el país prosperara con esa combinación de agricultura y ganadería. Entre sus animales domésticos destacaba naturalmente el caballo, cuya cría les permitió mantener su poderío militar. Se dice que llegaron a tener una cabaña cercana a los diez millones de ejemplares. Su situación económica se venía sostenida asimismo por el tributo anual que les entregaban los song. Para transformar una sociedad tribal y una forma de vida nómada en un estado sedentario mantuvieron una estructura administrativa semejante a la china. De esta forma el estrato superior de la sociedad se dividió en dos clases: una casta militar guerrera formada exclusivamente por los kitan, y otra de funcionarios chinos seleccionados por exámenes. Con esto se generaron las primeras contradicciones de la sociedad. Más problemas surgieron por la incapacidad de los liao para ampliar su apoyo social. De hecho, los guerreros kitan se apropiaron de las cuantiosas riquezas generadas por el estado excluyendo a las tribus que vivían más al norte, con las que en tiempos pasados habían estado aliados. Eso generó rencillas desde el mismo establecimiento de la dinastía y creó un ambiente propicio al surgimiento de nuevos liderazgos entre los nómadas, ambiente en el que los jurchen tendrán una gran facilidad para desarrollar su poder militar.

Dinastía Song del Norte

En el año 960 Zhao Kuangyin (luego conocido como emperador Taizu), comandante de la guardia imperial bajo los Zhao Posteriores, funda la dinastía Song. En vez de derrochar sus energías combatiendo a los kitan, aceptó su dominio en la región nordeste y puso sus miras en la anexión de los estados del sur, ricos y poco militarizados. Taizu establece su capital en Kaifeng, que ya ha desplazado a Chang'an como centro político durante las Cinco Dinastías. De hecho la región de Chang'an, empobrecida por las continuas guerras, está casi despoblada: los habitantes que no han muerto, han emigrado a zonas más seguras.

Taizu pronto se anexiona todos los reinos independientes. Una conquista suave, en la que respetó los intereses de las poblaciones locales a la vez que les abría nuevas puertas al comercio en una entidad política mayor, le dio enseguida el control del sur de China. Con su poder bien

Ma Yuan. *Un paseo por el campo.*
Dinastía Song

establecido, se lanza contra los liao, siendo derrotado en el año 979 y en 986. Los liao responden atacando a su vez a los song. Las campañas militares entre los song y los liao se suceden anualmente. En las negociaciones de paz que siguen a las últimas victorias song se llega a unos acuerdos que, librando al país de la guerra continua, le permitirán prosperar en otros terrenos. Así se inicia la política de pagar tributo a los liao por el mantenimiento de la paz, que marcará el resto de la historia de los song. Según los primeros tratados, desde el año 1004 los song pagan anualmente a los kitan un tributo de paz de 100.000 onzas de plata y 200.000 balas de seda. Según Eberhard, "el tributo a los kitan constituía un 2% del presupuesto del Estado, mientras que los gastos del ejército regular ascendían a un 25% del presupuesto. Costaba mucho menos pagar por la paz que mantener grandes ejércitos para la guerra." En 1044, los kitan aprovechan las tensiones entre los song y los xia del Oeste para conseguir que se duplique ese tributo de paz.

Palacio Real de los song en Kaifeng

La Administración de los song

Taizu es sucedido por su hermano, Taizong, que completa la reunificación china con los pequeños reinos que aún resistían. Para evitar los males que acabaron con los tang diseña un gobierno en el que el emperador controla todos los resortes del poder, ya que preside los departamentos de política, guerra y finanzas, intentando evitar que surjan funcionarios demasiado poderosos. El emperador es asistido por un consejo en el que se discuten abiertamente las políticas a seguir, y que será, con los emperadores más débiles, la máxima autoridad del Estado. De esta forma se deja fuera de la política a los eunucos, las emperatrices y sus familias, y a otros personajes de la corte. Para evitar el poder de los gobernadores militares, lo supedita al de funcionarios civiles. Para impedir la excesiva independencia de las provincias, sus gobiernos desarrollan tareas puramente administrativas.

Con el objetivo de crear una administración independiente de los grandes terratenientes, promueve la educación, fundando escuelas y universidades públicas, reforma los exámenes a funcionarios, que algunos años cuentan con 17.000 aspirantes, popularizando a la vez los

El lago Oeste en Hangzou, capital de la dinastía Song del Sur

libros impresos, cada vez más baratos gracias a la invención de la imprenta de tipos móviles.

Se profesionaliza el ejército, que se pone bajo el mando del gobierno central, lo cual también generó numerosos problemas, pues con el paso del tiempo los soldados se convirtieron en un tipo de funcionarios militares cada vez más numeroso y exigente y menos eficiente. De hecho, de los 378.000 soldados del año 975 se pasa a 1.259.000 en el año 1045; que cada vez exigen más primas por cualquier trabajo extra o traslado exigido, llegando a consumir un 80% del presupuesto del Estado.

Durante unas décadas la dinastía Song prospera con sus políticas. A pesar de gobernar un territorio menor que los tang, con el control sobre la Ruta de la Seda perdido completamente, el desarrollo cultural, tecnológico, científico y social es mucho más avanzado. Sustituye la expansión militar por la comercial y cambia el interés centrado en Asia Central por el Sudeste Asiático, donde los barcos mercantes song son omnipresentes. Barcos enormes que navegan orientados por las primeras brújulas. En ellos viaja una numerosa tripulación de mercaderes, que disfrutan del viaje en espaciosos camarotes.

El comercio se desarrolló tremendamente, poniéndose en circulación el primer papel moneda. Utilizado experimentalmente por los comerciantes de Chengdu a fines del siglo x, su impresión se convirtió apenas unos años después en prerrogativa imperial. Gran parte del capital acabó en manos de los terratenientes, que lo utilizaron para ampliar sus posesiones y, dado que debido a su colusión con los gobiernos locales tenían mayor facilidad para escapar al pago de impuestos, se empezaron a acumular déficit presupuestarios, dándose la paradoja de que provincias empobrecidas como Shaanxi, repoblada tras las guerras por campesinos independientes, acaba por ser la que más contribuye a los ingresos nacionales.

El crecimiento del ejército y del número de funcionarios, de los que sólo en un reajuste durante el reinado de Renzhong se despidió a más de 200.000, supuso siempre una amenaza para el régimen song; la primera rebelión campesina se da ya en el año 993, y llega a tomar la ciudad de Chengdu antes de ser sangrientamente reprimida. La segunda consecuencia que tuvo fue el aumento de la corrupción: los funcionarios apoyaron a los terratenientes, que continuaron acaparando tierras, lo que trajo una disminución de los ingresos del Estado, que condujo a una grave crisis de liquidez y estabilidad social.

El mito formado alrededor del juez Bao, que vivió en la capital Kaifeng por estos años, famoso por su celo en la administración de la justicia y su rectitud, se ha convertido ya en leyenda. Refleja las grandes diferencias de clase, la corrupción que se había apoderado de la administración del Estado y la impunidad con la que los poderosos violaban las leyes.

Pronto siguen nuevas rebeliones. Una de las más famosas fue la surgida a orillas de los pantanos de Liangshanpo en la provincia de Shandong, liderada por Song Jian. En torno a este personaje y la rebelión que lidera se irán formando un gran número de leyendas que cristalizarán siglos después en una de las grandes novelas de China: *A la orilla del agua*. Tal vez la más original de las rebeliones sea la protagonizada por Feng Lu en Zhejiang, que resucitando los ideales del maniqueísmo organiza a sus seguidores en torno a la igualdad, la ayuda mutua y la caída de la dinastía Song.

El Palacio de los Gremios en Kaifeng, la capital song

Las reformas de Wang Anshi

Para algunos es evidente que se hacen necesarias las reformas, otros piensan que ese es el orden natural de las cosas. Durante la segunda mitad del siglo XI, los reformistas y conservadores, respaldados cada uno por un ingenioso soporte filosófico, se turnan en el poder. El objetivo principal de los reformistas es controlar las fortunas de los terratenientes, pero sólo tienen un éxito relativo, debido a la oposición de los conservadores.

El más importante político y filósofo de esta época es Wang Anshi, que, desde el primer memorial presentado al emperador Renzong en 1058, propone reformar un amplio abanico de actividades. Nombrado primer ministro por el emperador Shenzong (1068-85), empezará a desarrollar sus ideas. Así transforma el sistema de exámenes, anquilosado y cada vez más alejado de la realidad del país, incluyendo numerosos temas científicos directamente relacionados con la Administración. Crea numerosas escuelas financiadas por el Estado. Realiza cuantiosas obras públicas, las más importantes destinadas a la canalización del río Yangtze. Revitaliza el ejército promoviendo la cría de caballos y mejorando el adiestramiento de los soldados. Pero sus reformas más conflictivas eran las que afectaban a la situación de los campesinos: concesión de préstamos, abolición de los servicios personales, compra venta de grano para mantener los precios. Eran reformas socializadoras tendentes a recuperar la deseada relación entre emperadores y campesinos, con las que atacaba directamente los intereses de los terratenientes (que ya controlaban el 70% de la tierra productiva) y de los comerciantes, que monopolizaban el comercio en sus regiones. Wang Anshi acabó cayendo a la muerte del emperador Shenzong, y sus reformas serán abolidas en el año 1086, aunque se pusieran de nuevo en vigor en 1093.

Tanta gente educada crea un nuevo renacimiento literario, con numerosos avances técnicos y científicos, y un desarrollo de la pintura, especialmente paisajística, que marca la cumbre de la pintura china tradicional. En filosofía se da un renacimiento de las ideas confucianas, esta vez reformadas, ampliadas con influencias del budismo y adaptadas a la presente situación política, que forman un nuevo cuerpo de ideas denominado neoconfucianismo.

Hay un gran desarrollo tecnológico, con mejoras en la fundición del hierro y creación de nuevos aperos de labranza más efectivos, gran desarrollo de la industria cerámica, así como de la construcción naval. A nivel militar los ejércitos song empiezan a usar la pólvora.

RENACIMIENTO RELIGIOSO EN EL TIBET

Mientras los song alcanzan el esplendor del gobierno civil, la semilla del budismo se reintroduce en el Tibet. Es a través del reino de Guge, una fortaleza inexpugnable situada al oeste del Tibet, donde el budismo ha sobrevivido apoyado por la realeza local. El principal diseminador de la religión es el monje Atisha, que en 1042 predica en Guge y en 1045 en Ngari. Poco a poco se fundan nuevos monasterios en el centro del Tibet, que de nuevo concentran en torno a ellos una creciente cantidad de territorio y poder, acentuado esta vez por el nacimiento de las primeras escuelas religiosas, como la Kardam, establecida por los discípulos de Atisha, la Nyungmapa o escuela antigua

Li Tang. *La recogida de verduras silvestres*

establecida por Soiboche en el monasterio Wobalhung, la Sakyapa o de la tierra gris, establecida por Kun Gobggar Gyibo en torno al monasterio de Sakya, y la Kagyupa o de la transmisión oral, a la que pertenece el famoso monje Milarepa.

El fervor religioso es tal que en unos pocos años el budismo penetra de nuevo en todas las capas de la sociedad. Se construyen nuevos monasterios que cada vez cuentan con más monjes, pronto el poder temporal se asocia de nuevo con el religioso, y en apenas un siglo nos encontramos con una serie de lamas eminentes que ejercen gran influencia sobre una amplia red de monasterios pertenecientes a su escuela religiosa.

El Imperio de los xia del Oeste

Durante el siglo IX en la región de Ningxia y provincias cercanas se van juntando tribus tibetanas, lideradas por algunos príncipes que vuelven a sus regiones originales tras la desintegración política del Tibet, con otras de origen toba que se habían mantenido casi independientes en la región de Gansu, gobernando sobre las tribus turcas y tibetanas que poblaban la zona y reforzando su dominio sobre un territorio cada vez mayor. De esta mezcla de pueblos surgen los tangut. En el año 990 su jefe se proclama rey de Xia. En 1028 se apoderan de Wuwei y Zhangye en Gansu, importantes centros comerciales al inicio de la Ruta de la Seda. En 1038 un nuevo líder se proclama emperador de los xia del Oeste, que aprovechando la debilidad de los song, lleva a cabo una serie de incursiones guerreras en la provincia de

Shaanxi. Al no alcanzar ningún progreso definitivo con su política bélica, a partir del año 1044 reconoce la autoridad de los song, recibiendo a cambio su tributo de paz en forma de plata, seda y té. El Imperio Xia se llegó a extender sobre un vasto territorio desde el Ordos a Gansu y desde Mongolia a Sichuan. Los xia occidentales pronto desarrollaron una rica cultura, basada fundamentalmente en la china. Su sistema administrativo estaba prácticamente calcado del de los song, pero con influencias uygures, tibetanas y kitan. Se creó un lenguaje y una escritura propios, aún no descifrados y hubo un gran fomento de la educación.

La floreciente cultura de los xia acabará brutalmente al ser su capital arrasada por las tropas de Genghis Khan, que quiso proporcionar a este pueblo un castigo ejemplar, pues tras ser sometido en una de sus primeras incursiones en el año 1209 declarándose vasallo de los mongoles, se negó a asistirles en sus campañas militares hacia el Oeste, alcanzando acuerdos de defensa mutua con los jurchen; eso hará que al finalizar las campañas del Oeste, el estado Xia sea completamente destruido en el año 1227, sus habitantes sistemáticamente exterminados y sus campos convertidos en yermos.

Además de los xia, los liao y los tibetanos, aún hay otros regímenes políticos autónomos en los primeros años de la dinastía Song. De hecho, más allá del Imperio de los Xia del Oeste, en gran parte de la actual provincia de Xinjiang, el Reino de Gaochan ha ido tomando forma. Fundado por los uygures, tenía su capital en las cercanías de la actual Turfan. Un reino centrado en la agricultura de los ricos oasis, con una industria bastante desarrollada, y que por su situación estratégica se había convertido en un importante centro de intercambios económicos y culturales. Convertido en vasallo del estado Karakitan establecido por los últimos príncipes Liao, será incorporado al Imperio Mongol en el año 1209.

En Yunnan, el Reino de Dali establecido sobre las ruinas del Reino de Nanzhao, con una clase dirigente de la minoría bai, realizó grandes trabajos de irrigación, lo que permitió un gran desarrollo agrícola en la región del lago Erhai. Su cultura experimentó importantes progresos en literatura, pintura, escultura y arquitectura. Especializados en la cría de caballos, su exportación los hizo famosos por toda China. En 1253 fue conquistado por Kublai Khan, que integra por primera vez la actual provincia de Yunnan en el gobierno de su China unificada.

En la vecina provincia de Guangxi había estallado en el año 1049 la gran rebelión de Nong Zhigao, que establece con los zhuang el régimen llamado Cielo Meridional, desde donde avanza hacia el Este dispuesto a acabar con la dinastía Song. Llegan a las puertas de Cantón. Aunque los ejércitos song acabarán por derrotarlos, no conseguirán dominarlos.

Surgimiento de los jurchen

Los jurchen, un pueblo de origen tungu que vivía tradicionalmente en los bosques de la cuenca del Amur, habían estado sometidos a los liao en sus primeros tiempos, y se habían liberado de ellos en cuanto tuvieron ocasión. Cuando inicien su expansión militar, pronto contarán con el apoyo de numerosas tribus. Sus primeras campañas les dan una fácil victoria en la provincia de Jilin, donde toman la ciudad de Ninjiang, masacrando a los kitan en venganza por pasadas ofensas. Los liao ponen en marcha un gran ejército de más de 100.000 soldados, que es derrotado y desbandado por los jurchen de Aguta en el año 1114. Tras su victoria, Aguta funda en 1115 la dinastía Jin con base en Heilongjiang. El emperador de los liao, Yanxi huye al Oeste. En el año 1120 los Jurchen toman la capital norte de los liao, destruyendo sus tumbas imperiales. Algunos nobles de los kitan se pasan a los jurchen. Los song también reconocen el poder de los jurchen, entregándoles el tributo de paz que antaño entregaban a los liao. Un tío del emperador Yanxi es proclamado emperador en Beijing. Los propios song, dispuestos a aprovechar la aparición de un enemigo a espaldas de sus enemigos liao, llegan a una alianza con los jurchen en 1122. Unidos inician la guerra contra los liao. Durante ella los song intentan tomar Beijing en dos ocasiones, sin conseguirlo. La ciudad caerá en cambio, en manos jin en 1125, que acaban así con el Imperio Liao, capturando a su último emperador.

El Imperio de los Karakitan

Algunos de los príncipes kitan que sobrevivieron a la invasión de los jurchen, bajo la dirección del príncipe Yelu Dashi, realizan una gran migración que les lleva a través de más de dos mil kilómetros de estepa, al extremo noroeste de la actual provincia de Xinjiang. En aquella época esas tierras están pobladas por los uygures, que dispensan buena acogida a los kitan. Con su ayuda fundan entre el año 1128 y 1133 el imperio de los karakitan o de los kitan negros. Los kitan son bien recibidos por las poblaciones que se resisten a la creciente islamización de la región. Dada la avanzada cultura de los kitan y su capacidad guerrera, el imperio de los karakitan pronto se convierte en el más importante de la región. Se hace con el control de los reinos qarakhanidas, y domina la política de los sultanes seldyúcidas, a los que derrota cerca de Samarkanda interviniendo activamente en sus políticas. De hecho, el sexto de estos sultanes seldyúcidas, Takash, debe su poder al apoyo recibido por los karakitan. Mientras su dominio se extiende hasta Bujara y Samarkanda por el Oeste, por el sur incluye los oasis de la cuenca del Tarim: Khotan, Kashgar, Hami. Para la administración de su imperio utilizan el modelo e idioma chinos. No sólo el idioma, hasta su desaparición final a manos de los mongoles el Imperio Karakitan será la avanzada más occidental de la cultura china en Asia Central.

Pero su dominio es tan breve como extenso; a primeros del siglo XIII, en vísperas de la conquista por Genghis Khan, ya sufre los ataques de los mongoles Naiman y del sha de Jorezn. Los kitan son derrotados por los mongoles naimanos, que en 1218 serán derrotados por Jebe, uno de los generales de Genghis Khan, que ocupa así el Imperio Karakitan. Tras la muerte de Genghis Khan y la división del Imperio Mongol entre sus hijos, estas tierras serán parte de la herencia de su segundo hijo, Chagatai.

Su victoria sobre los Seldyúcidas y su calidad de no musulmanes, así como posiblemente la presencia de algunos nestorianos entre sus súbditos, hará surgir en Europa la leyenda del Preste Juan, un poderoso señor cristiano cuyas tierras se encontraban en la retaguardia del mundo islámico.

Tras la derrota de los liao a manos de los jurchen y la caída de Beijing, su capital; los song, teóricamente aliados de los vencedores, reclaman su recompensa por su contribución a la victoria, pero los jurchen, considerando que no solo no han hecho ninguna contribución práctica, sino que han puesto en evidencia su debilidad militar, prosiguen su paseo conquistador contra los song, llegando unos meses después ante su capital, Kaifeng. En el gobierno song hay una división entre los partidarios de capitular y los que abogan por resistir. Rechazarán a los jurchen bajo la dirección de los segundos, pero cuando sean apartados del poder a manos de los partidarios de capitular, la ciudad será conquistada al año siguiente sin encontrar ninguna resistencia, cayendo prisionero al emperador y toda su corte, un total de 3.000 personas. Ahora los jurchen son los amos de la mitad septentrional de China, y su ejército presiona sobre la rica cuenca del Yangtze.

A los xia del Oeste, el tercer régimen que se repartía el norte de China, los jin les quitan una buena porción de la provincia de Shaanxi, pero no llegan a conquistarles. Tanto los liao como los song habían basado su defensa en la diplomacia, y cayeron de un plumazo ante los aguerridos guerreros jurchen.

Tras la conquista de Kaifeng por los jurchen en 1127, un hermano del emperador capturado, conocido posteriormente como Gaozong, huye al Sur. Se establece primero en Nanjing, de donde pronto huye ante el temor de los ataques jurchen. Tras una década de huidas y traslados, se establece provisionalmente en Hangzhou en el año 1138, que será la capital de la dinastía Song del Sur hasta su caída en 1275: un imperio que ha perdido la mitad de la población y el territorio, el gran complejo industrial y comercial de Kaifeng y una parte importante de la administración del Estado y las grandes familias.

Los jin, por su parte, arrasan las ciudades de la cuenca del Yangtze hasta el año 1130, y regresan a sus bases con un rico botín, sin tener interés, al menos por el momento, en permanecer en esas tierras cálidas y poco salubres. Pero no todos los chinos aceptan esta dominación extranjera, organizándose la resistencia en numerosos lugares. Durante una década los jin y los song se enfrentan en numerosas batallas que van inclinando la balanza militarmente del lado de los song.

El propio gobierno imperial, una vez más, se divide entre los partidarios de resistir y los de capitular. Las tremendas campañas que han lanzado los jurchen sobre las ciudades del Sur han supuesto un reguero de destrucción y una pérdida económica muy grande. Por ello, los representantes de los terratenientes, liderados por el ministro Qin Kai, piensan que es más conveniente la capitulación. Los partidarios de la resistencia encuentran en el general Yue Fei su esperanza más sólida. Hábil estratega e infatigable luchador, en sus campañas al norte hace retroceder una y otra vez al ejército Jin, llegando a reconquistar gran parte del territorio perdido. En la cumbre de sus éxitos militares Yue Fei es obligado a volver a la corte, donde tras una serie de procesos basados en calumnias es ejecutado. Otros generales son licenciados o trasladados. Algunos autores piensan que el rico Sur vive mejor sin las guerras del Norte. Otros, que de seguir Yue Fei con sus campañas y acabar con los jin liberaría al emperador prisionero, forzando a abdicar al actual emperador. Lo cierto es que la descomposición de la dinastía Tang por el creciente poder de los gobernadores militares ha creado entre los Song un gran desdeño hacia los héroes militares, que además, en el ambiente antimilitarista reinante, provienen sobre todo de las clases bajas y poco educadas. En realidad los song prefieren una paz segura y barata a una guerra de resultados variables e incierto futuro. Como dice Eberhard: "La literatura popular representa a Yue Fei como un héroe y a Qin Kai, como un traidor, aunque la paz se consiguió con un tributo de apenas 500.000 sartas de monedas".

Con Yue Fei desaparece la última esperanza de una reunificación nacional china, que no se conseguirá hasta tres siglos después con la dinastía Ming.

La dinastía Jin de los jurchen

Tras hacerse con el control del norte de China, ya hemos visto que los jin no se conformaron con la frontera liao, establecida en el río Amarillo, sino que siguieron presionando hacia el Sur. Sin demasiado interés por las tierras calurosas de la cuenca del Yangtze mantienen la frontera en el río Huai, disfrutando ellos también del tributo de paz de los song. Con una escasa población entre numerosos millones de chinos, se dedicaron a disfrutar del botín conseguido en el sur. Crearon una sociedad multiétnica en la que convivían jurchen, kitan y chinos, con ellos en la cúspide, estableciendo un gobierno que se podría llamar de ocupación en el norte de China, pues mientras sus guarniciones se hallaban acantonadas en las ciudades importantes y los puntos estratégicos, desconfiando de su propia capacidad dejan que algunos nobles chinos gobiernen en nombre de los jurchen en las regiones en las que ejercían tradicionalmente su poder. Apoderándose de todo lo que tuviera valor, llevaron a los chinos a vidas más miserables. Pero ellos mismos adquieren las costumbres chinas. Trasladan su capital a Beijing en 1153, y se puede considerar que ya son una dinastía china. El Gobierno se va transformando hacia los modelos tradicionales de dinastías pasadas. Su adaptación a esta cultura es tal que el emperador Shizong (1161-89) prohíbe usar los nombres y vestidos chinos, pero ya es tarde. La cultura de su pueblo está desapareciendo. Pronto también se ven aquejados por los males de las dinastías chinas, y las intrigas palaciegas van debilitando su poder, mientras la cultura china experimenta un cierto renacimiento en su territorio.

Los jin y los song aún se enfrentarán en una nueva guerra durante los años 1161 y 1162, saldada con la capitulación de los pacifistas song y un nuevo tratado que aumenta el tributo de paz, y de nuevo en 1206, donde vuelven a ser reconocidos victoriosos.

El refinamiento de Hangzhou

Los emperadores song establecen definitivamente su capital en Hangzhou. La ciudad, encajonada entre el río y las montañas no tiene la majestuosidad de otras capitales imperiales, sin embargo está bien protegida de los ataques de la caballería jin por una región de marismas y arrozales poco propicia al movimiento de los caballos. Hangzhou es una ciudad abigarrada, fuera del amplio paseo que conduce al palacio imperial, la población se apiña alrededor de calles estrechas, en casas de madera y bambú de varios pisos de altura. La población disfruta de una serie de servicios comparables a los de algunas ciudades modernas. Hay un sistema de recogida de basuras y limpieza urbana que se basa en el entramado de canales que cruza la ciudad, y un servicio de bomberos para evitar la propagación de los frecuentes incendios. A pesar de ello la ciudad sufre graves siniestros, como el incendio del año 1137 que destruyó 10.000 casas. Sus habitantes ya usan para el aseo personal cepillos de dientes y papel higiénico. En Hangzhou se desarrolla una sociedad refinada volcada en los placeres de la vida, las artes y las letras. Tiene cientos de restaurantes, casas de té, teatrillos y prostíbulos donde la noche no parece tener fin. Desde Hangzhou se sigue desarrollando un activo comercio con el sur de Asia que trae a China numerosos viajeros de países extraños. De hecho este comercio marítimo adquiere proporciones cada vez mayores. A mitad de esta dinastía los impuestos al comercio y las tasas de aduana superan a los impuestos sobre los campesinos, base tradicional de la riqueza china. Para proteger ese comercio se crea una armada imperial que mantiene la seguridad de las costas chinas. En los puertos se crean barrios enteros, como ciudades independientes, en los que se alojan los marineros procedentes de otros países. En los suburbios viven los pobres, pues cada vez llega más gente del campo, ya que los terratenientes ocupan más y más tierras forzando a muchos campesinos pobres a buscarse la vida en la ciudad.

El estado también obtiene ingresos de la sal, el té y las aduanas, así como de los restaurantes, tabernas y hasta prostíbulos abiertos en la capital, con los que se intenta equilibrar el presupuesto. Parte de estos ingresos se destinan a crear, por primera vez en la historia, una serie de servicios sociales, abriéndose el primer asilo de ancianos en Hangzhou, el primer hospital, el primer orfanato y la primera farmacia estatal. La dinastía Song del Sur, tal y como se vive en Hangzhou, es la sociedad más desarrollada, según nuestros conceptos actuales, y pacífica con un ejército subordinado al poder civil, que depende para su defensa de los últimos adelantos de la ciencia, con un extraordinario desarrollo de la cultura y del gusto por la vida; en la que las clases superiores se dan cuenta de la necesidad de establecer una serie de

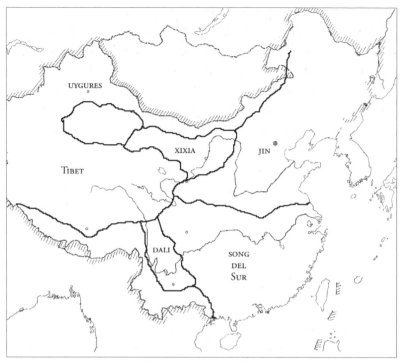

China con los song del Sur

servicios sociales para mantener la estabilidad social, a la que llegan mercancías exóticas procedentes de todos los países conocidos.

El desarrollo que se produce durante la dinastía Song del Sur tiene ciertas semejanzas con el capitalismo desarrollado durante el siglo xx. El emperador se convierte en una figura nominal, quedando el poder en manos de las grandes familias, que hacen abdicar a los emperadores a su antojo. Alrededor de los emperadores y de los nobles, se crea un círculo de poetas y artistas. Una sociedad volcada al lujo en la que los ricos disponen de numerosas diversiones y se proporciona alivio a las necesidades básicas de los pobres para mantener la paz social. Se pone de moda entre las mujeres nobles vendarse los pies para evitar que crezcan. Costumbre que pronto se populariza entre amplias capas de población.

El gobierno de las grandes familias parece buscar sólo su propio beneficio. Las diferencias sociales son cada vez mayores, el porcentaje de pobres crece de forma alarmante. El último intento de revertir esta situación lo realiza el ministro Jia Sutao, que intenta introducir reformas que proporcionen ciertas tierras a los campesinos aumentando así el poder del emperador en detrimento de los terratenientes. Está destinado al fracaso, los nobles empiezan a colaborar con los mongoles, precipitando la caída del régimen song en el año 1275. Y en realidad no les fue mal con ellos, ya que tras la conquista mongola afirma Eberhard:

> "Fueron apartados de los puestos políticos, pero mantuvieron sus haciendas y poco después reaparecieron en la escena política... terminando por ser los mejores aliados de los mongoles cuando las revueltas populares ponían fin a la dinastía."

Genghis Khan une a los mongoles

Los mongoles, una serie de tribus que vivían originalmente del pastoreo en las praderas del norte de Mongolia, desarrollan durante el siglo XII una intensa actividad política que culmina en el año 1206 con la unión de todas las tribus bajo la batuta de Temujin, quien tomará el nombre imperial de Genghis Khan. En la época en que vivió Genghis Khan, el territorio de la actual Mongolia estaba dividido en una serie de tribus, con lenguajes semejantes, de las que las más importantes eran los llamados naimanes en el oeste, los merkitas en el este y los keraitas en el sur.

El propio Temujin perdió a su padre a los trece años, el khan Yesukai de los mongoles yakka, que había llegado a mandar sobre 40.000 tiendas. Tras su muerte, la mayor parte de los yakka les abandonan, creciendo el muchacho con su madre y hermanos en medio de grandes privaciones. Su complexión atlética, su capacidad de reflexión y su valor en la batalla, pronto le dieron una cierta fama entre las tribus cercanas, algunos de cuyos líderes intentaron eliminarle. Con el apoyo del khan de los keraitas, fue derrotando a sus enemigos y ganándose el apoyo de un creciente número de jefes tribales mongoles. Pronto se encontró con fuerza suficiente para enfrentarse a los más poderosos, de tal forma que, en una gran asamblea tribal o *quriltai* celebrada en el año 1206, es reconocido khan supremo de todos los mongoles.

> "Su ejército estaba tremendamente disciplinado, dividido en unidades de 10, 100, 1.000 y 10.000 hombres, a los que unía una cadena de mando desde arriba hacia abajo. Se imponía una absoluta obediencia a todos los niveles de esa organización, y, a pesar de los prejuicios aristocráticos de Genghis Khan, la habilidad y la energía fueron reconocidas a cualquier individuo que las mostrara."

Enseguida somete a los kirguises y oiratos del Noroeste, y los uygures se someten voluntariamente, creando una gran confederación de pueblos nómadas que se prepara para invadir China. Posiblemente los príncipes de cada uno de estos pueblos ven las grandes ventajas que esta confederación les va a proporcionar a la hora de atacar y saquear los ricos pueblos que viven al sur de sus tierras.

Aunque su primer ataque se produce sobre la China septentrional de los jin, consiguiendo repetidas victorias, antes de lanzarse al asalto definitivo de China se dirige al Oeste, especialmente para acabar con los naimanos y merkitas, mongoles asimismo, que podrían atacarle por la retaguardia. Su expedición al Oeste le llevó a la victoria sobre estos pueblos, pero también a tomar las ricas ciudades de Bujara y Samarkanda y a continuar su avance hasta el Hindu Kush. Es entonces cuando vuelve a China a iniciar la conquista del más rico de sus vecinos.

Sobre Genghis Khan dice Harold Lamb, uno de sus mejores biógrafos:

> "Es difícil medirle por los cánones ordinarios. Cuando marchaba con su horda era a través de grados de latitud y longitud en vez de millas; las ciudades a su paso eran eliminadas, y los ríos desviados de sus cursos; los desiertos eran poblados por los que huían y los que morían, y cuando él había pasado, lobos y buitres eran los únicos seres vivos en los otrora populosos países".

Los mongoles conquistan China

La conquista de China por los mongoles es un largo proceso que implica a cuatro emperadores durante tres cuartos de siglo. Su éxito se debió no sólo al valor y técnica guerrera de los generales y soldados mongoles, sino a que los tres regímenes principales de la China de entonces (Imperio Jin, Imperio Xia del Oeste e Imperio Song), incapaces de valorar con precisión la importancia de la amenaza mongola, quisieron utilizarles cada uno de ellos para librarse de su enemigo, pereciendo al fin ante la insaciable sed de conquistas de los khanes mongoles. Ya en el primer ataque mongol contra los xia del Oeste, el emperador Jin consideraba una suerte que sus enemigos combatieran entre sí. Poco podía sospechar que enseguida alcanzarían una tregua, y las tropas mongolas se dirigirían contra él.

La conquista militar de China propiamente dicha se inicia con los ataques a los xia del Oeste, éstos detuvieron a los mongoles en una serie de batallas animándoles a establecer una tregua (una serie de complejos lazos familiares unían a los emperadores de los xia del Oeste con los khanes mongoles), entonces se volvieron contra los jurchen de la dinastía Jin.

La expansión del imperio de los jin les había llevado a controlar gran parte de Mongolia, donde durante el siglo XII hacen frente a los numerosos levantamientos de los mongoles, acabando con sus líderes. Una expansión de los mongoles, como la experimentada por Genghis Khan, se debe enfrentar necesariamente a los jurchen. Desde 1211 los mongoles atacan una y otra vez a los jurchen, que a pesar de ser derrotados, siguen oponiendo una tenaz resistencia. Los enfrentamientos más duros entre ambos ejércitos se producen por el control de la capital, Beijing. Sus primeros ataques se inician en 1211, pero no será hasta que los mongoles inicien su cerco a Beijing cuando la situación se torne más extrema para todos. Las carencias de alimentos se convierten en el mayor problema para ambos bandos. Entre los mongoles se sorteaba un soldado de cada cien para alimentar a los otros; entre los sitiados el hambre también lleva al canibalismo. En mayo de 1215 el general defensor de Beijing se suicida, los mongoles toman la

Zhao Hengfu. *Bañando a los caballos*. Dinastía Yuan

ciudad. Numerosas mujeres y jóvenes se suicidan arrojándose desde la muralla. La ciudad es asolada, sus defensores masacrados y sus palacios saqueados.

El emperador Jin ya ha huido a Kaifeng, desde donde seguirá resistiendo sus ataques. Tras la conquista de Beijing los mongoles arrasan el norte de China. Parece que Genghis Khan y sus ministros consideraban el norte de China tan solo como un excelente lugar en el que podrían pastar sus rebaños y de donde los chinos deberían de ser eliminados. Uno de sus consejeros, Yelu Chucai, de origen kitan, le hizo comprender los beneficios mucho mayores que se conseguirían haciendo tributar a esa inmensa población y utilizándola en su provecho, salvando así millones de vidas.

La segunda campaña de China, aún dirigida por Genghis Khan, fue contra el reino de los xia del Oeste, que se habían librado de la primera ola de destrucción jurando lealtad a Genghis Khan. Desde entonces han pasado más de diez años, que Genghis Khan ha aprovechado para eliminar posibles enemigos a su espalda, conquistando la mayor parte de Asia Central. Al violar su juramento y no asistir a los mongoles en sus campañas hacia el Oeste, los xia del Oeste se ganaron el odio del Gran Khan, que los venció y exterminó. Los tangut, dispersos, emigran en las cuatro direcciones. Unos se integran en el mundo chino, otros forman pequeños principados en las fronteras tibetanas, y otros emigran al Oeste, donde aún se puede seguir el rastro de sus descendientes. El propio Genghis Khan murió durante la campaña contra los xia del Oeste. Tras su muerte, los mongoles abandonan las actividades militares y se reúnen en Karakorum para ejecutar su testamento. Mediante éste reparte el imperio de los mongoles entre sus cuatro hijos, de tal forma que el hijo mayor, Dietchi recibe los territorios situados al oeste del Irtysh (que heredará de hecho su hijo Batu al haber precedido la muerte de Dietchi a la del propio Genghis Khan) donde forma la Horda de Oro; el segundo hijo, Chatagai, recibe la región del Turquestán; el tercero, Ogodei, recibe China, Mongolia y parte de la Ruta de la Seda; quedándose el cuarto, Tului, en el hogar paterno, cuidando las tierras de los antepasados.

Ogodei Khan, al que según el testamento de Genghis Khan le correspondía el dominio de China, reanudó en 1229 los ataques contra los jin, establecidos en Kaifeng, que tras cuatro años de resistencia acabaron por sucumbir al empuje mongol; se toma su capital en 1233 y se captura su emperador al año siguiente.

Yunnan entra en la historia de China

En el año 1235 se iniciaron los ataques contra los song, que habían estado aliados con los mongoles durante la guerra contra los Jin. Una serie de batallas que da victorias a ambos bandos finalizan con la muerte de Ogodei. Tras la pausa correspondiente, su sucesor, Mangi Khan, reanuda los ataques en 1251. Para atacar a los song desde su retaguardia, envía a su hermano Kublai por el Oeste, hasta Yunnan, donde vence a los tibetanos y en 1254, con la asistencia de los reyes naxi de Lijiang, conquista el Reino de Dali.

El Reino de Dali, de hecho, aunque se considera heredero y sucesor del Reino de Nanzhao no lo es ni en el territorio que ocupa, mucho menor tras haber abandonado las conquistas exteriores, ni en el espíritu que le anima, pues lejos del militarismo de Nanzhao, se conforma con gobernar los territorios cercanos a la capital. Aún con menor tamaño, sigue siendo la entidad política más importante de Yunnan. En los territorios ahora liberados de su control, se forman nuevas entidades políticas más o menos desarrolladas. Como la organizada por los mencionados naxi de Lijiang, que, desde entonces, jugarán un papel primordial en las relaciones sino-tibetanas en el noroeste de Yunnan; o la de los dai en Jinchi, en la frontera actual con Myanmar; o los doce pequeños reinos dai de Xishuangbanna, al sur de la provincia, que sólo se habían establecido unos años antes, iniciando un cultivo intensivo del arroz y desplazando a sus habitantes originales paluang y hani-Akha hacia las zonas montañosas. El surgimiento de este nuevo reino coincide con el inicio de la migración que llevará a los tai desde la provincia de Yunnan, hasta los valles del medio Mekong en Laos, y los del Menan en Tailandia, donde desplazarán a las poblaciones locales, estableciendo regímenes políticos propios. Todavía no se sabe que ha podido originar esos movimientos de población que transformarán para siempre el panorama del Sudeste Asiático.

Mientras que el Reino de Dali se sometió casi sin lucha ante Kublai Khan, y de hecho, sus familias más importantes se mantuvieron en el gobierno hasta bien entrada la dinastía Ming, fueron los hani y otros pueblos de las montañas los que plantaron mayor resistencia a su invasión. Tras ser inicialmente derrotados se irán refugiando en zonas montañosas donde no llegan ni soldados, ni bandidos, ni recaudadores de impuestos, creando a su alrededor un sistema en el que participan varios pueblos en la misma situación, como son los yi de los montes Ailao. Es por ello que en muchas áreas montañosas la conquista mongola se limitó al establecimiento de una serie de puestos militares y a la obligación de entregar tributo por parte de los jefes tribales. En palabras de C.P. Fitzgerald:

"Aunque la resistencia en el propio Dali había sido insignificante, es evidente que la oposición tribal a las conquistas mongolas ha debido de ser formidable, pues Marco Polo, que viajó atravesando Yunnan hasta

Myanmar algunos años después de la conquista, describe el país como sufriendo todavía de esa extensiva devastación, ciudades casi deshabitadas, aldeas abandonadas, y campos de arroz que se habían convertido en hierbas y pastos".

Si Yunnan fue la primera provincia que conquistaron los mongoles, fue la última que desalojarán cuando la dinastía Ming acabe con la dinastía Yuan. Ya veremos como, durante la dinastía Ming, entendiendo el valor estratégico de esta región, se iniciará su integración efectiva en el Imperio Chino, realizada en parte por medio de colonias militares y la colonización con exiliados políticos.

El propio Mangi muere en el sitio de Hechuan, en la provincia de Sichuan, siendo sucedido por Kublai, que hace de Beijing su capital en 1260 y se proclama emperador de una nueva dinastía Yuan en 1271.

LOS MONGOLES CONQUISTAN EL IMPERIO SONG

A pesar de lanzar todas sus fuerzas contra los song, Kublai tardará quince años en derrotar de forma definitiva a su ejército. Quince años durante los que ponen en juego no sólo el ardor guerrero de los mongoles, sino la tecnología militar de los pueblos por ellos conquistados. El sitio de la ciudad de Xiangyang, que durante más de seis años bloqueó el avance de las tropas mongolas, sólo fue superado gracias a las grandes catapultas construidas por ingenieros venidos de occidente. El general Bayan, comandante de la gran ofensiva mongola, sólo sella la suerte de los vencidos tras la victoria en la batalla naval en aguas del Yangtze en 1274, aún así no conseguirá entrar a Hangzhou hasta el año 1276, cuando la familia imperial se rinde sin resistencia librando a la ciudad de su destrucción. Bayan envía el emperador y los miembros de la casa real, así como sus tesoros, a Beijing. La resistencia Song no acaba con la rendición imperial. Recomponiendo su armada bajo la dirección del primer ministro Wen Tianxiang en las provincias costeras, siguen oponiendo una tenaz resistencia, especialmente en esas provincias, donde merced a su superioridad naval, consiguen un cierto éxito. Sus esperanzas se acaban cuando los mongoles construyen su propia armada, y vencen, en 1279 (ese mismo año los mongoles habían construido 1.500 barcos), a los ejércitos de los últimos príncipes song, primero en Fuzhou, y más tarde en Guangzhou hasta ser derrotados por completo. La fidelidad de Wen Tianxiang y su tenaz resistencia crea una profunda admiración en Kublai Khan, que le ofrece un elevado puesto en la administración, que éste rechaza por lealtad a los song.

Los song, que habían apoyado las campañas de los mongoles contra los jin, mantuvieron una política ambigua en todos los sentidos. Las posibilidades de paz se frustraron por la acción traicionera de algunos de sus ministros; y la opción militar se debilitó por la continua pugna entre los militaristas y los pacifistas. Como si no hubieran aprendido de la experiencia del siglo anterior, cuando el apoyo a los jurchen para librarse de los kitan puso a sus puertas un enemigo más poderoso que acabó derrotándoles, vuelven a apoyar a los mongoles, el poderoso enemigo de los jurchen de la dinastía Jin. En las campañas que acaban con las últimas resistencias de los jin participan un buen número de generales y soldados song, enviando asimismo provisiones a los mongoles durante el sitio a Kaifeng, la última ciudad en la que los emperadores jurchen de los jin se habían atrincherado. Apenas derrotados los jin, los song se apresuran a recuperar las tres grandes capitales de china: Chang'an, Luoyang y Kaifeng. Una acción sin sentido, pues las tres ciudades habían perdido todo destello de su pasado esplendor, que encolerizó enormemente a los mongoles.

Los song, no obstante, bloquean el avance de los mongoles durante cuarenta años, más que ningún otro pueblo de Europa o Asia. De hecho, su tecnología militar es la más avanzada de la época, pues cuentan con bombas y granadas explosivas, flechas propulsadas por cohetes, gases venenosos, lanzallamas, rudimentarias pistolas e incluso vehículos blindados. Como dicen Yap y Cotrell: "Los pueblos nómadas sólo fueron invencibles cuando adoptaron la tecnología militar china" y, de hecho, pronto se ve a los mongoles utilizando cañones en el sitio de las ciudades chinas. Durante la decisiva batalla en aguas del Yangtze del año 1274 entre los song y los yuan, en la que se enfrentan dos flotas de más de 2.500 barcos por cada parte, los mongoles han instalado cañones en sus barcos con los que destruyen sistemáticamente la armada song.

Por su parte los mongoles que completan la conquista de China son muy diferentes de los que la iniciaron. A lo largo de sus numerosas campañas en Asia y Europa, han adaptando con fines militares las diferentes técnicas de los pueblos con que se enfrentan, incluyendo los chinos. Su mentalidad y su forma de gobierno se han transformado de forma paralela, las comodidades de la vida sedentaria van minando su espíritu guerrero, el contacto con las diferentes religiones de los pueblos conquistados, su ferocidad; y el conocimiento de métodos de dominación más sutiles y provechosos, su ansia de sangre.

El vilipendiado pacifismo de los song no les dio tan mal resultado, pues mientras el norte de China dominado por los jin, había sido arrasado por los conquistadores mongoles tras acabar con su resistencia militar, el Sur salió casi ileso de su conquista. En su salvación influyó también la propia transformación sufrida por los mongoles durante esos cuarenta años, pues Kubilai, que ha establecido su capital en Beijing en el año 1264 y gobierna aconsejado por funcionarios chinos, sabe que el mayor beneficio de la conquista no es el saqueo inmediato de las ciudades capturadas, sino la explotación a largo plazo de sus dominios. No hay duda de que los propios song tuvieron su influencia en esa transformación que les libró, en último término, de ser arrasados por los mongoles que habían aterrorizado Asia y Europa.

Dinastía Yuan

La dinastía Yuan fue la primera establecida por un pueblo extranjero que llegó a gobernar tanto el norte como el sur de China. Las diferencias entre ambas regiones habían crecido tanto durante los tumultuosos siglos previos a su conquista, que los primeros viajeros europeos pensaban que eran dos países: Catay en el norte y Mangi en el sur. La idea se mantendrá vigente en las mentes europeas hasta que Diego de Pantoja, el jesuita español que asistía a Mateo Ricci, confirme a principios del siglo XVII que se trata de un solo país.

Los mongoles necesitaban protegerse ellos mismos en un país en el que estaban en minoría, pues la población china rondaba los cien millones de habitantes. Para ello diseñaron una sociedad estratificada según las nacionalidades. En la cúspide estaban los propios mongoles, que mantenían su estructura militar a lo largo de acuartelamientos dispersos por todo el país, monopolizando los puestos más elevados de la administración. Bajo su mandato estaban sus aliados de Asia Central, como los uygures y otros pueblos turcos, que se aprovecharon de los privilegios que disfrutaban como comerciantes y de su conocimiento del mundo chino y mongol, ocupando los estratos intermedios de la Administración del Estado; en un estrato inferior, los chinos del Norte, los antiguos súbditos de los Imperios Jin y Liao, incorporados pronto al imperio mongol; y en el estrato inferior, los chinos del Sur. Dentro de cada grupo se daba también una importante división social entre los nobles y los plebeyos. Las familias más poderosas tenían una buena cantidad de esclavos, generalmente prisioneros de guerra, con los que se comerciaba abiertamente, especialmente en el norte de China, en los llamados "mercados de hombres".

Los chinos estaban gravemente discriminados en el escalón más bajo de esta sociedad étnicamente estratificada. Se les prohibía llevar armas, practicar el boxeo chino, formar asociaciones, aprender lenguas extranjeras y tenían restringida seriamente su libertad de movimientos.

Si un chino asesinaba a un mongol, se le castigaba con la pena de muerte; el caso contrario, sólo con una multa.

La Administración estaba basada en la de los song, enfatizando, sin embargo, el poder de las administraciones locales para permitir un funcionamiento administrativo independientemente de las intrigas de la corte. Se restauran incluso algunas de las medidas de Wang Anshi, como la creación de graneros de emergencia, comprando cereal cuando era abundante y vendiéndolo en época de escasez para mantener los precios, y la institución de asilos, orfanatos y hospitales. A la cabeza de esta administración se encontraban gobernadores, siempre mongoles, y asistentes musulmanes.

Kublai, completamente adaptado a la cultura china, fundamenta su gobierno en paz para el pueblo y desarrollo de la agricultura; renueva los trabajos de irrigación, crea colonias militares que roturan nuevos terrenos en tiempos de paz, y desarrolla las comunicaciones, con una impresionante red de caminos que se extiende por toda China y que cuenta con postas cada 25 millas, donde se encuentran lujosos alojamientos y caballos de repuesto y un sistema de correos que podía hacer llegar un mensaje urgente desde Beijing a Yunnan en nueve días.

La comunicación entre Oriente y Occidente con los mongoles

Una de las consecuencias más inmediatas de la conquista mongola fue el desarrollo del comercio y las comunicaciones entre Europa, Persia y China, ya que por esa larga ruta, ahora segura bajo el control de un solo imperio, circulaban viajeros de todos los países conocidos, dándose un gran intercambio de ideas entre ambos extremos de Eurasia.

Los mongoles se preocuparon de que los caminos fueran seguros, pues los tributos que cobraban a los comerciantes eran una importante fuente de ingresos. Así construyeron postas, puntos de guardia, graneros y centros de provisiones a lo largo de la Ruta de la Seda. Por ella llegaron a China los primeros viajeros europeos. En primer lugar, misioneros, como Juan de Piano, que alcanzó Karakorum, la capital

El padre Ruysbroeck se encuentra con el khan mongol Batu

mongola, en 1246 llevando una carta del papa al emperador mongol. El libro de Juan de Piano presenta una descripción detallada de este pueblo que mantenía a Europa en el terror, así como una serie de consejos de carácter militar que debería tener en cuenta cualquier gobernante dispuesto a enfrentarse a ellos. Guillaume de Ruysbroeck, enviado por el rey Luis de Francia, llegó a la capital mongola ocho años después. Bien tratado, se le envía de vuelta pidiendo la sumisión de su rey. Su relato también está lleno de interesantes observaciones sobre la Mongolia de la época.

El más famoso de todos es, sin duda Marco Polo, ya que fue el que más tiempo pasó entre los mongoles, llegando a ocupar puestos de responsabilidad en la corte de Kublai Khan, y el que dejó el testimonio literario que más influyó en la Europa de la Edad Media. De hecho, los viajes de Colón y Vasco de Gama, siglos después, inspirados en las descripciones que hace Marco Polo de China, responden al deseo de establecer comunicación con ese rico imperio. Más tarde, en los últimos años de esta dinastía, habrá incluso algunos misioneros cristianos en la corte de Beijing, donde a pesar de la libertad religiosa de los mongoles, no tuvieron mucho éxito. El que realizó una labor más importante fue Juan de Montecorvino, que llegó a Beijing en 1293, construyó una iglesia y tras varios años de apostolado consiguió convertir a varios miles de mongoles. Permanece en China hasta su muerte en 1330. Tras ella, la iglesia va desapareciendo a falta de una continuidad misionera. Poco después, con la caída del poder mongol en Asia Central, las rutas se hacen inseguras y se corta la comunicación con Europa.

Por esa misma ruta llegaron a Occidente algunos de los inventos chinos que acabarían por transformar el mundo, como la pólvora, utilizada por primera vez por los ejércitos mongoles en sus ataques a las ciudades europeas, la imprenta y el papel, conocidos en Europa a través de los árabes. La brújula posiblemente llegaría a través de las rutas de comercio marítimo, que comunicaban los activos puertos de la costa de China con la India, Persia y Arabia. Por esa misma ruta visitó China el viajero árabe Ibn Battuta, que ha dejado algunas interesantes descripciones de sus ciudades costeras.

El Beijing de Kublai Khan

Desde 1260 Kublai había establecido su capital principal en Beijing y la de verano en Shangdu (Xanadú para los occidentales). Las extraordinarias riquezas conseguidas durante décadas de saqueos por las hordas mongolas se emplean en crear la ciudad más grande y hermosa del mundo, con palacios, parques y avenidas nunca vistos hasta entonces. Así la describe Marco Polo:

> "Tiene 23 millas en cintura; es cuadrada, y sus cuatro lados son perfectamente iguales. Está amurallada con muros de adobe y de tierra que miden 10 pasos de ancho por 20 de alto (...) Estos muros son blancos y almenados. Tienen 12 puertas, y a cada lado de ellas se halla un hermoso palacio, de modo que a cada tres puertas corresponden 5 palacios, y estos tienen grandes salas y arsenales, donde viven los guardianes. (...) Las calles de la ciudad están tiradas a cordel y son anchas, de modo que en ellas se abarca toda la perspectiva, y desde cada puerta se ve la otra que está enfrente. En la ciudad hay bellos palacios, hermosas mansiones,

casas magníficas y amplias habitaciones. En el centro una torre con una campana grandísima, que repica por las noches, para que nadie salga a la calle después de los tres toques. (...) Hay una multitud de casas entre el centro, la villa y los arrabales de la ciudad; hay tantos arrabales como puertas, y en estos vive tanta gente como en la ciudad. En ellos se hospedan los mercaderes que vienen a sus negocios. En el recinto de la ciudad no puede vivir ninguna pecadora; son las damas del gran mundo quienes sirven a los hombres por dinero, y aun éstas viven en los arrabales. Eso sí, las hallaréis en buen número: hay 20.000 cortesanas que mercan sus favores. Y son muy necesarias por el tráfico inmenso de la ciudad".

Su palacio, en el centro:

"es inmenso (...) los muros de los salones y estancias están recubiertos de oro y plata (...) la sala central es tan grande que 6.000 hombres pueden comer en ella".

En Beijing, 12.000 cortesanos disfrutaban de los favores del emperador, con los que festejaba en impresionantes banquetes mensuales, para los que se vestían distintos trajes rituales. Frecuentemente salía de caza, haciéndose acompañar por un gran séquito. Para servir las necesidades de la enorme corte se habían establecido en la ciudad un buen número de comerciantes y artesanos; se dice que cada día entraban a la ciudad decenas de carretas de seda. Un enjambre de servidores, en su mayoría chinos, proveía todas las necesidades de las clases dirigentes. Esa densidad de población acomodada en la capital, alejada de los centros de producción agrícola, cada vez más concentrados en el sur, obligó a reconstruir el Gran Canal, que había sido casi abandonado durante los últimos siglos, y a establecer rutas marítimas para el transporte de mercancías desde el bajo Yangtze hasta el puerto de Tianjin, en las cercanías de Beijing.

Para gobernar a las minorías existentes dentro de las fronteras del país, extienden el sistema de autogobierno bajo sus líderes tribales, llamados *tusi*, puesto en marcha durante las dinastías pasadas. Ahora los líderes, a cambio de ver refrendada su autoridad por el emperador, reconocen la soberanía china y recogen tributos entre sus súbditos.

Kublai Khan incorpora definitivamente la provincia de Yunnan en la administración china. Sus primeros gobernadores proceden del Asia Central, por lo que el islamismo penetra con fuerza en esa provincia. En 1277 los myanmaros de Pagan invadieron Kangai, un pequeño estado en la frontera de Yunnan sometido los mongoles. Los embajadores mongoles que piden la sumisión del rey de Pagan son asesinados. Tras ello sobreviene una pequeña guerra fronteriza. Los myanmaros se presentaron en el campo de batalla con un imponente ejército de elefantes. Los mongoles, en un principio, se vieron impresionados por las enormes bestias, mientras sus caballos se desbocaban por el estruendo que producían los animales y los guerreros con sus trompetas montados sobre ellos. El general mongol ordenó atar los caballos en un cercano bosque, lanzando a continuación una lluvia de flechas sobre los elefantes myanmaros, que con sus patas llenas de punzantes heridas, se retiraron arrasando todo lo que encontraban a su paso, incluida parte del ejército myanmaro. Los mongoles aprovecharon la retirada para montar en sus caballos e iniciar la persecución. La derrota de los myanmaros es completa. Myanmar es sometida y finalmente conquistada. En Annam y Champa solo se reconoce nominalmente la soberanía de los mongoles enviando tributos. Una vez conseguido el dominio de China, los mongoles aún intentaron nuevas conquistas. Pero su furor guerrero ya se había ido debilitando, como se demostró en el éxito relativo con que concluyeron la conquista de Indochina y su fracaso en las expediciones a Japón y Java.

Los mongoles y el Tibet

Aunque los mongoles mantuvieron la libertad religiosa, el taoísmo sufrió varias persecuciones, siendo prohibidos todos sus libros, excepto el Taoteking. El budismo, en cambio, resultó favorecido, concediéndose de nuevo a los monasterios cantidades ingentes de tierras y el servicio de los campesinos cercanos. De esta forma, cada vez había más campesinos que servían a los templos, guarniciones y terratenientes que no pagaban impuestos y menos campesinos libres que los pagaban. Mientras ciudades y templos crecían en magnificencia, los ciudadanos se iban empobreciendo. Para atender las necesidades religiosas de los numerosos musulmanes aliados de los mongoles, se construyeron mezquitas en todas las ciudades importantes de China. El lamaísmo, esa variante del budismo creada en el Tibet con importantes influencias locales, también recibió el apoyo de Kublai Khan, extendiéndose rápidamente por Mongolia. Kublai encargó al monje tibetano Phagpa la creación de una escritura mongola a semejanza de la tibetana.

Los propios príncipes y monasterios del Tibet se habían sometido a los mongoles desde que sus primeras expediciones militares dieron al mundo una idea del enorme poder con que contaban. No obstante, en 1240, una expedición militar a las tierras centrales del Tíbet deja a los generales mongoles fascinados por el poder espiritual del abad del monasterio de Sakya, al que llevan a conocer al Gran Khan, quien reconoce su autoridad política y religiosa sobre el centro del Tibet. Kublai confirma el apoyo de los mongoles a la secta de Sakya, nombrando a Phagpa en 1260, preceptor imperial, controlando todos los asuntos budistas del Imperio Mongol y con autoridad temporal sobre el centro y este del Tibet.

En torno a Sakya organiza Kublai un sistema administrativo que unifica de nuevo al país bajo una cabeza política (*peuntchen*) dependiente del preceptor imperial y trece unidades administrativas que gobiernan otros tantos príncipes. Pero las otras escuelas lamaístas no reconocen la preeminencia de la escuela de Sakya, cuya ascensión, ligada al poder mongol, le seguirá en su decadencia. Esta se inicia tras la muerte de Kublai, su protector; de tal forma que antes de la caída de la dinastía Yuan en China, los sakya ya han perdido el poder en la meseta tibetana.

DECADENCIA DE LOS MONGOLES

El fracaso en las expediciones a Java y al Japón marca las horas bajas de los ejércitos mongoles. La cuarta generación de guerreros desde los tiempos de Gengish Khan se va acostumbrando a las comodidades del conquistador. A partir de entonces cesaron los intentos de expansión militar. Los hijos de los combativos guerreros que habían conquistado el mundo pasaban ociosos sus días en sus acuartelamientos, mantenidos por los campesinos, o se dedicaban a realizar pequeños negocios o al cultivo de la tierra. Pronto no fueron capaces ni de reprimir las pequeñas rebeliones que iban surgiendo por doquier.

El aumento del lujo y la disminución de campesinos que tributaban, trabajando un porcentaje elevado de ellos para los templos, acuartelamientos militares y terratenientes, instituciones que, según las leyes, no necesitaban tributar, creó pronto un gran déficit fiscal. Kublai Khan empezó a acuñar billetes de forma excesiva; pero sin llegar a comprender los mecanismos financieros que respaldan la emisión de moneda, éstos pronto perdieron su valor. La rápida inflación no hizo la moneda atractiva para nadie, por lo que en 1311 se acaba la emisión. Por otra parte, la ubicua presencia de comerciantes de Asia Central y su posición privilegiada respecto a los chinos, hizo participar a China en una extensa red de comercio intercontinental, del que generalmente salía perjudicada.

El emperador Timur, que sucede a Kublai, continúa la política de su padre. En 1315 se reanudaron los exámenes para funcionarios, pero intentando mantener a los chinos en las posiciones secundarias del Gobierno. El empobrecimiento de los campesinos es evidente. Si en el sur, los ricos terratenientes de la dinastía Song, los mejores aliados del poder mongol, han visto sus prerrogativas confirmadas y aumentadas, en el norte, donde había una mayor proporción de campesinos libres, los nobles mongoles y los monasterios budistas, adoptan modelos semejantes a los del sur. Timur rebaja los impuestos de la tierra. En una investigación que realiza sobre el comportamiento de los funcionarios, descubre que más de 18.000 son corruptos.

A su muerte, en 1307, el estado cuidadosamente diseñado al comienzo de la dinastía empieza a desmoronarse. En la corte, las intrigas de los cortesanos, príncipes y ministros privan sobre el gobierno. En los 25 años siguientes hay nueve emperadores. En las provincias, los gobernadores ignoran el poder de la corte, estableciendo una virtual independencia. En ese clima de corrupción, los funcionarios velan solo por sus propios intereses.

Los primeros levantamientos campesinos se inician en 1325. Eberhard menciona que "las estadísticas nos muestran que en 1327 había 7,6 millones de personas muriéndose de hambre en el imperio". Al principio son rebeliones muy primarias, grupos de desposeídos, que, buscando únicamente resolver su desesperada situación, atacan a los ricos, sean chinos o mongoles y se reparten su riqueza. Como el ejército mongol, ya sólo una sombra del que aterró al mundo, es incapaz de contenerlos, los terratenientes van creando ejércitos privados para defenderse. Los conflictos sociales se mezclan en sus aspectos étnicos.

Una de las primeras rebeliones y de más larga duración fue la de los Turbantes Rojos, que desde 1335 a 1359 desarrollaron una intensa actividad en la mitad norte de China. Esta sublevación, surgida en torno a sociedades secretas habituales entre los campesinos de esos años, con objetivos tanto políticos como religiosos, se desarrolló enormemente tras los desbordamientos del río Amarillo del año 1351, que llevaron al gobierno a forzar a 170.000 campesinos a participar en los trabajos de reparación. Los focos rebeldes se multiplican en las provincias del Norte, dejando fuera del control del Gobierno zonas cada vez más extensas. Posteriormente los levantamientos se extienden por todo el país.

Los que acaban dando el golpe de gracia a la dinastía surgen al sur del río Yangtze, no es de extrañar, pues según la estratificación social diseñada por los mongoles los chinos del Sur ocupaban el lugar más bajo de la escala. Uno de los más importantes levantamientos del Sur fue el protagonizado por Fang Guochen en 1348. Retomando la tradición marinera de los song del Sur, Fang centra sus campañas en el mar, consiguiendo pronto un dominio absoluto de las costas del sur de China. Esto le permite interceptar el tributo que llega de las provincias del Sur, provocando el desabastecimiento de la capital.

Las expediciones de la moribunda dinastía no consiguen doblegar su poder, que sólo cederá ante los ejércitos también rebeldes de Zhu Yuanzhang. Éste era un curioso personaje de origen humilde que había sido mendigo y monje antes de enrolarse en los ejércitos rebeldes. Buen estratega y con una cierta cultura, pronto se convierte en el cabecilla de una banda cada vez mayor, que se une al gran levantamiento de Jiangsu de 1352 liderado por Guo Zixing. Allí sigue escalando puestos en las filas rebeldes hasta convertirse en general, de tal forma que a la muerte de Guo Zixing en 1355 le sucede al mando de los ejércitos rebeldes. Según va consiguiendo más territorio, va transformando su movimiento de una lucha de clases a una lucha nacional. El objetivo ya no es matar a los ricos y repartir su riqueza, sino ir tomando territorio a los mongoles para acabar expulsándoles. Este cambio va atrayendo a su lado no solo a grupos menores de rebeldes, sino a intelectuales y terratenientes que comparten con los campesinos el objetivo de derrocar al régimen mongol. Con ese respaldo social, Zhu Yuanzhang se hace con el control de Nanjing. Con el creciente apoyo de todos los estamentos sociales, desde 1353 a 1368 va conquistando lentamente el sur de China mediante pequeñas batallas y escaramuzas que se saldan de forma favorable. Ese mismo año cruza el Yangtze hacia el Norte y conquista Beijing casi sin encontrar resistencia. La ciudad, abandonada por unos mongoles que, de hecho, ya han perdido interés por un país empobrecido que sólo les da problemas, no es saqueada. Los generales ming persiguen a los debilitados mongoles hasta su capital, Karakorum, que saquean en 1372, dispersándoles por el Norte hacia Siberia.

El teatro en la dinastía Yuan

Aparte de los importantes avances técnicos que se dan durante la dinastía Yuan, fruto del continuo contacto entre Oriente y Occidente, en los aspectos filosóficos y culturales no se producen obras de importancia. El pueblo chino ha perdido la confianza en sí mismo. Letrados e intelectuales, marginados de la vida política, se retiran a su vida privada. Otros, liberados del estrecho corsé de la cultura confuciana y sin unos exámenes imperiales que preparar, desarrollan un espíritu independiente y liberal. Solo el teatro experimenta un importante florecimiento, en parte debido al interés que muestran los emperadores y nobles mongoles por sus representaciones.

Se puede decir que durante la dinastía Yuan se produce la Edad de Oro del teatro chino. Los nobles disfrutaban con unos espectáculos que, basados muchas veces en cuentos y baladas populares, incluían cantos y mímica, vestidos de llamativos colores, actores disfrazados, y música instrumental en muchos casos adaptada de las baladas jurchen un tanto familiares para los mongoles. Los temas también eran sencillos: amor, heroísmo, intrigas, amistad. En definitiva, un espectáculo sencillo que se adaptaba a los gustos populares. Algunos intelectuales chinos se convirtieron en compositores, aunque entre los autores no solo había chinos, sino también uygures y mongoles.

El más conocido de ellos es, posiblemente, Guan Hanqin, que en una serie de dramas llenos de sentimiento denuncia temas tan universales como la explotación de los pobres, la injusticia, y los abusos de los poderosos. La *Historia del Ala Oeste*, de Wang Shifu, también de esta época, podría ser considerada el *Romeo y Julieta* chino. Muchas de las óperas tan populares posteriormente entre los chinos arrancan de estos dramas de la dinastía Yuan.

La dinastía Ming

Zhu Yuanzhang estableció su capital en Nanjing. Dado el estado lamentable en que se encontraba el pueblo tras varias décadas de continuas guerras entre los diferentes grupos armados que habían protagonizado el final de la dinastía Yuan, el objetivo más inmediato era restablecer la producción. Para ello diseñó una política de suaves impuestos y organización de los campesinos sin tierra bajo la dirección del Estado, proporcionando créditos para la roturación de las tierras abandonadas por los aristócratas mongoles o por los efectos de la guerra, y enviándoles a las zonas fronterizas o poco pobladas. Un visionario como es, acompaña estas medidas prácticas de una serie de reformas sociales destinadas a contruir un orden social ideal en siete etapas, que debería regular todas las relaciones entre la gente. Reduce el tamaño de los grandes latifundios asignados a los templos, pero mantiene las posesiones de los terratenientes, especialmente los del delta del Yangtze, que le habían apoyado durante su ascensión al poder. Además realiza un generoso reparto de tierras entre los príncipes y amigos del emperador (algunos ocupaban la tierra de 20.000 familias) y estableció que se pagaran pensiones del Estado a los miembros de la familia imperial. Una pesada carga tributaria que pronto contrarresta los efectos positivos de su reforma agraria.

Repara los trabajos de irrigación y realiza nuevas obras, consiguiendo que en las primeras décadas de su reinado la producción de cereales se duplicara. Se inician importantes obras públicas, entre las que se encuentra la reconstrucción de la Gran Muralla, así como de las murallas de varios centenares de ciudades más.

Para conseguir el dominio de todo el territorio chino, sus primeros años ven numerosas guerras, especialmente en la región occidental de China donde resisten los últimos representantes del poder mongol, que no finalizan hasta la conquista de Yunnan por los generales ming en 1381. Envía colonias militares a poblar las fronteras de esa lejana provincia.

Para reducir los gastos de su administración, organiza los acuartelamientos militares en comunidades agrícolas que reparten su tiempo entre la defensa y la producción de alimentos, y reduce los gastos suntuarios, que se habían agigantado en los últimos años de los Yuan.

Su administración es muy semejante a la de los song, con seis ministerios bajo control imperial, dividiendo el país en trece provincias y algunas zonas fronterizas bajo una administración especial. Promulga nuevas leyes de forma sencilla para que sean comprensibles para todo el mundo. Una China más grande que nunca, necesita un gran número de funcionarios para ser administrada. Para ello continúa con el sistema de exámenes para los funcionarios, en los que además de los clásicos confucianos hay que conocer las leyes vigentes y los edictos imperiales. A pesar de los enormes gastos que supone elegir la carrera de las letras, pues el mantenimiento del estudiante y las propinas y sobornos alcanzan cifras importantes, los hijos de los terratenientes, co-. merciantes y artesanos compiten ahora por ocupar los puestos de la administración del Estado. Una vez alcancen el poder, devolverán los favores y préstamos utilizando los privilegios que les da su posición. Esto crea el nacimiento de una cierta burguesía, ligada a una Administración tremendamente corrupta, incapaz, en la mayoría de los casos, de oponerse a las amenazas y retos que llegan desde el interior y el exterior.

Para fortalecer su poder, Zhu Yuanzhang, además de dirigir los seis ministerios y los órganos censores, otorga principados a veinticinco de sus familiares, estableciendo que no puedan tener una guardia personal de más de 3.000 hombres ni interferir en la administración civil. Transformado por el poder absoluto, se vuelve tremendamente suspicaz. Empieza a desconfiar de sus antiguos compañeros de armas que le habían ayudado a subir al poder, sospechando de todo aquel que pueda hacerle sombra.

En 1380, tras recibir denuncias sobre los intentos de conspiración de Hu Weiyong, manda asesinarle con todos sus seguidores, incluyendo sus familias, un total de 30.000 personas, por temor a que los hijos cumplan con el deber filial de vengar la muerte paterna. En 1398 el general Lan Yu corre una suerte semejante, siendo asesinado con 15.000

Porcelana china del siglo XV

de sus allegados. Zhu Yuanzhang establece asimismo la primera policía secreta de la historia china, nombrando para puestos importantes en el Gobierno a sus eunucos de confianza.

Estas medidas de gobierno establecidas al principio de la dinastía la marcarán hasta su final, y posiblemente tengan mucho que ver con su posterior decadencia y caída, pues en los años siguientes se verá una creciente participación de los eunucos en la vida política, en algunos casos sustituyendo por completo la figura del emperador, y unos funcionarios temerosos de los numerosos cuerpos de espías. Durante algunas épocas llega a haber cuatro organismos con funciones de policía secreta, vigilando a unos funcionarios muchas veces inactivos por temor al castigo. El poder de los eunucos seduce a algunos hombres, que se castran para poder pasar al servicio del emperador, donde hay grandes posibilidades de ganar poder e influencia. Ya veremos que los eunucos son pronto una fuerza política de importancia, que trabaja sólo por sus propios intereses.

La Marcha a los Trópicos durante la dinastía Ming

La eficacia relativa de sus medidas administrativas queda reflejada por el hecho de que ya en los primeros años de su reinado surgen los primeros levantamientos campesinos. Desde 1372 hay grupos de campesinos que se levantan contra la opresión imperial. Uno de los levantamientos más violentos de esta primera época es el que protagonizan en 1398 los aborígenes de Guizhou, que presionados por la continua llegada de emigrantes y leñadores dedicados a extraer madera para la construcción de los nuevos palacios ming, llegan a capturar dos ciudades antes de ser vencidos por las tropas imperiales.

Éste será solo el primero de un largo rosario de rebeliones indígenas que caracterizan la historia de esta provincia durante la dinastía Ming. De hecho, al principio de esta dinastía, Guizhou seguía habitada por sus poblaciones originales, como los lao o gelao, compitiendo por el territorio con algunos pueblos que llegan del norte huyendo de la colonización china, como los miao y los yao. Sólo una cadena de plazas comerciales chinas a lo largo de las rutas imperiales que se dirigían al sur, generalmente fortificadas, rompía el panorama indígena de Guizhou. Durante estos años, la penetración de los colonos chinos se intensificará. Ocupando cada vez más tierras, serán contestados con continuas revueltas, levantamientos y migraciones. No obstante, al final de estos años, la resistencia se habrá trasladado a las regiones más marginales y Guizhou pasará a formar parte de la estructura administrativa de China.

Zhou Chen. *Escenas de la calle.* Dinastía Ming

Esta Marcha a los Trópicos es una colonización de estos territorios en función de los intereses del Estado y de los inmigrantes, enmascarada por la necesidad de civilizar a los pueblos nativos. Con los colonos chinos llega una transformación del ambiente de estas regiones. A ellos les acompaña la cultura china, que penetra de esa forma en tierras distintas y distantes. Cuando su asentamiento madure, la Administración del Estado se implantará en las tierras colonizadas.

Al sur de Guizhou, en las provincias de Guangxi y Yunnan, la tensión étnica será continua a lo largo de la dinastía Ming. Los colonos que llegan a Guangxi se encuentran un clima tropical, una administración que abarca poco más que las ciudades y algunos puntos de comunicación importantes, y la resistencia continua de unos nativos. Para gobernar a las propias minorías se mantiene el poder de los *tusi* o gobernadores locales, que sometidos nominalmente al poder imperial, conservan una autonomía casi completa. La dependencia en aumento de las autoridades provinciales en estos *tusi* para garantizar la paz y el orden en la provincia alimentará las ansias de poder de los más ambiciosos. Cuando sus actividades se acerquen a la rebelión abierta, con ataques al territorio de otros *tusi*, o expansión territorial fuera del territorio tradicional, se verán sangrientamente reprimidas por el ejército imperial, como en 1525 y 1570.

En el ámbito interno, el establecimiento de los tusi trasformará las sociedades nativas, obligándolas a admitir la existencia de un poder centralizado, el del *tusi*, que se superpone a las estructuras tradicionales de poder.

Mientras la frontera sur avanza hacia los trópicos en un proceso lento pero continuo, que aun salpicado por violentas rebeliones no adquiere nunca la violencia de la frontera norte, los mongoles, pronto recuperados de la derrota en tierras chinas, se vuelven a reorganizar a lo largo de la frontera norte, exigiendo el mantenimiento de un gran ejército siempre pronto a responder a sus ataques.

A la muerte de Zhu Yuanzhang en 1398 se inician las primeras convulsiones de la joven dinastía. Siguiendo sus designios, su nieto Huidi se convierte en el nuevo emperador. Como los príncipes de la familia imperial están empezando a dar numerosos problemas, una de sus primeras acciones de gobierno va destinada a acabar con su poder. Se verá contestada por el poderoso príncipe de Yan (Beijing), que cuenta con las mejores tropas, curtidas en los continuos combates con los mongoles, y también ambiciona el trono. Tras cuatro años de guerra civil que vuelven a sembrar la destrucción en la región comprendida entre Beijing y Nanjing, el príncipe de Yan acabará por vencer a las tropas imperiales, y conquistando la capital en medio de un baño de sangre, se proclama emperador con el nombre de Yongle.

Con Yongle se inicia la expansión de un imperio a duras penas consolidado por su padre. Continuando con su política de reconstrucción, se alcanza un importante desarrollo económico. Frena el avance mongol en el norte, estableciendo una serie de guarniciones que se extienden desde el océano Pacífico al desierto de Asia Central. Sin capacidad para recuperar la Ruta de la Seda, se contenta con mantener la influencia china por encima de la mongola sobre los reinos de Hami y Turfán surgidos en la actual provincia de Xinjiang. Mantiene relaciones comerciales con el Tibet, que a cambio de té, convertido ya en bebida nacional tibetana, proporciona magníficos caballos para el ejército ming. En el sur mantiene el gobierno de las minorías por sus líderes nativos, que reconocen la soberanía imperial entregando algún tributo en especie. En la costa consigue poner freno a los ataques de los piratas japoneses, que desde 1387 están empobreciendo estas regiones forzando a emigrar a numerosos ciudadanos, pues durante sus frecuentes expediciones arrasan y saquean una y otra vez las ricas ciudades costeras, desapareciendo nuevamente por el mar.

Los viajes de Zheng He al océano Índico

No obstante, el acontecimiento más importante de su política exterior son las expediciones del general Zheng He a los mares del sur de China y el océano Índico, llegando en alguno de estos viajes a las costas de Arabia y de África. Las siete expediciones de Zheng He, realizadas entre 1405 y 1431, se encuentran entre las más grandiosas de la historia de la navegación humana. Impulsadas por el doble objetivo de restablecer el prestigio de China entre unos países que la habían respetado e incluso tributado durante la dinastía Song y reanudar el comercio marítimo, ahora que la Ruta de la Seda estaba cerrada por los mongoles, supusieron una movilización material y humana sin precedentes.

La primera expedición estaba compuesta por 63 barcos y más de 27.000 hombres. La mayor embarcación, la del propio capitán, tenía más de 130 metros de largo y 60 de ancho. Desde Suzhou navegaron hacia el sur, parando en Champa (sur del actual Vietnam), Java, Sumatra, Ceilán y la costa de la India. En cada lugar, restaurando las relaciones diplomáticas pasadas, restableciendo donde era posible la soberanía, al menos nominal, del emperador chino, que generalmente se sellaba con un intercambio de regalos de semejante valor; fundando lazos de amistad con otros países, y respondiendo firmemente a los ataques de los regímenes enemigos. De hecho, con cada una de las expediciones de Zheng He llegarán a China no solo productos y animales exóticos, –Yongle hace construir un zoo para ellos en las afueras de Nanjing–, sino docenas de embajadores de los países visitados. Por otra parte, muchos chinos se asentarán desde entonces en el Sudeste Asiático, donde desarrollando sus actividades comerciales sembrarán la semilla de la cultura china.

Los viajes se interrumpen a la muerte de Zheng He, y la China de los ming parece perder todo interés por lo que suceda más allá de sus fronteras. Tanto las razones que impulsan al emperador Yongle a iniciar estas expediciones, como las que provocan que sus sucesores las suspendan, siguen siendo objeto de intensa especulación. Tal vez sea debido a que la propia situación interna de China se deteriora rápidamente, a la incapacidad de los gobernantes posteriores, a las rivalidades entre los eunucos (que habían dirigido estas expediciones) y los funcionarios civiles, o a que China va llegando a una época en la que ministros y eunucos gobiernan para su propio beneficio en un ambiente de tremenda corrupción. Tal vez el objetivo político de integrar a esos pueblos en la esfera política china ya esté conseguido, pues muchos de estos países se declaran tributarios de China, enviando periódicamente sus tributos, que intercambian por regalos. La realidad es que, al contrario que los europeos, que aparecerán poco después en esos mares, los chinos no necesitan sus productos, y lo poco que necesitan lo consiguen mediante el comercio privado de unos marineros que son bienvenidos y protegidos por los acuerdos políticos alcanzados.

A pesar del cese de las expediciones navales oficiales, los comerciantes chinos seguirán jugando un papel preponderante en el comercio con los países del Sudeste Asiático y el océano Índico. Ni siquiera la prohibición de salir al extranjero conseguirá acabar con el comercio en la provincia de Fujian, que separada del resto de China por importantes cadenas montañosas, centra su prosperidad en la navegación y el comercio. La prohibición de navegar será levantada para ellos. Los comerciantes chinos en el océano Índico desempeñarán un papel muy importante durante las primeras fases de las relaciones europeas con China. Aunque su papel es evidente en el caso de los españoles, que tras sus fallidas tentativas de conseguir un enclave en la costa china tendrán que contentarse con mantener en Manila un centro de comercio sino-hispano, también serán determinantes en las iniciativas posteriores de los comerciantes holandeses y británicos.

Por otra parte, al desmantelar la flamante armada que había causado admiración en las costas de Asia, y limitar tremendamente el comercio con los pueblos vecinos, se sientan las bases para la actividad de los "piratas japoneses". Parece ser que éstos contaban entre sus filas con más chinos que nipones, y que es un término que designa en la historia oficial distintos colectivos, tanto chinos como japoneses, que viven en la región costera un tanto al margen de la ley. Algunos en su origen habían sido comerciantes que ante las trabas al comercio, se convierten en contrabandistas, otros son rebeldes, opositores al régimen, y auténticos piratas que no dudan en tomar por la fuerza lo que

La Ciudad Prohibida de Beijing,
residencia de los emperadores ming y qing

necesitan cuando la ocasión se considera propicia. Algunas veces llegan a atacar ciudades, generalmente en connivencia con bandidos locales o funcionarios corruptos. Su dominio de las costas chinas será absoluto hasta que los portugueses, con barcos mejor preparados para la navegación y el combate naval, consigan controlarles en las rutas más importantes.

DETERIORO SOCIAL A MEDIADOS DE LOS MING

En los últimos años de su reinado, Yongle inaugura la nueva capital, Beijing. En su construcción han trabajado más de un millón de obreros y 250.000 artesanos. El centro político de China se traslada de nuevo del sur al norte. Se drena y repara el Gran Canal para permitir que los productos del sur abastezcan los mercados de la capital. Poco después de la muerte de Yongle se inicia la decadencia ming.

El dispendio ocasionado por las guerras crece desmesuradamente mientras la corte, dirigida por los eunucos, también aumenta de forma desproporcionada sus gastos suntuosos. Eunucos, príncipes y terratenientes consiguen cada vez más tierras de los campesinos. Dicho fenómeno se va acentuando a lo largo de la dinastía, de tal forma que en algunas provincias, como Henan, las fincas de los príncipes ocupan la mitad del total de la tierra. De hecho, en 1502, las tierras sometidas a tributos son solo la mitad de las que había al principio de la dinastía, lo que se traduce en un aumento de la presión tributaria sobre los campesinos que aún mantienen sus tierras, y lo que lleva a su vez a su empobrecimiento y al surgimiento de disturbios y revueltas, incidiendo en un nuevo aumento de los gastos militares. Estos procesos se encadenan sin solución hasta el final de la dinastía.

Entre las numerosas rebeliones destacan la de los yao de la provincia de Guangzhou en 1448, la de los zhuang en Guangxi en 1456 y la de los li de Hainan en 1490. Las tres reflejan los crecientes conflictos por la tierra entre sus habitantes originales y una masa de campesinos empobrecidos en busca de nuevos horizontes para sus vidas.

En 1431 el norte de Vietnam se independiza. En 1449 los mongoles oiratos se presentan con un gran ejército en el norte de China, derrotando fácilmente a un numeroso e ineficiente ejército chino comandado por el propio emperador, que es capturado por sus enemigos. La corte de Beijing prefiere nombrar a un nuevo emperador antes que pagar el elevado rescate que exigen los mongoles.

Se draga el Gran Canal para evitar que el transporte de mercancías del sur al norte tenga que utilizar la navegación marítima, cada vez más peligrosa, y se refuerza la Gran Muralla. Ni una obra ni otra acaban con la amenaza de sus enemigos. Los ataques de los japoneses continúan en la zona costera hasta ser vencidos en 1550 en Wenzhou y Fujian.

Las incursiones de los mongoles solo se reducirán algunos años. Si un grupo es derrotado, pronto se reorganiza o es sustituido en el frente por otras tribus. Altan Khan (1507-1582) consigue reunir bajo su mando a la mayoría de las tribus mongolas. Desde 1540 empieza sus ataques sobre la llanura de Ordos hasta llegar a las afueras de Beijing, masacrando a la población y arrasando cultivos y ciudades, de tal forma que vuelve a sus bases con millones de cabezas de ganado. En los años siguientes conquistará Mongolia y Qinghai penetrando en el Tibet, en 1573.

La escuela gelugpa domina el Tibet

Ya vimos como en tiempos de Kublai Khan se invitó a los primeros misioneros lamaístas a predicar entre los mongoles la religión tibetana, y como éstos convirtiéndose en masa, hicieron del lamaísmo su religión de estado. Es por eso que Altan Khan, dispuesto a reafirmar su liderazgo entre las otras tribus de los mongoles, consigue una alianza con la escuela gelugpa del budismo tibetano. Invita al lama Seunam Gyantso a visitarle, nombrándole dalai lama (Océano de Sabiduría en idioma mongol). Éste hace retroactivo el título, convirtiéndose de hecho en el Tercer Dalai Lama.

La escuela gelugpa o de los virtuosos había sido fundada por Tsongkapa, un gran reformador religioso del siglo XIV, que intenta revitalizar la anquilosada religión acantonada en los intereses temporales de los monasterios. Los gelugpa son apoyados por la dinastía no religiosa de Phagmodrou, que domina el panorama político del Tibet hasta el año 1435, desarrollando posteriormente una buena red de monasterios entre los tibetanos.

A la muerte del Tercer Dalai Lama se reconoce su reencarnación en un niño de la familia de Altan Khan, que se convertirá posteriormente en el Cuarto Dalai Lama. En un principio no todos los príncipes ni escuelas tibetanas reconocen esta preeminencia de los Gelugpa. Ya en el año 1618, los sakya toman Lhasa, bastión de los gelugpa por excelencia. Al año siguiente los mongoles, disfrazados de peregrinos, la recuperan para ellos.

Los gelugpa alcanzan un poder indiscutido por las otras sectas del budismo tibetano, durante los años del Quinto Dalai Lama, un hombre excepcional en el que se combinan las dotes religiosas con las políticas y que consigue llevar a su partido a Gusri Khan, khan de los mongoles qoshot.

Es Gusri Khan quien en 1642 entroniza al Quinto Dalai Lama como la autoridad religiosa y política del Tibet. Ese mismo año se establece la capital en Lhasa, iniciándose la construcción del palacio de Potala.

LOS PORTUGUESES EN CHINA

Mientras los emperadores dejan al país deslizarse a la miseria concentrados en su orgía perpetua, dos poderosos enemigos aparecen en el horizonte. Su amenaza irá creciendo de forma casi inadvertida pero acabarán por privar a los chinos de la soberanía sobre su país durante los siguientes trescientos años: son los occidentales y los manchúes.

El súbito fin de la presencia naval china en el océano Índico e Indochina dejará un vacío que pronto llenarán los comerciantes árabes y poco después los portugueses en la primera región, y los piratas japoneses en la segunda.

Los portugueses son los primeros occidentales que hacen su aparición en el Océano Índico. Tras la llegada de Vasco de Gama a las costas de la India en 1498, en 1511 Alfonso de Alburquerque asegura para su país una base en Malaca, continuando su viaje hasta las islas Molucas, donde se origina el importante comercio de especias. Los primeros barcos portugueses hacen su aparición en la costa de China en 1514. En 1517 Tomé Pires, el primer embajador occidental, se pone en camino hacia Beijing mientras los portugueses construyen un fuerte en la isla de Lintin, a la salida del río de las Perlas, cerca de Cantón. Pero las quejas del rey de Malaca, bajo la protección nominal del emperador chino, cuya ciudad han atacado los portugueses, y una serie de enfrentamientos navales entre portugueses y chinos conducen la embajada de Tomé Pires al fracaso, muriendo él mismo en una prisión de Cantón unos años después.

Más trágico fue el desenlace de la ocupación temporal de Ningbo en 1518, donde, según las fuentes chinas, los portugueses cometieron todo tipo de tropelías, acabando por raptar a unas cuantas mujeres. La reacción de la gente llevó a la masacre de varios cientos de portugueses y al incendio de sus 35 navíos. Durante las décadas siguientes, los portugueses comerciaron con una serie de puertos a lo largo de la costa china, pero sus actividades mezcla de comercio, misión y piratería les crearon mala fama entre los chinos, que les acusan de secuestrar y comerse los niños e inventan una serie de cuentos en los que se narran con todo detalle estas actividades. No obstante, aprovechando la corrupción administrativa, acabarán consiguiendo permiso para establecerse en la península de Macao, en 1557, que los chinos amurallan, desde donde concentrarán sus actividades en los siglos siguientes.

La ocupación de Macao por los portugueses es un hecho que arroja luz sobre la esencia del régimen Ming. La corte no podía otorgar un estatus a los portugueses pues no estaban en las listas de países tributarios, y ya sabemos que la visión sino-céntrica del mundo sólo permitía a los emperadores pensar en la relación de China en el centro con países tributarios alrededor. Pero, por otra parte, el establecimiento de los portugueses era benéfico para China, por promover el comercio internacional, y por el control de las actividades de los piratas. Por ello, el establecimiento de los portugueses, fue permitido, *de facto*, durante casi 500 años.

La superioridad militar de los navíos portugueses pronto puso en sus manos el comercio con Japón, cada vez más dificultado por la presencia de piratas en esas aguas, así como con Europa. Macao se convierte, desde entonces, en un punto clave en las relaciones entre China y Occidente. Esta pequeña península no es solo el lugar desde el que monopolizan los portugueses durante muchos años el comercio de la China; Macao es también el lugar donde los misioneros se preparan para entrar a China, y más adelante, cuando los comerciantes occidentales empiecen a frecuentar el puerto de Cantón, Macao seguirá siendo el único lugar donde se les permite el establecimiento permanente.

Los españoles en China

Los españoles, que habían descubierto América para el mundo occidental con la esperanza de llegar a China, tuvieron que esperar todavía algunas décadas antes de aproximarse a sus costas. Magallanes ya encontró la presencia de comerciantes chinos en Filipinas, y no cabe duda de que la posterior conquista y colonización de este archipiélago respondía a los deseos españoles de promover el comercio con China.

De hecho, aunque los españoles aparecen desde la década de los 40 por las costas chinas, no consiguen ningún establecimiento permanente. Los chinos estaban doblemente predispuestos contra los españoles; por una parte, los portugueses les describían como terribles guerreros, por la otra, las noticias de sus ataques a las Filipinas ya habían alcanzado la corte Ming. Xiamen y la provincia de Fujian serán el escenario donde los españoles desarrollan su acción comercial, pero obtendrán permiso para asentarse en tierra china en contadas ocasiones.

En un principio las Filipinas eran como un apéndice del Virreinato de México, al que se trasladaron las instituciones coloniales españolas. Cada año, numerosos juncos chinos, que aún realizan la mayor parte del comercio marítimo de Asia, parten desde Xiamen hacia Manila, que se ha convertido en uno de sus puertos favoritos. Allí cambian las sedas chinas tan apreciadas en México y España por la plata que procede de México, necesaria a una economía ming siempre con carencias de este metal. La colonia de chinos crece al compás del comercio, pronto se ocupan también de las artesanías e incluso algunos trabajan en el campo. Los españoles siempre les mirarán con desconfianza y no dudarán en masacrarlos cuando les consideren una amenaza para su débil posesión asiática, como sucede en tres ocasiones desde 1602 a 1639.

De esta forma Macao y Manila se convierten a fines del siglo xvi en los principales puertos de comercio chinos. La plata que, procedente de México alcanza los puertos de China, se convertirá pronto en la moneda más común para las transacciones comerciales en la zona costera de China.

Manila se mantendrá fundamentalmente como un centro comercial y, en cierto grado, como una base de penetración religiosa, sin grandes pretensiones de conquista militar. Solo en el año 1626 se apoderan los españoles del puerto de Jilong en Taiwán, de donde serán desalojados por los holandeses unos años después; y aunque algunos políticos y religiosos españoles presentan al rey Felipe II a finales del siglo xvi detallados planes para la conquista de China, tremendamente debilitada en esos últimos años de la dinastía Ming, son desestimados tras el desastre de la Armada Invencible.

El puerto de Manila según un grabado de 1647

Durante el siglo XVI llegan a China los cultivos americanos, que producirán un nuevo desarrollo de la agricultura, ya que, adaptándose a tierras hasta entonces improductivas, permiten el aumento de población. El maíz llegará a través de los árabes, y la patata y el cacahuete, a través de las Filipinas españolas.

LOS HOLANDESES EN CHINA

Desde fines del siglo XVI los holandeses empezaron a merodear las costas de Indonesia. En 1602 se funda la Compañía Holandesa de las Indias Orientales. Un año antes sus primeros barcos aparecen ante el puerto de Cantón. En 1604 atacaron las islas Penghu por vez primera. En 1622 atacan de nuevo y fortifican las islas Penghu, desde donde atacan la costa de la provincia de Fujian y Taiwan en 1623, donde construyeron un fuerte. En 1640 aparece ante Macao una flota de diecisiete navíos holandeses, derrotada por los portugueses. El año siguiente tienen más éxito en Taiwan, donde derrotan a los españoles y ocupan la isla, sofocando la resistencia local. Desde Taiwan realizan un comercio muy rentable entre las islas de Indonesia, Japón, China y Holanda. En 1652 más de 15.000 taiwaneses al mando de Guo Huaiyi atacan a los holandeses. Derrotados, los chinos volverán a atacar al mando de

Zheng Chenggong, que encarna las últimas resistencias contra los qing. En 1662 los holandeses son expulsados de Taiwan por el ejército de Zheng Chenggong. Éste convertirá la isla en el último bastión desde el que los chinos resisten, hasta 1683, a la dinastía Qing.

Los primeros misioneros en China: Mateo Ricci

Simultáneamente a los intentos de penetración comercial y militar, se producen las primeras incursiones religiosas occidentales en China. El protagonismo de estos primeros tiempos, y de la mayor parte de la labor de difusión del cristianismo en China lo tienen los jesuitas. El propio Francisco Javier había muerto ante las costas de China en 1552. Tras varios intentos infructuosos de entrar al continente, en 1580 se crea en Macao un centro de formación donde los futuros misioneros estudian el idioma y la cultura china. Desde allí los jesuitas esperan la oportunidad de predicar el evangelio a la población china. La primera surge en Zhaoqing, cerca de Cantón, entonces capital del gobierno de las provincias de Guangdong y Guangxi, donde en 1587 los padres Ricci y Ruggieri inician sus actividades. En esta China donde el protocolo es tan importante, los padres adoptan en un principio los vestidos de los monjes budistas. Luego, al comprobar que éstos no tienen gran ascendencia sobre la población, de hecho en aquellos años había un movimiento filosófico contrario al budismo, adoptan el vestido de los letrados confucianos, aplicando a la vez sus métodos de enseñanza para la propagación de su religión. La figura más importante de estos años es Mateo Ricci, persona de gran capacidad intelectual que en unos años domina el lenguaje y la escritura chinos, así como las obras de sus principales autores clásicos.

Viendo el éxito que el cristianismo había tenido en Japón, donde a la conversión de algún *daimio* o noble, acompañaba la de todos sus seguidores, se establece como objetivo la conversión del emperador, suponiendo que a su eventual conversión seguiría la de toda la nación china. Por ello, desde Zhaoqing sus mayores esfuerzos van encaminados a conseguir permiso para visitar Beijing. Sus gestiones en torno a los mandarines dan su fruto y visitan la capital en el año 1598,

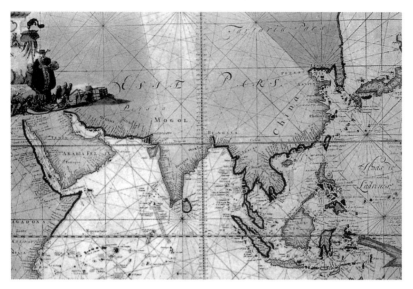

China, el Sudeste Asiático en un mapa publicado por Johannes van Keulen a principios del siglo XVIII

estableciéndose definitivamente en Beijing en 1601, donde permanecerá hasta su muerte en 1610. Además de su portentosa inteligencia y memoria, Mateo Ricci posee una buena formación científica y filosófica. Humilde, sin embargo, y con gran sentido de la prudencia, presenta simultáneamente ante los intelectuales chinos los últimos avances de la ciencia occidental y la doctrina cristiana. Sorprendido ante la avanzada moral que propone Confucio, sostiene que las referencias que faltan a un dios todopoderoso en sus escritos son sólo consecuencia de las numerosas destrucciones y alteraciones que ha sufrido su obra. Por ello intenta integrar los misterios de su fe en la corriente clásica del pensamiento chino. Pero tanto interés como sus equilibrios filosóficos despiertan los mapas que lleva consigo, los relojes animados y su labor como astrónomo y científico. De hecho, a su muerte solo habrá en China 2.500 cristianos, la mayoría pertenecientes a la élite política e intelectual del país.

A la muerte de Ricci surgieron las primeras polémicas entre los propios religiosos jesuitas por sus estrategias misioneras. Mientras en Beijing el español Diego de Pantoja mantiene su tarea de compaginar el cristianismo y el confucianismo, escribiendo en chino su *Tratado de los siete pecados y virtudes*, en Nanjing el italiano Longobardi, propugna una actividad misionera ortodoxa, que acabará con la expulsión de China de todos ellos en 1617.

Diego de Pantoja es el primero que confirma que Catay y China son el mismo país; autor de una larga carta al arzobispo Guzmán en 1602 en la que describe minuciosamente la China en la que vive, tuvo gran repercusión en toda Europa. Aunque probablemente es el agustino Juan González de Mendoza, que en 1585 publicó su *Historia de las cosas más notables, ritos y costumbres del Gran Reino de la China* el que mayor influencia tuvo en la formación del concepto de China en Europa. Su obra fue acogida con entusiasmo en los círculos cultos europeos. En los últimos años del siglo XVI se publicaron ocho ediciones de su versión española, traduciéndose al latín, italiano, inglés, francés, alemán, portugués y holandés. Tal vez sea una de las obras sobre China que mayor repercusión tuvo en la efervescencia intelectual de Europa. No sólo Mendoza, numerosos autores españoles y portugueses llevan a Europa las primeras descripciones sobre China. Unos escriben de primera mano, como Martín de Rada, Galeote Pereira y Gaspar da Ruiz; otros, como Bernardino de Escalante, sintetizan las informaciones de los primeros y otras noticias fragmentarias que van llegando hasta Europa. La primera traducción de una obra china a un idioma occidental también fue obra de un español, Juan Cobo, que en 1588 traduce en Filipinas el *Rico Espejo de Buen Corazón* una obra de la dinastía Ming que recoge una serie de aforismos destinados a la educación de las personas.

Las estrategias de Ricci y los debates teológicos entre misioneros y órdenes religiosas, denominados posteriormente Controversia de los Ritos, marcarán durante las décadas siguientes la actividad jesuita en China, que, desde Beijing, seguirá conservando el favor de los emperadores gracias a sus conocimientos científicos, mientras intentan atraer a unos cuantos conversos sin preocuparse demasiado de que abandonen unos ritos rechazados por la iglesia. De hecho, la ciencia y la técnica occidentales despertarán más interés que su religión. Durante los años siguientes se traducirán al chino más de cuatrocientos libros de estas materias. Las aportaciones prácticas de los jesuitas

Mapa de Asia de Williem Blaer, publicado en 1617

aumentarán su influencia ante el emperador. No es casualidad que tras la llegada a Beijing de Adam Schall von Bell, que con grandes conocimientos de astronomía se encarga de reformar el calendario en 1622, y de la fundición de cañones para los ming, varios miembros de la familia imperial se conviertan al cristianismo.

Pero la influencia de los jesuitas no solo se produjo en China. La imagen idealizada de este país que trajeron a Europa produjo una gran influencia en el debate filosófico de la época al demostrar que podía existir una moral sin necesidad de una religión. Los escritos de los principales filósofos de la Edad Moderna europea están influidos en mayor o menor medida por las descripciones de China hacen los misioneros. De Leibnitz a Bacon, pasando por Montaigne y Montesquieu, la huella de China se extiende por Europa. Todo el mundo manifiesta su admiración por ese gran Imperio de Oriente. Sus instituciones se toman como modelos en las propuestas de reformas que recorren Europa. Todo lo que llega de China está en boga. En ese ambiente predispuesto a admirar cuanto llega de Oriente se enmarca la rápida difusión que encuentra el té, introducido por los holandeses, y la porcelana china, que encuentra tan buen mercado en Europa, y pronto se adapta a los gustos y formas que aquí se demandan.

Expansión de los manchúes

Los manchúes son los descendientes de una rama de esos jurchen que gobernaron el norte de China durante el siglo XII. Tras la derrota a manos de los mongoles a principios del siglo XIII las tribus se habían dispersado hacía sus territorios originales donde desarrollaban sencillas existencias. Cuando los mongoles fueron derrotados por los ming, los jurchen recuperaron cierta independencia, declarándose eso sí, como era costumbre en todo Oriente excepto Japón, tributarios de los ming. Desde finales del siglo XVI, los jurchen que vivían en Jianzhou, las más fértiles tierras del centro de Manchuria, comerciaban activamente con chinos, coreanos y mongoles. Familiarizados con la cultura china, adaptaron numerosas características culturales de sus vecinos, transformando una sociedad tribal semi nómada, en una cultura periférica de China con considerable desarrollo económico y tecnológico. En 1583 Nurhazhi se convirtió en el líder de los jurchen de Jianzhou, su familiaridad con la cultura china y el propio respaldo de la dinastía Ming, le permitieron incorporar gradualmente a las otras tribus jurchen bajo su liderazgo. En 1616 concluye ese proceso de unificación tribal y se autoproclama emperador de los Jin Posteriores. Un estado constituido a semejanza de los chinos, en el que construye ciudades y organiza la administración civil y militar. Su organización militar, basada en la organización tradicional de los jurchen, es particularmente exitosa, pues crea un ejército dividido en Ocho Banderas de diferentes colores, comprendiendo cada uno 7.500 guerreros divididos en grupos de trescientos. Así organizados pronto conquistan la mayor parte de Manchuria derrotando a los chinos que sufren graves pérdidas. En 1625 funda su capital en Shenyang donde muere dos años después, siendo sucedido por su hijo Abahai.

Abahai continúa con las transformaciones destinadas a convertir a unos insignificantes líderes tribales en los dueños del Imperio Chino. Si su padre Nurhaci se había conformado con revivir glorias pasadas de los jin y dominar el norte de China, Abahai aspira a mucho más, cambia el nombre dinástico a Qing, que significa "puro", un nombre desprovisto de las connotaciones bárbaras que Jin podía asociar a su pretérito dominio del norte de China. Qing, por otra parte, es un nombre más auspicioso, representa agua, capaz de apagar el fuego inherente en el nombre de Ming, mientras que Jin, que significa metal, parecía destinado a ser consumido por ese mismo fuego. En 1631 transforma la administración civil, anteriormente basada, como la militar, en las ocho banderas, para crear una semejante a la china, en la que el gobierno se desarrolla a través de seis ministerios civiles, a cuya cabeza coloca a príncipes manchúes, asistidos invariablemente por secretarios mongoles y chinos.

Las transformaciones políticas van acompañadas de una imparable actividad militar. Abahai continúa los ataques a las posiciones chinas, llegando a penetrar en varias ocasiones hasta la provincia de Shandong, cuyas ciudades saquea consiguiendo un buen botín. Su ejército se engrosa con la creación de otras Ocho Banderas Mongolas y Ocho Banderas Chinas. Esto nos muestra que las trasformaciones sociales llevadas a cabo por Abahai han dado sus frutos. Los chinos ya no les ven como a unos extraños, sino como una alternativa de poder válida a la moribunda dinastía Ming. Mientras los manchúes, fortalecidos, sólo esperan la ocasión para tomar Beijing y acabar con la dinastía Ming, sus últimos emperadores se encuentran con un panorama desolador.

Rebeliones campesinas acaban con los Ming

En China, a finales del siglo XVI Zhang Juzhong, un ministro del emperador Shenzong, intenta revertir la situación de decadencia generalizada. Controla la corrupción en la propia Administración, realiza un censo de las tierras tributables que casi duplica los ingresos estatales, lleva a cabo numerosas obras de control de las inundaciones del río Amarillo y del río Huai, permitiendo la mejor navegación por el Gran Canal. Pero parece que solo él mismo está interesado en la prosperidad del país, y a su muerte la mayoría de sus reformas son abandonadas.

En los últimos años del siglo XVI los ming se han visto envueltos en tres guerras: una en Ningxia, donde los potentados locales aliados con los tártaros han intentado crear un régimen independiente, otra en Corea, ayudando a las autoridades locales a defenderse de la invasión de los japoneses liderados por Hideyoshi, y la tercera en Guizhou, donde las autoridades nativas rechazan el poder chino e intentan de nuevo la independencia. Ésta será la más larga y cruenta, pues los generales ming tardarán seis años en derrotar a los nativos.

Con ellas el gasto militar se dispara, y con él, la presión fiscal sobre los campesinos y ciudadanos. La consecuencia es una sarta de rebeliones que sacuden el país durante los años siguientes. Tal vez la más importante es la que estalla en 1627 en Shaanxi, surgida entre las propias tropas acantonadas en esa región, a las que se debían más de treinta meses de sueldo, que enseguida se extiende con numerosos levantamientos por toda la provincia. La represión de las tropas ming no consigue acabar con ella. La muerte de sus primeros líderes coloca a Li Zicheng a la cabeza a partir de 1629. Li Zicheng y su ejército campesino son derrotados una y otra vez por las fuerzas imperiales, que no logran exterminar el movimiento ni capturar a un líder que escapa en dos ocasiones al cerco que le tienden. En 1635 trece jefes rebeldes se reunieron en el norte de Henan, desde donde planearon un ataque conjunto; envían a Zhang Xianzhong, donde siembra la rebelión en Henan y Jiangxi, alcanzando sus ejércitos rebeldes hasta la ciudad de Cantón.

Tras una nueva derrota y una nueva retirada, en 1640 Li Zicheng entra a Henan al mando de un pequeño ejército. Los empobrecidos campesinos de la provincia enseguida se unen a sus tropas, que pronto cuentan con miles de personas. Li Zicheng acaba con los terratenientes de Henan, repartiendo sus tierras y riquezas entre los pobres, a los que libera de impuestos durante cinco años. No tarda en conquistar Kaifeng, a la sazón la ciudad más importante de Henan, donde estableciendo el llamado régimen Shun, inicia una rudimentaria administración del estado bajo la bandera de "igualdad de tierras y carencia de impuestos". Con su dominio de Henan bien establecido, exporta la revolución a Shaanxi, conquistando Xian, de donde marcha triunfante a Beijing y conquista sin resistencia las importantes ciudades de

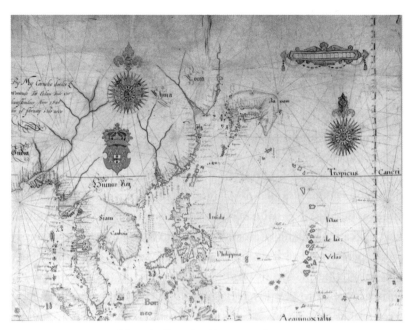

Mapa de Cornelius Doetzoom de 1598

Taiyuan y Datong. Toma Beijing en 1644. El último emperador ming, abandonado por unos soldados desmoralizados que han huido de sus puestos, se ahorca en la Colina de Carbón.

Curiosamente, estos años de debilidad del régimen imperial ven la única tímida eclosión de las ciudades como centros de poder. Como señala Balazs, en la zona del delta del Yangtze :

"las diferentes capas sociales urbanas, formadas por negociantes, vendedores, artesanos, tenderos y obreros, a menudo se unían en causa común con los patricios urbanos con objeto de resistir frente a las exacciones, a la corrupción y a las medidas arbitrarias (...) a partir de 1596 hubo doce revueltas en los centros urbanos más fuertes (...) la insubordinación se declaraba por la exigencia de nuevos impuestos (...) y pronto fue degenerando en un levantamiento armado de la población".

Los eunucos, que cada vez acaparan más poder en la corte, utilizan la policía secreta para controlar la administración. Los funcionarios que no se pliegan a su voluntad son forzados a dimitir. En las ciudades se organiza un movimiento reformista político en torno al partido Donglin que se opone a las corruptelas de los eunucos. En diferentes ciudades surgen asambleas de intelectuales donde se critican las políticas gubernamentales. Otros ciudadanos acomodados se entretienen con la lectura de unas novelas que parecen escritas solo para darles gusto. Por ello surgen en estos años algunas de las grandes novelas de China, como *A la Orilla del Agua*, *Jinpingmei* y *Viaje al Oeste*.

Con el fin de la dinastía Ming, Wu Sangui, comandante del paso de Shanhaiguan, el único obstáculo que se interpone entre los manchúes y Beijing, llega a un acuerdo con los invasores conduciéndoles hasta la capital. Tiene la esperanza de convertirse en el nuevo emperador, pero cuando los manchúes derrotan y desalojan a Li Zicheng, que solo ha permanecido un mes en el poder, no están dispuestos a compartir el fruto de su victoria con ningún aliado de última hora.

Dinastía Qing

La dinastía Qing fue la última que gobernó China. Aunque la conquista de la capital de los ming fue poco más que un paseo militar, para conquistar el resto de China los manchúes necesitarán casi cuarenta años, durante los que se tendrán que enfrentar a tres poderosos enemigos. Si el traslado de la capital a Beijing, tan cerca de la frontera amenazada y tan lejos del corazón económico del país, había convertido a la China de los ming en un imperio demasiado vulnerable; su conquista, lejos de dar a los conquistadores el dominio del país, es en cierto modo solo el inicio de la conquista de China, pues el poder centralizado, desintegrado con la caída de los ming, ha dejado sobre el terreno numerosos ejércitos de campesinos y terratenientes.

Ni Li Zicheng, este emperador campesino de tan breve reinado, ni los últimos descendientes de los ming desempeñarán un papel decisivo en esa resistencia. Tras la caída de Beijing, el ejército de Li Zicheng se retira hacia sus bases en el oeste. Debilitado, apenas resiste unos meses a los ataques de Wu Sangui. Los últimos príncipes ming huyen hacia el sur donde apoyados por los nobles locales inician una resistencia poco efectiva. Se les llama ming del Sur, pero son víctimas de los mismos males que habían provocado la caída de esta dinastía. Establecidos primeramente en Nanjing, son derrotados y forzados a huir

Guerrero manchú

en 1645 por unos manchúes que tratan con especial crueldad las ciudades que conquistan. Algunos nobles se suicidan al no aceptar ni a los manchúes ni a los campesinos rebeldes, otros siguen a los últimos príncipes Ming en su huida hacia el sur, donde se opone una resistencia cada vez más débil. Solo en 1647 el príncipe Zhu Youlang, desde Guilin, conseguirá reconquistar parte de la China del sur, que mantendrá en sus manos hasta ser derrotado por Wu Sangui en 1659. El último emperador huirá a Myanmar, donde será perseguido por Wu Sangui que avanzando hacia la capital, Mandalay, obliga a su soberano a entregarle.

Precisamente es Wu Sangui quien se convierte en el nuevo escollo para la conquista de China por los manchúes. Tras acabar con los últimos Ming, la nueva dinastía le encomienda el gobierno de Yunnan y Guizhou (las provincias más lejanas a la corte) con rango de príncipe. Su poder, no obstante, se extiende más allá de las fronteras provinciales por el Norte y el Este, por lo que se atreve a establecer un gobierno prácticamente independiente de Beijing. Poco después el gobernador de Fujian y el de Guangdong, que también han sido decisivos para la conquista manchú, seguirán su ejemplo. De esta forma el primer emperador de la dinastía Qing, Shun Zhi morirá en 1661 sin haber visto terminada la conquista iniciada por sus antepasados.

La tarea sólo la acabará su sucesor Kangxi, que esperará hasta tener consolidado su poder en la década de los 70, antes de conminar a los generales a deponer sus armas. De hecho la presencia de estos grandes generales en el sur costaba al estado Qing la mitad de sus ingresos anuales. Wu Sangui no obedece, sino que "declara la independencia y, en 1673, se proclama a sí mismo Comandante en Jefe de una nueva dinastía Zhou" (Fitzgerald). Su muerte, en 1678 le impide llegar a coronarse. La dinastía acabará tres años después cuando su hijo se suicide en Kunming ante la inminente derrota ante las tropas manchúes. Esta fue la llamada Rebelión de los Tres Feudatarios, que solo será sofocada tras romper la unidad de los poderosos feudatarios y destrozar sus tropas con los cañones fundidos para los qing por los jesuitas.

El último resistente nacionalista en ser derrotado es Zheng Chenggong, conocido en Occidente como Koxinga, que primero organiza la

Emperador chino, según un grabado del libro *China ilustrada*,
de Athanasius Kircher

resistencia de los últimos ming en las costas de Fujian, donde construye en un tiempo record una nueva armada imperial. Con sus barcos mantuvo un hostigamiento continuo de las posiciones manchúes en la costa, llegando a establecer varias docenas de puestos fortificados en las costas de Fujian. Su golpe más audaz, en 1659 le llevó a entrar por el Yangtze y navegar hasta tomar Zhenjiang, donde se une este río con el Gran Canal, avanzando posteriormente hasta Nanking, que sitia. Pero, careciendo del apoyo de fuerzas terrestres, es derrotado y 500 de sus barcos hundidos. Con su derrota acaba la esperanza de restauración dinástica. Para intentar acabar con su resistencia, los qing trasladan al interior numerosas poblaciones que viven a la orilla del mar, militarizando la zona costera. Zheng Chenggong, por otra parte, se recupera rápidamente de su derrota en Nanjing, gracias a los ingresos que le proporcionan el comercio marítimo que sus navíos controlan. En 1662, ante la presión de las tropas imperiales en la costa, decide hacer de Taiwan su base de operaciones. Para ello prepara una invasión con 900 navíos, que derrota a los holandeses establecidos allí desde hace 40 años, expulsándoles.

Taiwan se convierte así en el último bastión de la resistencia contra los qing. Koxinga muere sólo unos meses después de su victoria sobre los holandeses. Tras su muerte, el espíritu de resistencia se debilita por las disensiones internas, no obstante harán frente a los ataques de los qing aún otros veinte años, hasta que, en 1683, una gran flota asistida por los holandeses que se toman la revancha y consiguen importantes privilegios comerciales, la conquiste para los qing.

ORGANIZACIÓN DEL ESTADO QING

Los qing crean un estado que les reconoce su papel dominante sobre los chinos, y, sin cambiar prácticamente las estructuras sociales existentes, proclaman leyes en ese sentido obligando a los chinos a vestir como manchúes y a dejarse una coleta semejante a la suya, prohibiendo por otra parte los matrimonios mixtos e imponiendo una administración manchú que se superpone supervisando el funcionamiento de la china. Dividen Beijing en dos ciudades, una al norte para los manchúes (de la que desalojan a los chinos) y otra al sur para los chinos. En el campo expropian a los campesinos para crear grandes fincas para los manchúes. En ellas trabajan chinos como siervos, algunos son prisioneros de guerra, otros, campesinos empobrecidos. Los soldados manchúes están en guarniciones en las grandes ciudades, mantenidos por la población de éstas. En general, el manchú pertenece a una elite política y militar que no necesita trabajar.

Para asegurar su poder, los primeros emperadores diseñan un sistema de gobierno que les sitúa en la cúspide de la Administración, obligándoles a tomar la última decisión sobre un gran número de asuntos. Sistema que es efectivo con los capaces emperadores Kangxi, Yongzheng y Qianlong, pero que acaba haciéndose impracticable con los menos capacitados. Acaban con la influencia de los eunucos en la corte, consiguiendo mantener una administración efectiva, de tal forma que en tiempos del segundo emperador, Kangxi (1663-1722), la situación del país está mucho mejor que con los ming, con una corte dirigida por uno de los emperadores más ilustrados, verdadero admirador de la cultura china, libre de la perniciosa influencia de eunucos y facciones, que promueve la administración por medio de los letrados, acaba con la corrupción, suaviza la presión de los terratenientes sobre los campesinos, baja los impuestos y los hace más uniformes, publica la Ley Qing, a la que seguirán comentarios que la hagan fácil de entender para el pueblo, mientras extiende lentamente el imperio. El pueblo disfruta de una prosperidad como no se ha visto antes, todos tienen motivos para estar contentos, el que no lo esté, mejor hará en callarse, pues el bienestar va acompañado de una severa represión que no permite la menor crítica. Muchas de las características básicas del dominio qing son comunes a los reinados de Kangxi (1662-1722), Yongzheng (1723-1735) y parte del de Qianlong (1736-1796).

Tras la estabilización interna Kangxi aún debe hacer frente a las amenazas exteriores, que, como es tradicional en la historia china, se concentran en el norte: por una parte los rusos que avanzan por Siberia ampliando su imperio, y por otra los mongoles jungar que están formando una confederación en el noroeste que amenaza con controlar una buena porción de Asia Central. El mayor temor para los chinos es que una alianza entre rusos y mongoles les enfrente a un enemigo formidable en el norte.

Los primeros rusos en China

Desde el siglo XVI los rusos habían iniciado su expansión hacia el Este. Avanzando lentamente por Siberia, iban sometiendo a las tribus nativas y exigiendo tributo en pieles en nombre del zar. En el siglo XVII llegan a la frontera norte de Mongolia y Manchuria, cuyas tribus se encuentran bajo la protección del emperador chino. La presencia de los rusos hace que algunas de las tribus empiecen a comerciar con ellos en vez de con los chinos, e incluso que algunos príncipes les trasfieran su fidelidad. Estos primeros encuentros en sus líneas fronterizas llevan a algunos conflictos armados en el año 1685, que se intentarán solventar por la conclusión del primer tratado entre China y Rusia. El Tratado de Nerchinsk, que delimita la frontera entre ambos imperios. Pero ambas partes descubren que este tratado pronto se queda anticuado, por la parte china su mayor defecto era que no había reconocido las fronteras entre Rusia y Mongolia Exterior, dejando la puerta abierta a posibles alianzas entre rusos y mongoles. Es por eso por lo que Yongzheng negocia con los rusos un nuevo tratado. Llamado Tratado de Kiatha, por el lugar donde se firmó, estaba destinado a regular el comercio sino-ruso, permitiendo a los rusos abrir una legación diplomática en Beijing y mantener una iglesia al servicio de sus comerciantes. De hecho permite a Rusia y China repartirse miles de kilómetros cuadrados de terreno habitados hasta entonces por poblaciones nómadas de cazadores y ganaderos.

Dos años después se extenderán los privilegios otorgados a los rusos, a los uygures, y bajo ellos a los otros pueblos musulmanes de Asia Central.

Los primeros ingleses en China

Los ingleses no hacen una entrada más pacífica en China que los otros occidentales, pues su primera presencia en la zona se fecha en el año 1637, cuando John Weddell se presenta con cuatro barcos de la Compañía de Indias Orientales ante Cantón. Los chinos, en vista del comportamiento de los europeos, intentan impedir su desembarco. Los ingleses cañonean las baterías de Humen y las ocupan acto seguido. La actividad de los comerciantes británicos en Cantón se intensificará en los años siguientes, bajo las nuevas normas de 1685 se les permitirá realizar ciertas actividades comerciales. A pesar de llegar con cierto retraso respecto a otras potencias europeas, a fines del siglo XVII los ingleses ya son los mayores comerciantes de Europa, consiguiendo, en 1699, el permiso para establecer un puesto comercial en Cantón. Compran a los chinos sobre todo té, que los holandeses han puesto de moda en Europa, y porcelana, que pagan en metálico con plata, vendiendo a los chinos una escasa cantidad de especias y tejidos de lana.

Ante la realidad de la presencia de los comerciantes europeos y las repetidas peticiones de establecer relaciones comerciales, Kangxi diseñó en 1685 una política que le permitía aprovechar dicho comercio en beneficio de la Corona, manteniendo a los extranjeros, cuyo peligro conocía de sobra, controlados. Para ello dictó las Ocho Reglas que lo debían regular y que estableciendo Cantón como el único puerto abierto al comercio, incluían la prohibición de que entraran navíos de guerra, armas o mujeres, el confinamiento de los europeos a una zona donde establecían sus almacenes y en la que realizaban sus actividades durante los seis meses de temporada comercial, la prohibición del contacto con los chinos y de entrar a la ciudad, y la realización de todas las transacciones a través de unos intermediarios designados, llamados Hong. Los comerciantes del Hong eran los intermediarios en todas las relaciones, no sólo comerciales, a realizar entre los chinos y los extranjeros, siendo responsables también del comportamiento de los últimos. Un sistema basado en el establecido durante las dinastías Tang y Song en los principales puertos desde donde se centralizaba el comercio exterior.

La Controversia de los Ritos

A pesar de que los jesuitas habían servido lealmente a los emperadores Ming, los primeros emperadores de la dinastía Qing, lejos de alejarles de la corte, siguieron utilizando sus servicios, especialmente en los aspectos científicos y técnicos. De hecho, Adam Schall von Bell no sólo continuó en su puesto de astrónomo imperial, sino que alcanzó posiciones cada vez más altas con el primer emperador Qing, Shunzhi. En 1650 consiguió permiso para construir una iglesia en Beijing. Aunque, a la muerte de este emperador, Schall perderá el puesto de astrónomo imperial, los jesuitas vuelven a ganar su prestigio perdido en la corte cuando Kangxi toma las riendas de su propio reinado, nombrando al sucesor de Schall, Verbiest, astrónomo imperial. Verbiest, con una buena formación como matemático y astrónomo, consigue demostrar a los enemigos de los jesuitas que la astronomía europea está más avanzada que la china. Esto muestra que la presencia de los jesuitas en Beijing responde más a sus conocimientos científicos que a los teológicos. El propio Verbiest tuvo un papel decisivo en la modernización del ejército Qing, pues en palabras de Fairbank: "supervisó la fundición de 300 cañones, cada uno nombrado según un santo, con los que Kangxi suprimió la Rebelión de los Tres Feudatarios".

Kangxi tenía gran aprecio a Verbiest, más en el aspecto humano que en el religioso. Durante algún tiempo llegaron a verse casi a diario. Tal vez como consecuencia de estas buenas relaciones en 1692 los jesuitas consiguen permiso oficial para construir iglesias en la capital y en las provincias.

En realidad la labor de los jesuitas en China era un complejo sistema no siempre en equilibrio. La dificultad inherente de intentar traducir los términos fundamentales de la doctrina cristiana al idioma chino, la habían solventado (como siglos antes los budistas) utilizando términos familiares para los chinos, generalmente relacionados con la doctrina confuciana. Los intentos de acomodar la nueva religión a las costumbres locales les llevaron a considerar sólo el aspecto civil de ritos, que como el culto a los ancestros, tenían evidentes connotaciones religiosas. Esos intentos jesuitas de combinar las

Los padres Verbiest y Schall, ataviados con ropas chinas

enseñanzas cristianas y las confucianas, habían sido criticados por los religiosos de las otras órdenes, especialmente los franciscanos y dominicos, que sostenían que un cristiano no puede seguir realizando los ritos chinos. Especialmente polémica era la disposición de los jesuitas a permitir el culto a los ancestros, considerándolo un culto civil, mientras que sus oponentes lo tildaban de pura idolatría. La primera parte de esta llamada Controversia de los Ritos se salda con la victoria de los jesuitas, pues en 1656 el papa declara correcta su forma de interpretar la doctrina. Pero es una victoria pírrica, los enemigos no cesan en sus ataques. Por otra parte, las continuas referencias a Roma y la obediencia que debían al papa, cada vez hacen más difícil la relación de Kangxi con los jesuitas. Para colmo una nueva bula papal en 1715 condena las prácticas jesuitas. El enfrentamiento entre el papa y el emperador acaba con la prohibición del cristianismo, y la expulsión de todos los misioneros fuera de China; sólo a aquellos que realizan un papel científico o trabajan en la corte se les permite permanecer, como son pintores, arquitectos, astrónomos y matemáticos. En 1742 el papa prohíbe de nuevo a los cristianos practicar los "ritos y ceremonias de China". La presencia jesuita en China se cierra con la disolución de la Compañía de Jesús en 1773.

Los mongoles jungar bajo Galdan

Los mongoles estaban divididos en ese tiempo en dos grupos principales: los khalkhas en el Norte, en la región ocupada actualmente por Mongolia Exterior, que, en 1691 se someten a la soberanía manchú instaurando a la vez un gobierno que dirige el país por la alianza de los príncipes y los grandes lamas, y los oiratos en el oeste. Los jungar eran una de las cuatro tribus de los oiratos, que bajo la dirección de Galdan reúnen a las otras tribus bajo su mando. Sintiéndose fuertes, establecen en la región de Ili un estado poderoso, desde el que inician su expansión en varias direcciones, dominando pronto la cuenca del Tarim, Kashgaria, la región de Qinghai y el territorio de los kalmucos.

Desde los tiempos de Genghis Khan los mongoles no habían vuelto a conocer semejante proceso de expansión militar. Galdan, contando con armas compradas a los rusos, que ya están en su frontera oeste, se siente con fuerza como para presionar sobre la frontera china e intervenir en los conflictos tribales de Mongolia. En respuesta, el emperador Kangxi dirige un ejército que, desde el año 1690 a 1696 se enfrentará con los jungar, derrotándoles en parte por el uso sistemático de esa artillería fabricada bajo la dirección de los jesuitas. No obstante, serán necesarias tres guerras contra los jungar antes de que el propio Galdan sea derrotado. Morirá de enfermedad poco después. Sus sucesores conseguirán mantener un poder independiente en la región de Ili, donde se le ha conferido el gobierno a su sobrino Abila, desde donde continuamente extenderán su influencia por el vecino Turquestán y hasta el Tibet. De hecho, en 1712, Abila recupera los territorios conquistados por Galdan en Qinghai y marcha sobre el Tibet en 1717.

El palacio de Potala en Lhasa, centro político y religioso del Tíbet

EL EMPERADOR YONGZHENG

La paz alcanzada durante el largo reinado de Kangxi proporcionará un gran desarrollo de la industria, especialmente en el sector textil, la minería y la fabricación de porcelana. Pero el Gobierno, que sigue considerando a los campesinos y sus impuestos sobre la tierra la base del Estado, no presta mucha atención a la industria, dificultando incluso a veces su desarrollo. Aumenta el número de ciudades, que son cada vez más grandes, pero en vez de convertirse en los centros desde los que los comerciantes y empresarios van afianzando su poder, como en Europa, son solo el eslabón local de la cadena del poder imperial, sin alcanzar la autonomía que tendrán en Occidente. Tras sesenta años de reinado, Kangxi deja al morir un imperio muy diferente al que se encontró. La situación estabilizada, el poder manchú firmemente establecido, y un pueblo que disfruta de una paz y bienestar ininterrumpidas.

Su hijo y sucesor, Yongzheng, durante su breve reinado, continúa en lo fundamental sus mismas políticas, aunque exhibe un carácter de gobierno que se corresponde con la situación de la dinastía. Yongzheng es un gobernante rígido y severo, que castiga sin piedad y premia sin vacilar. Emmanuel Hsu le define así:

"Puede ser descrito con precisión como un gobernante legalista. Bajo él se alcanzó la forma más elevada de monarquía absoluta. Todos los poderes del estado estaban concentrados en sus manos. Su reino ha sido descrito algunas veces como cruel, despótico y autocrático."

Pero en realidad vemos que ese despotismo absoluto es sólo la forma de acomodarse a su dominio absoluto sobre China, pues ante las amenazas exteriores heredadas de su padre se conforma con alcanzar un compromiso que no ponga en peligro su dominio sobre de China, como se ve por el Tratado de Kiatha, lleno de concesiones a los rusos, y la paz con los mongoles Jungar que sólo es un parche que preludia nuevos conflictos.

El Tibet con los qing

Como ya hemos visto, la influencia de los mongoles convierte a la escuela gelupta en la más poderosa del Tibet, y a sus líderes espirituales, los dalai lama, en las personalidades políticas y religiosas más importantes del entorno tibetano. Es por ello que, en la política de aunar voluntades que caracteriza los primeros años de la dinastía Qing, el emperador Shunzhi invita al Quinto Dalai Lama a visitar Beijing. Éste llega a la capital en el año 1652, acompañado por su protector Gushri Khan. Con ello consigue que el título que recientemente le han conferido los mongoles sea refrendado por el poderoso emperador de China, que, a su vez, se presenta como un buen defensor del budismo.

Ante el temor de que la recientemente alcanzada posición de predominio se deteriore tras la muerte de ese excepcional personaje que fue el Quinto Dalai Lama, su muerte se mantuvo en secreto por el regente durante quince años, durante los que él mismo dirige la política tibetana promoviendo la unidad de las tribus mongolas en torno a los jungar. Esa política le crea la enemistad de los chinos y los mongoles qoshot, en guerra contra los jungar. Cuando se entroniza al Sexto Dalai Lama, se descubre que es un joven más aficionado al vino, las mujeres y la poesía, que a las labores políticas y religiosas inherentes a su cargo. Es por ello que Lhabsang Khan, de los mongoles qoshot, que mantiene oficialmente el título de "rey del Tibet", decide hacerlo efectivo. Marcha a Lhasa en 1705, suspende la regencia y depone al dalai lama. Los tibetanos ven con gran suspicacia esa ingerencia extranjera, obligándole a fortificar Lhasa. En 1717 los mongoles Jungar se presentan entonces como liberadores de los tibetanos. Vencen y matan a Lhabsang Khan, instalan un nuevo regente y se van con los tesoros del Tibet. Los excesos de los jungar hacen que en solo unos meses pasen de ser considerados libertadores a convertirse en odiados invasores. El propio regente nombrado por ellos, respondiendo a la presión popular, pide ayuda a los chinos. Kangxi envía un gran ejército que ayuda a los tibetanos a expulsar a los jungar y entroniza al Séptimo Dalai Lama, pasando los chinos a controlar la situación política del Tibet.

Kangxi convierte el Tibet en protectorado chino, dejando una guardia permanente en la capital e inicia de forma efectiva la dominación china sobre el Tibet. Apenas pacificado el Tibet surgen rebeliones entre las tribus de Qinghai, que acaban siendo sofocadas por las tropas imperiales. En 1734 aún hay combates esporádicos con los sucesores de Galdan, a los que se reconoce como frontera los Montes Altai.

Rebeliones indígenas en el siglo xviii

En el año 1726 se introducen leyes para sustituir el sistema de los *tusi* en las zonas de las minorías, por la administración común al resto de China. Hasta ese momento cada minoría era gobernada por su propio rey o jefe según los casos, que simplemente reconocía la soberanía del emperador chino, recogía impuestos en su nombre y le prestaba asistencia militar cuando era necesaria. Ahora se trataba de sustituirle por un funcionario chino que se encargaría, como en el resto del país, de llevar la administración a estos pueblos de idioma y cultura diferente. La aplicación de estas medidas fue paulatina, y, de hecho, en algunas regiones el sistema de los *tusi* no se abolió hasta la llegada de la República en 1912. Por eso, la mayor resistencia se encontró entre las minorías étnicas del sur, las más cercanas a los chinos, y, en teoría, las más fáciles de integrar. Ellas son las que, por otra parte, están sufriendo con más fuerza la presión de la población china, que se va extendiendo hacia el sur colonizando nuevas tierras.

Estas son las razones principales que originan las numerosas rebeliones de los años siguientes, que manifiestan la oposición indígena a que esa dominación nominal de los chinos se haga efectiva. Ese mismo año de 1726 se produce una gran rebelión de los aborígenes de Sichuan, Guizhou y Yunnan que resisten tres años antes de ser derrotados por los soldados.

En 1735 los miao, que tras las sucesivas derrotas a manos de los chinos se han ido dispersando por las montañas del sur de China, se rebelan en la provincia de Guizhou, protestando por los fuertes impuestos y la brutalidad del gobierno. Durante años resisten sin que las tropas imperiales puedan acabar con ellos. Habrá que esperar a que Qianlong suba al trono y dirija una sangrienta campaña contra ellos para subyugarlos, dejando 18.000 muertos y 25.000 prisioneros, la mitad de ellos ejecutados posteriormente. La paz no llega con la represión.

En 1740 hay una nueva rebelión aborigen en Guizhou y Hunan, suprimida también con gran crueldad. Se intenta colonizar entonces las tierras con soldados colonos que se espera vayan instruyendo a las minorías en la cultura China. Pero esos soldados colonos son vagos y maleantes que esclavizan a los miao y los yao y les obligan trabajar para ellos. Así no es de extrañar que a cada represión sólo siga una nueva rebelión.

Por otra parte entre 1723 y 740 el ejército pasó de 580.000 personas a 696.000, debido a la necesidad de combatir en las guerras de Xinjiang y suprimir las rebeliones miao.

Los miao volverán a rebelarse en 1795, de nuevo ante la presión de los campesinos chinos y los funcionarios qing que les arrebatan sus tierras. En la primera fase de la guerra matan al gobernador provincial. Posteriormente serán desbandados por las tropas imperiales, aunque seguirán realizando ataques ocasionales hasta el año 1806.

Durante el largo reinado del emperador Qianlong (1735-1796) la dinastía Qing alcanza su máximo esplendor, y a la vez se puede decir que las políticas diseñadas para engrandecerla son las que contribuyen a su decadencia. Qianlong, continúa, en los aspectos básicos, las políticas de sus predecesores. Su gobierno dicen que no es tan severo como el de su padre, pero de ninguna forma se le puede calificar de benévolo, y menos con las minorías. Extiende el imperio hasta el Asia Central y Myanmar, consolida la presencia china en el Tibet, pero al igual que sucedió durante la dinastía Han, esta ambición imperialista drena los recursos del estado, que se empobrece cada vez más. La prosperidad sostenida de los últimos años lleva el germen de la decadencia. La corte se hace cada vez más suntuosa, nadie parece mirar las cuentas, y las numerosas guerras, especialmente crueles en tiempos de este emperador, generan un aumento importante de los gastos; multiplicado además por la codicia de los generales que alargan innecesariamente las campañas para seguir obteniendo fondos. Esa administración que depende de un solo hombre se ha hecho demasiado grande. Las noticias llegan deformadas a la corte. Las instrucciones de Kangxi a los funcionarios, exhortándoles a no ser emprendedores, convierten la administración en un nido de indolentes y corruptos. La severa censura acalla toda posibilidad de crítica. Todo eso sucede en el momento en que el ingente incremento de la población, que pasa de 116 millones de personas en 1710 a 275 millones en 1796, supone una continua presión sobre las tierras cultivables difícil de compensar. Ni la roturación de nuevas tierras, ni la popularización de nuevos cultivos y variedades que permiten roturar tierras antes improductivas, ni la mejora de las técnicas agrícolas y su aumento de rendimiento, ni la continua emigración al sur, a la zona de las minorías, conseguirán detener el constante empobrecimiento de los campesinos, el crecimiento de las diferencias entre las clases y la intensificación de los conflictos sociales.

La debilidad imperial que se manifiesta en los últimos años de Qianlong y en el reinado de los emperadores siguientes lleva a un aumento de la corrupción en un sistema ya de por sí diseñado para ser corrupto, pues los funcionarios encargados de recaudar los impuestos no sólo recaudaban la cantidad asignada por el Estado, sino la necesaria para su propio mantenimiento y el de sus seguidores. De tal forma que los campesinos, cuando se ven muy asfixiados, abandonan sus tierras y se ponen bajo la influencia de un terrateniente, disminuyendo la entrada de impuestos, pues los terratenientes no pagan impuestos, o se alzan en rebelión, obligando a la intervención del ejército.

El temor de los emperadores manchúes a enfrentarse a la oposición de los chinos diseña una política tremendamente represiva con la cultura. Escribir obras críticas con los nuevos amos puede ser castigado con la muerte y la tortura. Bajo el aparente pretexto de crear las grandes enciclopedias del saber chino, especialmente el *Sikuquanshu* (Enciclopedia Completa de los Cuatro Tesoros), 36.000 volúmenes divididos en cuatro secciones que se supone recopilan todo lo escrito en el imperio hasta la fecha, lo que se enmascara es una selección de las enseñanzas que se consideran adecuadas, que no será sino el prologo a una destrucción de libros sin precedentes. De hecho, entre 1774 y 1782 hubo 24 destrucciones de libros considerados inaceptables, durante las que se destruyeron 13.862 libros en 538 títulos (Hsu). Y esto por uno de los emperadores que presumía de amor por la cultura, que se consideraba a sí mismo un poeta de calidad y que pasó a la historia como el promotor de la mayor enciclopedia nunca compilada.

Ante la represión que se ensaña con las actividades culturales, los intelectuales se ven forzados a disociar sus investigaciones de la realidad presente. Las mentes más claras del imperio se dedican a las investigaciones filológicas sobre las obras clásicas, o a la creación de grandes enciclopedias. De esta forma se consigue trasladar el punto de atención de los intelectuales desde esa exploración de sistemas prácticos que mejoren el gobierno del pueblo típico de otras épocas, a la recopilación de grandes obras que reúnen todos los conocimientos anteriores en diversas materias. Al menos la revisión y el estudio de las obras clásicas servirá para despojarlas de los apéndices que se les han ido añadiendo durante muchos siglos, así como para situarlas en un contexto histórico real. Se demuestra que muchas de las obras consideradas clásicas no son sino recopilaciones posteriores a los tiempos en que vivieron sus presuntos autores.

No cabe duda de que la represión manchú a la expresión de nuevas ideas crea una sociedad incapaz de responder en los años siguientes a la amenaza de unas potencias occidentales cada vez más dinámicas. La novela es la otra salida a la opresiva vida cultural. Considerada durante mucho tiempo como un género menor, obras como *El sueño del pabellón rojo* o *Los mandarines*, alcanzan una maestría indiscutible. En ellas se disfrazan las críticas a la sociedad manteniéndose, no obstante, una visión pesimista de la realidad.

Los últimos años del largo reinado de Qianlong (más de sesenta años efectivos) se caracterizan por el aumento vertiginoso de la corrupción. El personaje que epitomiza este fenómeno es el favorito Heshen, que en unos años pasa de ser miembro de la guardia imperial a ejercer como primer ministro. Él controla todos los mecanismos del estado, y en torno a él confluyen redes de corrupción que se apoderan de los recursos del pueblo a lo largo y ancho del imperio. Cuando sea ejecutado en 1799, al poco de subir al trono el nuevo emperador Jiajing, se encontrará en su domicilio una fortuna de más de ochocientos millones de onzas de plata, veinte veces el presupuesto del Estado. Ciertamente, durante los últimos años del reinado de Qianlong la corrupción y los sobornos están a la orden del día. Casi el 25% de los gobernadores provinciales a lo largo de su reinado fueron procesados por corrupción. Los ministros y funcionarios se enriquecen rápidamente, implicando en el proceso a los escalones más bajos de la Administración; se produce así una corrupción generalizada que la inhabilita para enfrentarse a los grandes retos que se avecinan con el nuevo siglo. Uno de los procesos ejemplificadores, por el alcance de los corruptos, fue el escándalo de la venta de grados de examen en Gansu, en el que estaban implicados todos los estratos de la Administración.

Si hay una fecha que marca el punto de inflexión entre el esplendor de los qing y el inicio de su decadencia es sin duda el año 1793, cuando la embajada británica encabezada por Macartney se presenta ante el emperador en Beijing. En su carta al rey Jorge III de Inglaterra,

Qianlong contesta: "Poseemos todas las cosas. No veo el valor de cosas extrañas o ingeniosas, que no son útiles para las industrias de nuestro país". La agudeza política de sus primeros tiempos se ha transformado en miopía. A pesar del continuo contacto de los chinos con los países occidentales, no parece darse cuenta que el sistema puesto en marcha hace un siglo por Kangxi se está quedando obsoleto ante el gran desarrollo tecnológico y militar que experimentan los países occidentales.

LAS GUERRAS DE JINCHUAN

En el oeste de Sichuan, una serie de reinos de cultura y religión tibetana habían sido incorporados al Imperio Qing, manteniendo sus líderes el gobierno local como *tusi*. En 1746 pequeños disturbios fronterizos entre los *tusi* del Gran Jinchuan y los del Pequeño Jinchuan mueven al gobernador de Sichuan a declararles rebeldes. Desde Beijing Qianlong ordena "aniquilar a todos los enemigos, destruir sus guaridas y quemar sus refugios". Para ello nombra a Zhang Guangsi, reciente vencedor de los rebeldes miao en Guizhou, gobernador de Sichuan, que con una fuerza de 30.000 soldados penetra en el Gran Jinchuan. Los nativos se rinden. Su rendición no es aceptada. Entonces se preparan para resistir. Los propios jinchuan, que habían asistido a los chinos en su expedición al Tibet, organizan una enconada resistencia adaptando su lucha a las condiciones del terreno, derrotando estrepitosamente a las tropas imperiales desde sus ciudades amuralladas. Repelen una y otra vez los ataques de los chinos causándoles un buen número de bajas. La llegada de nuevos comandantes con 10.000 soldados de refuerzo no consigue derrotar a los 3.000 jinchuan que resisten en sus tierras. Nuevos refuerzos llegan desde las provincias cercanas, hasta alcanzar los 80.000 hombres. Pero los jinchuan aprovechan el terreno escarpado para construir pequeñas fortificaciones casi inexpugnables. Los invasores se retiran.

Qianlong no olvida la derrota. Veinte años después, aprovechando un pretexto trivial, se dispone a arrasar Jinchuan. Los soldados qing sufren de nuevo derrota tras derrota. Tras cada victoria, los *tusi* de Jinchuan piden la paz declarando su sumisión al emperador. No se concede. Por el contrario, se prepara una fuerza de 100.000 hombres entre los que hay algunos tiradores europeos, que ahora se enfrentan a unos 15.000 nativos del Gran Jinchuan y del Pequeño Jinchuan. La heroica resistencia será doblegada en 1772. Luego llega la represión, en palabras del propio general manchú Agui, encargado de llevarla a cabo: "Cualquiera que nos parece sospechoso, es ejecutado".

La campaña contra los Jinchuan costará al tesoro setenta millones de onzas de plata, el doble de lo que había costado la campaña de conquista de Ili y Xinjiang.

EXTENDIENDO LAS FRONTERAS

No correrán mejor suerte los descendientes de Galdan que continúan hostigando a los chinos desde la región de Ili. En 1754 Qianlong envía un gran ejército que les derrota y pone fin a su resistencia; ocupando así la región de Ili, que queda casi despoblada por las matanzas de las tropas imperiales y una epidemia de viruela. La despoblación es tal, que el miedo a ver ese espacio vacío ocupado por los rusos induce a los chinos a enviar una expedición en 1771 al Bajo Volga en busca de los kalmucos, otra familia de los mongoles emigrada al Oeste poco antes, que en una épica migración acabarán ocupando de nuevo la región de Ili. Tras asegurarse el control de Ili, las tropas manchúes siguen hasta los montes Tianshan; derrotando a los pequeños reinos de los oasis que se oponen a su avance, continúan hasta conquistar Yarkhand y Kashgar donde vencen asimismo a sus reyes, consiguiendo el dominio de la totalidad de la región de Xinjiang en 1761. El Imperio Chino se encuentra con el británico en Nepal y con el ruso en Asia Central.

Con la frontera oeste establecida y segura, su centro de atención se traslada al sur, donde se producen sendas guerras contra Myanmar (en 1766) y Vietnam (1789).

Estas campañas son especialmente interesantes pues invitan a una reflexión sobre la escritura de la historia, ya que mientras en las historias chinas se consideran dos de las diez grandes campañas militares de Qianlong que convierten a estos estados en tributarios de los chinos, en las crónicas de Myanmar se celebra la victoria sobre los invasores qing como una de las páginas más gloriosas de su historia, y en las de Vietnam se considera su victoria como la fecha en que se inicia la unificación nacional. La recepción de tributos de la que hablan las fuentes chinas, correspondida siempre por una generosa entrega de regalos imperiales, es considerada por los myanmaros como un mero intercambio de presentes entre dos países soberanos.

Los últimos años del reinado de Qianlong aún no ven la paz, pues en 1786 se declara una rebelión entre los aborígenes de Taiwan que es sofocada por un gran ejército qing (que según su sucesor, el emperador Jiajing, marca el inicio de la ruina financiera del Imperio Qing). Cuatro años después, los gurkhas de Nepal atacan y saquean las ciudades del Tibet, volviendo a Katmandú con un fabuloso tesoro. Un ejército chino enviado para asistir a los tibetanos derrota a los gurkhas, incorporando Nepal al imperio de los qing. Qianlong aprovecha la situación para estrechar su control sobre un Tibet que ya empiezan a codiciar los ingleses desde Calcuta. Con ello aumenta el control chino sobre los altos puestos de la administración tibetana, las fronteras y el comercio, regulando minuciosamente las rutas y expediciones de los comerciantes nepalíes.

Una vez construido su imperio, Qianlong pone en marcha una Administración de tipo colonial para gobernar los territorios recién incorporados, con oficinas destinadas especialmente al control de su población y recursos. Esta política guarda ciertas semejanzas con las que diseñan las potencias occidentales para sus colonias en Asia y África.

Las campañas militares de Qianlong, extendiendo su territorio hasta límites no alcanzados anteriormente, constituyen la base de lo que es la China actual. Los tremendos gastos económicos que genera tanto la conquista como su posterior administración y su escaso rendimiento contribuirán a agudizar la crisis social que se gesta en el centro del país.

La militarización del país generó grandes desigualdades. Las guerras y la supresión de las revueltas campesinas, tan frecuentes en los últimos años de Qianlong, son una oportunidad ideal para apropiarse de los fondos del Estado y de las tierras de los campesinos. Se calcula que a principios del siglo XIX un 11% de la tierra de China

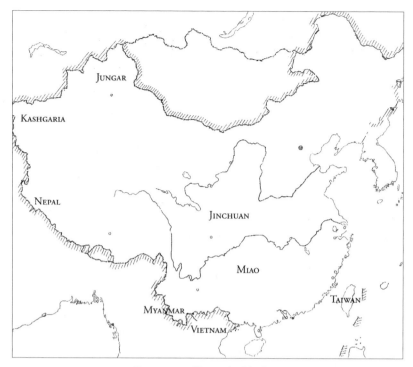

Campañas militares de Qianlong

pertenecía directa o indirectamente al emperador. En Hebei, cerca de la capital, había propiedades de decenas de miles de hectáreas. La corrupción de los funcionarios era creciente, y cada uno incluía a gran número de personas en sus prácticas corruptas. El ejército estaba desmoralizado, sus 900.000 soldados y mandos prestaban más interés a sus asuntos que a la defensa del país.

LAS SOCIEDADES SECRETAS
EN EL GERMEN DE LAS REBELIONES

La situación de corrupción generalizada y de creciente opresión sobre los campesinos crean un caldo de cultivo favorable a revueltas y revoluciones. De hecho, tras el aplastamiento de los últimos resistentes de la dinastía Ming, los realistas que aún la apoyaban se lanzaron a la clandestinidad donde organizaron sociedades secretas desde las que continuar su lucha. Entre ellas, las más famosas, según Hsu, eran la Sociedad del Cielo y la Tierra, también conocida como la Triada por su énfasis en la armonía entre el Cielo, la Tierra y la Gente; la Hermandad de Gelao, y la Secta del Loto Blanco, que con una historia ya secular en el norte de China, había contribuido de forma decisiva a la caída del régimen Yuan de los mongoles, siendo luego prohibida por los ming.

Su carácter marginal durante las épocas en las que los primeros emperadores qing llevaron prosperidad al país, se transforma cuando el gobierno sólo es capaz de proporcionar una miseria generalizada. Cuando los campesinos no tienen dinero para pagar sus impuestos, son apaleados. El último recurso es vender sus tierras y convertirse en aparceros de los terratenientes, o lanzarse al monte. Allí se unirán a otros en la misma situación y sobrevivirán del asalto a los ricos y a los viajeros. Hasta que algunos líderes comienzan a aglutinar a los descontentos. Como ha señalado Wolfgang Franke la mayoría de las grandes revoluciones tienen un componente social, religioso y nacionalista. De hecho, al final del siglo XVIII los campesinos del centro de China manifiestan su malestar con continuos alzamientos armados. Uno de los primeros con cierta importancia es el protagonizado por los campesinos de Shandong en 1774. Sin embargo tendrá mayor repercusión la rebelión del Loto Blanco, que surgida en la provincia de Henan el año siguiente, mezcla conceptos del taoísmo con la promesa de salvación y el anhelo de la restauración Ming. A pesar de ser reprimida severamente, en una campaña son decapitados más de 20.000 simpatizantes, reaparece una y otra vez, tan pronto en el sur como en el oeste, desde donde libra verdaderas batallas contra el ejército imperial hasta ser derrotada por fin en 1802. Poco después ya surgen nuevos levantamientos en el norte, como la Sociedad de la Razón Celestial en Henan y Beijing en 1813 que, con ayuda de algunos funcionarios, llega a lanzar un ataque contra el Palacio Imperial.

EL COMERCIO DEL OPIO

Los británicos, que no han encontrado ningún producto que despierte el interés masivo de los chinos, en plena revolución industrial,

Retrato de un mercader del hong en Cantón

sueñan con la apertura de ese enorme mercado a sus productos textiles, contemplando con preocupación la cantidad de plata que sale del país a causa del deficitario comercio con China. Entre 1781 y 1790 los británicos compraron té a los chinos por un valor seis veces mayor al de las telas que les consiguieron vender. De hecho, en aquellos años el consumo de té constituía el 5% de los gastos de una familia británica media. Los impuestos sobre el té, por otra parte, constituían el 10% de los ingresos del tesoro británico. Por el control de esos ingresos se desata el conflicto en las colonias americanas que culminará con el nacimiento de los Estados Unidos. No cabe duda de que el objetivo fundamental de la misión de Macartney en 1793 es puramente comercial, su demanda principal es la apertura de puertos chinos al comercio inglés.

Para evitar esta sangría de plata la Compañía de las Indias Orientales, que monopoliza el comercio británico con Asia hasta 1832, diseña cuidadosamente una estrategia por la que inicia la introducción de opio en China, que en el año 1800 ya es un producto de importación masiva. Los ingleses saben perfectamente que el opio es un veneno, pero al ser una de las principales fuentes de ingresos para el gobierno de la India (entonces colonia británica), prefieren ignorarlo. Se dice que con su venta, la Compañía de las Indias Orientales consigue rentabilizar la posesión colonial de la India, donde lo cultivan. El opio se convirtió en el principal producto de exportación de dicho país, consiguiendo revertir el flujo de plata que entraba en China como consecuencia del comercio de té. De hecho, para no dañar este comercio, ya de por sí lucrativo, la Compañía de las Indias Orientales vendía el opio en Calcuta a otros comerciantes británicos, que eran los que realmente lo introducían en China.

El opio era conocido en la medicina china desde la dinastía Tang. Para evitar los efectos nocivos que produce su consumo, en 1729 ya se había prohibido su comercio por primera vez. Esta prohibición no surtió ningún efecto. Su consumo fue aumentando lentamente. En el mismo año de 1800 se prohíbe la importación de opio por primera vez, pero ya hay muchos adictos, especialmente entre los funcionarios y militares, que, cada vez más corruptos, impiden que se cumpla la ley. Gracias al opio, una droga altamente adictiva, la balanza comercial británica se equilibra primero, para pasar a ser positiva años después. Por causa del opio, la sociedad china se hundirá aun más en la crisis social del momento; la administración se hará más corrupta, agudizará la crisis agrícola al plantarse opio en lugar de los cultivos de subsistencia, se creará un déficit comercial al dejar de entrar plata y empezar a salir como pago a los cargamentos de opio. Se produce, en definitiva, la desmoralización general de la sociedad china.

Los ingleses, ignorando las prohibiciones, continúan introduciendo opio en China en cantidades cada vez mayores. Se calcula que en 1821, el primer año en que se revierte la balanza comercial china y la plata empieza a salir del país, entraron 5.000 cajas de opio, de unos 60 kilogramos cada una, especialmente en barcos ingleses. En 1830, cuando el número de opiómanos se calcula entre dos y diez millones de personas por toda China, ya eran 30.000 las cajas que entraron. La salida de plata es alarmante. Algunos funcionarios proponen la legalización, que habría acabado con la pérdida de plata y la corrupción; la respuesta final, sin embargo, es la represión. Desde 1838 se castiga con la pena de muerte a consumidores, cultivadores, distribuidores e importadores.

La cadena del opio con sus enormes beneficios es en China la cadena del dinero negro y la corrupción, que con la droga se va extendiendo por todo el país, deteriorando aun más la estructura política y social. En el extranjero es la cadena que lleva a la prosperidad. No en vano, dicha droga fue "la más valiosa mercancía de comercio en el siglo XIX", "crucial para la expansión del imperio británico a fines del siglo XVIII y principios del XIX". No es de extrañar que muchas autoridades promuevan su consumo, que algunos misioneros se conviertan en sus mejores propagandistas, e incluso el arzobispo de Canterbury se exprese a favor de su consumo: "El opio, gozado con medida, es en ciertas condiciones vitales, decididamente beneficioso.".

LOS PRIMEROS AMERICANOS EN CHINA

El primer barco americano que llega al puerto de Cantón lo hace en el año 1784, sólo ocho años después de la proclamación de independencia americana en 1776. Se llama *Empress of China*, va cargado de ginseng americano, que esperan cambiar por té en este puerto. En esos años, los europeos pagan en plata la mayor parte del té que compran en China; la falta de plata en esos Estados Unidos recién salidos de la guerra de independencia, sin minas de plata en su entonces aún escaso territorio, les obligará a buscar nuevos medios de intercambio con los chinos, que convertirán en solo unas décadas el tráfico de Cantón en un asunto global.

El descubrimiento casual del interés chino por las pieles, tan útiles en el Norte, donde el invierno es tan crudo, llevó a los americanos desde los puertos de la Costa Este a las entonces salvajes tierras del noroeste de Estados Unidos, en aquel momento habitadas exclusivamente por los indios. Allí compran a los indígenas las pieles de nutrias, entregándoles a cambio cuchillos, armas, hachas y ropas de algodón; pieles que se cambiarán posteriormente por té en Cantón. Los beneficios potenciales de este comercio son tan grandes que en 1792 ya hay casi treinta barcos comprando pieles a los indios nootka, tshimshiam y a otras tribus en la costa Noroeste. Su vida tradicional se altera para siempre. La caza se agota, pronto empieza a comerciar con las tribus del interior para proporcionar al hombre blanco las pieles que demanda. Estos barcos solían hacer escala en las islas Hawai, e incluso si durante la temporada de verano no conseguían suficientes pieles, acostumbraban pasar el invierno en Hawai. La gran escala del comercio de pieles en el noroeste llevó a su extinción comercial en las zonas más cercanas a la costa; los americanos pronto encontraron un buen sustituto en el sándalo, cuyo valor entre los chinos también se había descubierto por casualidad. El sándalo de las islas Hawai fue uno de los factores que puso a estas islas en la órbita americana, como el comercio con Cantón puso a todo el océano Pacífico.

El sándalo se agotó comercialmente en Hawai en el año 1830; poco antes se había iniciado el comercio con el cohombro de mar que se conseguía en las islas del Pacífico, el opio que se cultivaba en Turquía y sobre todo las prendas de algodón compradas en Inglaterra. Precisamente el éxito con que realizaron este comercio fue uno de los factores que influyó en el fin del monopolio comercial de la Compañía de las Indias Orientales.

Aunque el comercio americano con Cantón transformó la economía y la vida de numerosos países, sobre China ejerció una influencia mínima.

La Primera Guerra del Opio

En 1838 Lin Zexu, uno de los más firmes partidarios de la prohibición del opio, es enviado a Cantón. Pero los narcotraficantes no han perdido el tiempo, y el opio ya no sólo entra por el puerto de esta ciudad abierto al comercio. A veces se descarga en una pequeña isla situada en la desembocadura del río de las Perlas. En otras ocasiones los barcos contrabandistas se dirigen a otros puertos de la costa más al norte, donde, en colusión con las corruptas autoridades locales que se enriquecen con dicho comercio, lo descargan abiertamente, especialmente desde el fin del monopolio comercial de la Compañía de las Indias Orientales.

Lin Zexu llega a Cantón en el año 1839. Para poner fin al tráfico ilegal de opio, arresta a los traficantes castiga a los oficiales corruptos y ordena a los extranjeros que entreguen sus cargamentos de opio, paralizando el comercio en Cantón hasta que se cumplan sus órdenes. Una vez conseguida la droga almacenada por los extranjeros, más de mil toneladas, ordena destruirla. Los ingleses consideran la destrucción de su opio introducido ilegalmente en China una agresión que no pueden tolerar. Con ello se inicia la Primera Guerra del Opio, pues el gobierno británico, ignorando la soberanía china, aprovecha ese pretexto para enviar su flota a Cantón con el objetivo de conseguir por la fuerza lo que la diplomacia no había logrado cincuenta años antes: la apertura de China a sus comerciantes.

Tras atacar Cantón y otros puertos donde se encontraron con una cierta resistencia, los barcos ingleses suben por la costa hacia el Norte, atacando y saqueando varias ciudades a su paso y penetran por el Yangtze hasta el corazón económico de China. Ante la amenaza de atacar Nanjing y bloquear el Gran Canal, que surte de mercancías Beijing, el gobierno chino, que en ningún momento se había decidido claramente por la resistencia, cedió a sus condiciones firmando el Tratado de Nanjing. La única victoria china en esta guerra, que deja un saldo de 500 muertos entre los atacantes y 20.000 entre los atacados, es la resistencia popular organizada en Sunyuanli, una aldea cercana a Cantón, donde el pueblo se levanta contra la invasión capturando 2.000 soldados británicos, liberados posteriormente por la intercesión de las autoridades chinas.

Por el Tratado de Nanjing se cedía Hong Kong a los británicos, se abrían cinco puertos al comercio, se pagaban indemnizaciones por los gastos de la guerra, se permitía el establecimiento de los británicos en los puertos abiertos, donde serían gobernados por sus cónsules, dando lugar al principio de extraterritorialidad (concepto que no era nuevo para los chinos, pues ya lo habían practicado con los comerciantes árabes durante la dinastía Song), y se mantenía una tarifa única del 5% para las exportaciones británicas.

Dos años después, a franceses y americanos les bastará la amenaza de una nueva guerra para conseguir que se les otorguen los mismos privilegios que a los británicos. Por la cláusula de Nación Más Favorecida que consigue cada potencia en sus tratados, cada concesión que una de las potencias arranque a China se hará extensiva automáticamente también a las otras. Hay que decir a favor de los americanos que al menos reconocían en su tratado la potestad de las autoridades chinas de juzgar a sus ciudadanos dedicados al comercio de opio.

Entre las indemnizaciones de guerra y la compra de opio y otros productos extranjeros sale mucha plata de China, lo que disminuye el valor del grano. La cantidad de grano necesaria para pagar los impuestos en plata al Gobierno se duplica en los años siguientes. Esa efectiva duplicación de los impuestos a su vez produce un empobrecimiento generalizado entre los campesinos. Mientras, una nueva clase de intermediarios va surgiendo en los puertos abiertos por los tratados y se va enriqueciendo al mediar en las relaciones comerciales entre los occidentales y los chinos.

Para asegurar la integración de Xinjiang, desde el momento de su conquista se había ido colonizando con campesinos chinos, la mayoría criminales deportados a esas remotas regiones, que protagonizan numerosos conflictos con los uygures. La tensión étnica provocará el levantamiento de Zhangga en 1825, que, tras reconquistar todo el territorio de Xinjiang, es derrotado por los chinos dos años más tarde. Una nueva rebelión, en 1845 volverá a recrear un Xinjiang independiente hasta ser también derrotada.

En 1832 se produce un levantamiento de los miao en Guangdong, Guangxi y Hunan. Por las mismas fechas se sublevan los nativos de Taiwan y Hainan. Poco después, en 1848 vuelven a rebelarse los miao de Hunan. Como se ve, la región montañosa donde los miao y yao se habían refugiado ante las oleadas de inmigrantes chinos de la dinastía Ming y Qing, a pesar de estar oficialmente incorporada al imperio, no estaba ni conquistada ni dominada. Cada vez que se aumenta la presión sobre sus tierras, responden con una nueva rebelión.

Entre los chinos la pobreza del campo también da lugar a numerosos levantamientos, se contabilizan más de cien en los años que van desde 1841 a 1850. Algunos de ellos, de gran envergadura, llegan a controlar gran cantidad de territorio. El más importante es, sin lugar a dudas, el Reino Celestial Taiping (Gran Igualdad). Iniciado en 1848 en la región oriental de Guangxi, empobrecida por la disminución de las exportaciones desde Cantón en favor de Shanghai, como un culto milenarista que integra algunas enseñanzas cristianas con las religiones nativas y las aspiraciones populares, su líder, Hong Xiuchuan, que ya en 1843 declaraba haber recibido un mandato del cielo para salvar a la humanidad, pronto cuenta con un ejército de decenas de miles de seguidores. En 1850, en medio de una gran hambruna, su popularidad crece en Guangxi. El año siguiente se proclama oficialmente el Reino Celestial Taiping. Su ejército derrota a las tropas imperiales, que intentan dominarle, y a los ejércitos locales.

Tras hacerse con el control de Guangxi, los rebeldes marchan al norte, acabando con los terratenientes a su paso y distribuyendo entre los campesinos pobres sus tierras, grano y dinero. Sus tropas crecen con facilidad, un ejército ya enorme alcanza el río Yangtze, donde toman la gran ciudad de Wuchan, desde allí bajan por el Yangtze hasta Nanjing, ciudad en la que establecen su capital en 1853. Desde Nanjing los taiping dominan prácticamente toda la China del Sur, donde se intenta poner en práctica un programa político basado en la igualdad de todos los ciudadanos y el reparto de tierras: "donde haya tierra, la trabajaremos juntos; donde haya arroz, lo comeremos juntos; donde haya dinero, lo gastaremos juntos; ningún hogar sin igualdad, nadie con frío o hambre". Su programa incluye la igualdad entre los sexos por primera vez en la historia de China. En realidad solo se pudo poner en marcha, y de forma imperfecta, en un reducido número de distritos en las provincias de Jiangsu y Zhejiang.

Mientras el estado se organiza alrededor de Nanjing, el ejército de los taiping sigue hacia el norte con el objetivo de capturar Beijing y derrocar a la dinastía Qing. El duro invierno del norte desmoraliza a las tropas, que, en un territorio fuertemente controlado por el ejército y en el que cuentan con pocos simpatizantes, sufren sucesivos reveses. No obstante, tras derrotar en el año 1856 a los ejércitos imperiales, los taiping controlan la parte más rica de China, privando a la corte manchú en Beijing de las riquezas a las que está acostumbrada. La reacción a los taiping no viene de Beijing. En el oeste, los terratenientes locales organizan la reacción en torno al llamado Ejército de Hunan. Allí empieza la cuesta abajo del Reino Celestial Taiping. En muchas de las regiones nominalmente conquistadas no han podido establecer una administración efectiva, lo que hace que sus reformas sociales solo se puedan poner en práctica en una pequeña parte de su dominio. Cuando la reacción de las fuerzas imperiales empieza a coger forma, las luchas por el poder entre sus propios dirigentes van minando su capacidad de maniobra. Acabarán siendo derrotados por una combinación de fuerzas hunanesas e imperiales y la intervención decisiva de las potencias occidentales, que si bien en un principio habían alabado este levantamiento, al que consideraban capacitado para establecer una administración moderna y sustituir al decadente régimen manchú, tras las concesiones conseguidas al final de la Segunda Guerra del Opio de la dinastía Qing, no les interesa apoyar a un gobierno fuerte que pudiera limitarlas. De hecho, una cláusula del Tratado de Tianjin condicionaba su cumplimiento a la recuperación por parte del gobierno manchú del control sobre el territorio de los taiping. Ingleses, franceses y americanos participarán activamente en una orgía de sangre y destrucción que convertirá la guerra contra los taiping en el conflicto más sangriento de todo el siglo XIX.

Los tres generales que protagonizan la represión de los taiping organizando las milicias civiles claves en su derrota, Zeng Guofan, Zuo Zongtang y Li Hongzhang, serán los protagonistas de la historia política de China durante los años siguientes. Sus ejércitos, que se han mostrado como los únicos efectivos a la hora de combatir a los rebeldes, serán utilizados en la pacificación de las rebeliones que se producen durante las próximas décadas. Ellos inician la compra de armas extranjeras para combatir a los taiping y fundarán asimismo las primeras industrias militares con las que China se intenta modernizar.

Fumadores hacia el año 1870

Su control sobre sus territorios es prácticamente independiente. Aunque nunca proponen una división nacional, su capacidad de disponer localmente de gran parte de los impuestos en sus regiones las convierte, de hecho, en territorios autónomos.

Zeng Guofang primero y Li Hongzhang después, serán los encargados de reprimir la rebelión de los Nian. Zuo Zongtang por su parte, acabará con la rebelión de los musulmanes en Shaanxi y Gansu en 1773, pasando después con su ejército hasta Xinjiang, donde finalmente derrotará a los independentistas uygures de Yakub Beg.

La Segunda Guerra del Opio

Aprovechando que el gobierno imperial está ocupado con la rebetaiping, Francia e Inglaterra, deseosas de aumentar sus privilegios, encuentran en el apresamiento de un barco chino cargado de opio que navegaba bajo bandera británica un buen pretexto para forzar una nueva guerra. La Segunda Guerra del Opio se inicia en diciembre de 1857 con el bombardeo por parte de treintaidós cañoneras británicas a la ciudad de Cantón durante veintisiete horas consecutivas. Era la lección por la resistencia mostrada durante la Primera Guerra del Opio y al establecimiento de los británicos tras el Tratado de Nanjing. Tras saquear Cantón, los británicos siguen al norte. La breve resistencia china en el fuerte de Dagu es superada fácilmente ocupando la ciudad de Tianjin en unos días. A poco más de cien kilómetros de la capital, los emperadores se rinden aceptando las condiciones del Tratado de Tianjin.

Pero los ingleses piensan que la victoria se ha conseguido a costa de poco sufrimiento. El objetivo es dar una lección a los chinos que les postre de rodillas ante los occidentales. En junio de 1859 atacan de nuevo el fuerte de Dagu; esta vez son respondidos por los chinos, que hunden cinco barcos y les infringen una de las más severas derrotas de la historia colonial británica. Un año después un gran ejército de 20.000 soldados ingleses y franceses inicia un nuevo asalto. Tras capturar el fuerte de Dagu, los anglofranceses avanzan hacia Beijing "matando prisioneros, tomando represalias sobre la población civil y saqueando por donde pasaban". Al llegar a la capital, saquean primero e incendian posteriormente el magnífico Palacio de Verano de Yuanmingyuan, de donde las fuerzas aliadas roban cuantos tesoros pueden encontrar. Los chinos piden la paz, las condiciones del Tratado de Tianjin se endurecen un poco más con la Convención de Beijing.

Por el Tratado de Tianjin se obliga a los chinos a aceptar embajadas en Beijing, abrir al comercio otros diez puertos más, legalizar el comercio de opio, permitir el libre movimiento y predicación de los misioneros, y otorgar a los británicos el control de las aduanas. Estos puntos convierten a China, de hecho, en una semicolonia. En este tratado se consigue el permiso para que los chinos salgan a trabajar en el extranjero, que dará origen en los años siguientes a una fuerte emigración desde las zonas costeras del sur de China y con ello a las primeras colonias chinas en los países occidentales. Por la Convención de Beijing, se aumentan las indemnizaciones de guerra, se abre el puerto de Tianjin y se cede Kowloon a los británicos por 99 años. Además se consigue que los productos textiles de los países occidentales queden exentos de aduanas.

Durante esta Segunda Guerra del Opio Rusia juega un papel calculadamente ambiguo. Presentándose como un aliado fiel tanto ante los ojos de los chinos como ante los europeos, conseguirá de recompensa por haber evitado males mayores para la dinastía una nueva demarcación de la frontera norte de China. De esta forma, entre los territorios situados al este del río Wusuli y los que rodean al lago

Baikal, un millón de kilómetros cuadrados de tierras bajo dominio chino pasan a manos rusas.

Los culíes chinos

El tráfico de personas, los conocidos posteriormente como culíes chinos, enmascarado en el derecho de cada persona a emigrar, se había empezado a practicar tras el final de la Primera Guerra del Opio, degenerando enseguida en una esclavitud enmascarada. En primer lugar, los que enrolaban a trabajadores para ir al extranjero recibían entre siete y ocho dólares por cabeza, lo que hizo que pronto las corruptas autoridades locales capturaran hombres bajo cualquier pretexto, enviándoles acto seguido a los barcos. En algunos barrios de Cantón y los alrededores los hombres no se atrevían a salir, ni de noche ni de día, por miedo a ser secuestrados y vendidos. En los barcos, los emigrantes pasaban una travesía hacinados en las bodegas mal ventiladas, donde infra alimentados eran presa fácil de las enfermedades. Un porcentaje que en algunos casos se acercaba al 30% perecía durante la travesía. Al llegar a su destino, Hawai, Cuba, Perú, Guayana y posteriormente la Costa Oeste de Estados Unidos, permanecían ocho años trabajando en un régimen semejante a la esclavitud. Al término de ese periodo, libres por fin, sufrían la discriminación y el acoso de la población local. En la escala más baja de la sociedad, se dedicaron a abrir restaurantes y lavanderías, que hasta el momento presente se han convertido en el primer refugio de los emigrantes chinos en el extranjero. Tras la legalización de este tráfico en el Tratado de Tianjin, el número de chinos enviado al extranjero en estas condiciones se multiplicó.

También se multiplicaron, por cinco, las exportaciones británicas, en los años siguientes a la Segunda Guerra del Opio. Pronto el algodón sobrepasará al opio como producto más importado. Si el opio había afectado directamente a las clases elevadas, el algodón es un puñal en el corazón de la economía tradicional china, que, desde hace dos milenios, ha conseguido su autosuficiencia basándose en la idea de que "el hombre trabaja en los campos, la mujer teje en casa". Los bajos aranceles de los productos extranjeros contrastan con las tasas que pagan los productos nacionales que se mueven entre las provincias. Un nuevo impuesto, el llamado *lijin*, establecido poco después de la llegada de los extranjeros, intenta compensar para el gobierno central la pérdida de ingresos derivada del control de las aduanas por los extranjeros. La industria y la artesanía china quedan al borde del colapso. El transporte tradicional sufre los efectos de la navegación a vapor. Los impuestos cada vez más elevados sobre unas cosechas que, debido a las destrucciones de las guerras y la falta de mantenimiento de los trabajos de irrigación, son cada vez más exiguas fuerzan a muchos campesinos a abandonar sus tierras. La superficie total de tierras cultivadas disminuye. Millones de personas se enfrentan a una crisis que pone en peligro su supervivencia.

Más levantamientos campesinos

Los emperadores han perdido el control real de la situación, y los levantamientos se suceden en los cuatro puntos del imperio. Generalmente están motivados por la situación económica, incorporándose en algunas ocasiones tensiones étnicas y religiosas. Todos serán reprimidos con una brutalidad sin precedentes, matanzas generalizadas que dejarán prácticamente despobladas regiones enteras. Los más destacados son el levantamiento de los nian en Shandong, el de los miao en Guizhou, el de los musulmanes en Yunnan y el de Yakub Beg en Kashgar.

El levantamiento de los nian en Shandong, surge en 1853 como una amalgama de diferentes grupos rebeldes sin más ideología que acabar con los ricos y repartirse sus riquezas. Casi descabezada en 1820 surge de nuevo ante la debilidad del gobierno acosado por el Reino Celestial Taiping. En los años 50, recogiendo a guerreros de los taiping desbandados tras las derrotas de su expedición al Norte, establece una administración en su zona que imita a la de los taiping, desafiando al gobierno imperial. No cae en el error de tomar ciudades que no puede defender, sino que extiende su influencia por las aldeas, desde donde libra una importante guerra de guerrillas en la que participan miles de personas. El gobierno, temiendo el cerco a Beijing, envía contra ellos

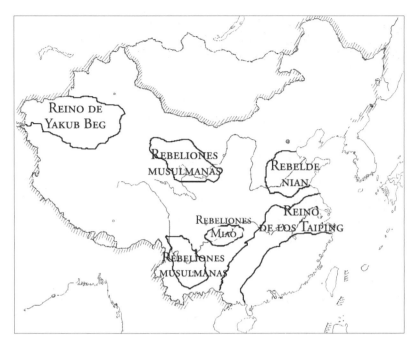

Rebeliones en la segunda mitad del siglo XIX

a uno de sus mejores generales, el príncipe mongol Sengkolontsin, sometido y muerto en combate. Finalmente, en 1868, con la ayuda de las potencias occidentales, los nian serán definitivamente derrotados.

La Tercera Guerra Miao estalla en 1854, y es la más larga y cruel de las que se producen en esta provincia. Guizhou es una de las provincias más pobres de China, en la que cualquier modificación del equilibrio en las condiciones económicas puede forzar a la gente al hambre o a la rebelión. Bajo el título de Tercera Guerra Miao se engloban en realidad varias docenas de rebeliones que incluyeron no sólo a los miao, sino también a los chinos, los buyi, los dong y otras minorías. Todas tienen en su origen la explotación de los campesinos a manos del gobierno, la pérdida de tierras, el aumento de los impuestos y de los trabajos forzados ocasionados por la Guerra del Opio y la guerra contra los taiping, así como la represión con que se encuentra cualquier intento pacífico de resolver los problemas. La mecha que las hace estallar con esa fuerza inusitada es también, la debilidad del gobierno por causa de los rebeldes taiping, que parece proporcionar esperanzas de alcanzar una solución militar. En algunas ocasiones los grupos rebeldes llegan a controlar una buena parte de la provincia de Guizhou, ocupando algunas de las ciudades más importantes y amenazando la propia capital provincial. Combatidos de forma despiadada, los últimos miao resistirán hasta 1873. Al final de la guerra, el 70% de la población miao ha sido muerta o ha huido. Emigrando de nuevo al Sur, como siempre a lo largo de su larga historia, darán origen a las comunidades miao (llamadas hmong) de los países del Sudeste Asiático.

En el noroeste los musulmanes se levantan en Gansu, en 1864, y de nuevo en 1896. Tras la derrota y la represión posterior, la provincia queda casi despoblada.

Los musulmanes también se rebelan en Yunnan en 1855, cuando liderados por Du Wenxiu llegan a dominar gran parte de la provincia. Responden una vez más a razones económicas. Aprovechan sus primeras victorias sobre las debilitadas guardias de los qing, para establecer su gobierno desde 53 ciudades amuralladas. Du envia a su hijo al extranjero, con la esperanza de recibir ayuda internacional de Turquía e Inglaterra, sin conseguir su propósito. Los ejércitos imperiales esperarán hasta haber derrotado a los taiping, su principal enemigo, para sofocar esta rebelión musulmana. Será un proceso lento y sangriento. Cada una de sus plazas fuertes cae en auténticos baños de sangre, hasta que las fuerzas imperiales recuperan la ciudad de Dali en medio de una gran masacre en 1873, dejando un millón de muertos como saldo.

La rebelión de Yakub Beg en Kashgar entre 1866 y 1878 tiene tanto de conflicto interno como internacional. El propio Yakub Beg, un aventurero refugiado tras la frontera china, aprovecha el malestar de la población local por la opresión de los chinos para alzar de nuevo la bandera de la rebelión. En poco tiempo consigue la independencia una vez más para toda la región occidental de Xinjiang. Independencia apoyada inmediatamente por británicos y rusos, que se disputan la influencia en esa región, y reconocida asimismo por Turquía, cuya población está étnicamente relacionada con los uygures.

Los rusos ocupan la prefectura de Ili, en el norte de Xinjiang, bajo el pretexto de proteger a sus súbditos mientras los ingleses, interesados

La mezquita de Kashgar, una de las paradas clave en la Ruta de la Seda

por la región sur, intentan que el régimen de Beijing reconozca la autonomía de Kashgar. Las víctimas son, una vez más, los millones de uygures que perecerán durante la reconquista por parte del ejército chino y la subsiguiente represión.

La destrucción de vidas durante estas rebeliones y su represión, es tan excesiva, que durante las décadas siguientes no habrá nuevas rebeliones, a pesar de que la situación de los campesinos se sigue deteriorando paulatinamente, oprimidos por los terratenientes y funcionarios locales, arruinados por la devaluación de su moneda y la competencia de los productos extranjeros.

Reacción ideológica a la presencia occidental

Mientras el pueblo reacciona violentamente a unas condiciones de vida cada vez más deterioradas, los intelectuales, ante el impacto que supone la agresiva presencia extranjera, despiertan violentamente del sueño milenario que encumbraba a China, rodeada por estados vasallos que reconocían su superioridad. La súbita presencia de británicos y franceses, que con unos pocos barcos fueron capaces de doblegar el imperio, creó una conmoción intelectual.

Una primera respuesta fue achacar su superioridad a sus armas, pero según pasaron los años se pensó que su superioridad militar estaba relacionada con su superioridad industrial, por lo que se propuso la industrialización del país, haciéndose hincapié en las fábricas de armas; al conocer mejor la sociedad extranjera, se pensó que esa industrialización únicamente se podría conseguir con una mejora en la educación, y los movimientos destinados a la salvación de la patria pusieron énfasis en una educación moderna que abandonara las ideas confucianas; al final del proceso se pensó que sólo una transformación del sistema político podría permitir llevar a cabo las reformas educativas que permitieran el renacimiento de China.

Según esta línea de razonamiento, primero se establecieron en China algunas industrias militares y arsenales, sobre todo dirigidas por los caudillos militares; posteriormente se fue desarrollando una industria nacional, a pequeña escala, pues al no contar con los privilegios conseguidos para las industrias extranjeras por los tratados, ni los de las organizadas por los funcionarios cercanos a la corte, eran tremendamente vulnerables a cualquier problema; siguieron los movimientos por la educación, durante los que se vio el surgimiento de cientos de publicaciones patrióticas, la emigración de un numero importante de jóvenes a estudiar en el extranjero, especialmente a ese Japón que tan bien se había adaptado a la nueva situación mundial y una competencia por intentar aplicar, o desechar por completo, las enseñanzas de Confucio a esta nueva época. La última etapa verá el surgimiento de los reformistas, republicanos y constitucionalistas, que conducirán a la caída de la dinastía Qing, en 1912.

La situación social que vive China se refleja en las guerras. Sus derrotas son más consecuencia de la decadencia del país, donde los manchúes dominantes temen más a su propio pueblo que a los extranjeros, que de la superioridad militar de las potencias, a las que, de hecho, la resistencia popular, aún pobremente armada, causa más dificultades que el ejército imperial. La indecisión e incapacidad de los qing da más victorias a los extranjeros que sus propias armas.

El ritmo de la agresión imperialista también va por fases. La apertura de los puertos chinos a los productos extranjeros es el eslogan de

1841; pronto se sumará la importación de hombres, la exportación de capitales, la creación de bancos y empresas, la administración de las vías de navegación y ferrocarril, que ponen en crisis al transporte tradicional a vela; y por último su división en esferas de influencia con un método semejante al utilizado para el reparto de África.

La Guerra Sino-Japonesa

Es curioso ver que la agresión japonesa sobre China se inicie precisamente con el Tratado de Amistad entre China y Japón de 1869. Cinco años más tarde Japón ataca Taiwan, iniciando poco después su penetración en Corea, entonces protectorado chino. Los chinos aceptan un protectorado conjunto, que trae como consecuencia que los ejércitos de ambos países se encuentren en Corea con motivo de una insurrección popular. El inicio de la Guerra Sino-Japonesa se produce en 1894. En unas pocas semanas los japoneses acaban sin dificultad con la flota china recién estrenada. Tras la victoria, Japón impone sobre los chinos el Tratado de Shimonoseki, por el que China cede Taiwan y la península de Liaodong, paga una importante indemnización de guerra, abre cuatro puertos más al comercio exterior y permite a Japón instalar factorías en todas las ciudades abiertas.

Esta última medida, al hacerse extensiva a las otras potencias bajo las cláusulas de Nación Más Favorecida, provocará una fiebre industrial con el resultado la apertura en los cinco años siguientes de más de mil factorías, lo que conduce a la ruina a los primeros intentos chinos de iniciar su propio desarrollo industrial. Si a eso sumamos los préstamos al Gobierno para pagar las indemnizaciones de guerra, y el control real de las aduanas por los agentes británicos, se ve que la economía china ya está en manos de los extranjeros. Las indemnizaciones de guerra, que ascienden a 320 millones de onzas de plata, tres veces la renta anual, dejan en bancarrota a las finanzas de China. Así pierde "su independencia económica, territorial, política y militar".

División de China en esferas de influencia

Si se vulnera la soberanía china en sus ciudades principales, sus fronteras son contestadas en todos los frentes. Un nuevo paso en la agresión occidental sobre China se produce con su reparto en esferas de influencia, un prólogo a su reparto entre las potencias.

Los alemanes iniciaron este proceso. Estableciéndose en Shandong, proclaman que el interior de esta provincia, donde consiguen el derecho para explotar minas y construir ferrocarriles, se convertirá en su esfera de influencia.

Ya hemos visto que los rusos en Xinjiang aprovechan las rebeliones de Yakub Beg para hacerse con el control de la región de Ili. Como oficialmente la han ocupado para defender a los comerciantes rusos de los rebeldes, la devuelven a China unos años después tras el pago de una jugosa indemnización. Mientras, construyen un ferrocarril que atraviesa Manchuria, que se convierte así en un importante punto de penetración de sus intereses en esa región.

Los británicos presionan desde las ciudades de la costa por una parte, convirtiendo en su esfera de influencia la cuenca del Yangtze, mientras desde Myanmar van penetrando en Yunnan y Tibet.

Los franceses desde Vietnam intentan penetrar a la provincia de Guangxi en 1884. La resistencia del ejército chino en dicha frontera les causa una severa derrota. No obstante, sus presiones y amenazas sobre el gobierno imperial les permitirán sacar partido también de la derrota, consiguiendo que se les reconozca su influencia sobre las provincias de Guandong, Guangxi y Yunnan, y alcanzando el compromiso de que no serán cedidas a ninguna otra potencia.

Los japoneses ocupan Corea, nominalmente protectorado chino, y posteriormente la península de Liaodong y Taiwan, estableciendo algunas bases en la vecina provincia de Fujian.

De esta forma China acaba dividida en esferas de influencia de cada potencia, que se definen con precisión de 1896 a 1899, zonas donde construyen sus ferrocarriles, abren minas y hacen y deshacen a voluntad. Se teme la partición real de China a manos de las diferentes potencias, pero los Estados Unidos, excluidos del reparto de la tarta por no

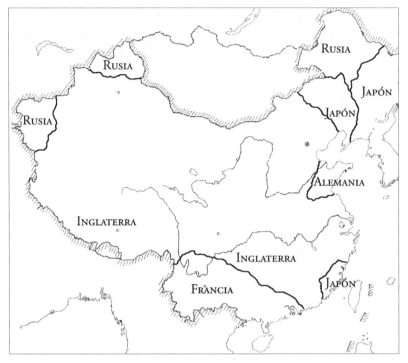

Áreas de influencia de las potencias occidentales a fines del siglo XIX

contar con ninguna base clara de penetración, exigirán la "política de puertas abiertas" que concede igualdad de oportunidades a los empresarios de cada país en las regiones consideradas esferas de influencia de los otros, acabando así con la posibilidad de la desintegración de China.

EL MOVIMIENTO REFORMISTA DE 1898

El peligro de la división efectiva de China entre las potencias hará emerger con fuerza dos movimientos ya existentes desde años antes, el movimiento reformista, que sintetiza las aspiraciones de los intelectuales, y el movimiento Yihetuan, que lidera las de las masas.

Los continuos fracasos de China llevaron a muchos intelectuales a plantearse la necesidad de reformas. Hay varios movimientos que se pueden distinguir por la profundidad de reformas que consideran necesarias. Los occidentalistas consideran que es necesario estudiar las técnicas occidentales para poder aplicarlas en China; es el primero de los movimientos en desarrollarse, y bajo su impulso se traducen y dan a conocer un buen número de obras científicas, técnicas y políticas de Occidente. Los reformistas, encabezados por Kang Youwei, consideran que el retraso de China no se remediará únicamente copiando las ciencias y técnicas occidentales, sino que el propio sistema político vigente hará imposible la necesaria transformación del país, por ello preconizan la necesidad de una tímida reforma política. Alcanzan gran influencia tras las primeras derrotas ante Japón. Poniendo a este país como ejemplo, pues ha sabido conservar sus instituciones tradicionales mientras se moderniza, piensan que las reformas deben venir desde la propia corte. En ese sentido, el propio Kang Youwei envía desde 1888 sucesivas peticiones al emperador Guangxu abogando por el establecimiento de reformas que conviertan a China en una monarquía constitucional.

En la conmoción que sigue al conocerse las cláusulas del Tratado de Shimonoseki, 1.300 letrados que se encuentran en Beijing para los exámenes metropolitanos firman con él una nueva petición al emperador. Sus continuas peticiones se ven recompensadas en 1898, cuando Guangxu intenta retomar el control de la política imperial, del que ha sido apartado por la emperatriz Cixi, nombrando a Kang Youwei su consejero. El programa de reformas es bastante tímido: solo propone establecer ministerios de agricultura, industria y comercio, otro de minas y ferrocarriles, reformar los órganos administrativos despidiendo al personal redundante, reformar el sistema de exámenes incluyendo contenidos más acordes con las necesidades de los tiempos presentes, y un sistema de educación que popularice las ciencias occidentales, además de animar las críticas y sugerencias de los ciudadanos. A pesar de ello, sus reformas no llegan a ponerse en marcha, pues tras 103 días de gobierno reformista, el partido tradicionalista encabezado por la emperatriz Cixi, que teme perder su poder, acaba con ellas, apresa al emperador y ejecuta a los cabecillas reformistas. Kang Youwei consigue huir a Japón.

Kang Youwei, el reformador

Los Boxers contra los misioneros

Mientras que la primera hornada de misioneros encabeza por Ricci había prestado especial atención a desligar sus actividades de las que realizaban los comerciantes y soldados españoles y portugueses, los misioneros que llegan a China en el siglo XIX, establecidos primeramente en Cantón, desde donde irán extendiendo sus actividades al resto de China, se convierten, desde el primer momento, en agentes de la penetración colonial de sus respectivos países. Ya desde antes de la Primera Guerra del Opio, la información proporcionada por los misioneros establecidos en Cantón, conocedores de la cultura y lenguaje chinos, fue de gran valor para los invasores británicos. El Dr. Guzlaff, uno

Mendigos en la calle a finales del siglo xix

de los primeros misioneros en Cantón, sirvió como interprete durante varias expediciones comerciales de venta de opio, ayudó a organizar el movimiento de inteligencia previo a la guerra, fue nombrado durante la misma jefe de las fuerzas de ocupación en Dinghai, donde impuso brutalmente el dominio británico, sirvió de interprete en el Tratado de Nanjing, siendo recompensado posteriormente con un puesto en el gobierno de Hong Kong. Los misioneros americanos fueron los mejores consejeros de la delegación que hizo extensivos a su país los derechos conseguidos por Inglaterra tras la Guerra del Opio. Para lanzar sus ataques de la Segunda Guerra del Opio los franceses tomaron como pretexto el asesinato de un misionero. Tras ella se les permitió la libertad de movimientos por toda China.

En marzo de 1899, bajo la presión de Francia, una ley acordaba a los obispos el mismo rango que a los gobernadores y virreyes, y a cualquier misionero, el de funcionario de alto rango. Esto permite entender que en muchas de las revueltas populares los objetivos políticos y religiosos se confundieran, como se mostró de forma especialmente evidente durante el levantamiento de los yihetuan, en Shandong, donde los misioneros alemanes se habían convertido abiertamente en la vanguardia de su penetración colonial.

La emperatriz viuda Cixi

El Movimiento Yihetuan, conocido en el exterior como de los Boxers, ya que, ante la carencia de armas sus miembros se entrenaban
en las artes marciales, se llevaba gestando en la provincia de
Shandong durante unos años. Su estallido se produce inmediatamente después de la destitución y persecución de los reformistas en Beijing. La revuelta de los Boxers se enmarca en el deterioro general de
las condiciones de vida que sufre el pueblo, acentuadas en Shandong
por la brutalidad con la que los alemanes llevaban a cabo su penetración, con la costumbre de quemar las aldeas que consideran poco
amistosas. Su actividad se centra en atacar el poder corrupto y la
opresión extranjera, los dos factores considerados determinantes de
la revuelta. Estalla con violencia, iniciándose con la destrucción de

iglesias, la expulsión de los misioneros y los ataques contra los órganos de gobierno. Derrota a los primeros soldados enviados a sofocarla, extendiéndose pronto a las regiones cercanas. Ante el temor de que sus ataques generan en los occidentales, el Gobierno envía a Yuan Shikai, que tiene a su mando el único ejército realmente moderno de China, a sofocarles. Su represión es brutal, pero no consigue acabar con ellos. El movimiento se extiende a Hebei, Henan, Shanxi y Mongolia Interior llegando pronto a la puerta de las dos grandes ciudades del Norte: Beijing y Tianjin.

La emperatriz Cixi, intentando utilizar a los Boxers para oponerse a los occidentales, les permite la entrada en Beijing, donde se encuentran con las simpatías de la población. Antes de que las embajadas extranjeras sufrieran ningún ataque, numerosos chinos fueron asesinados, acusados de ser Boxers por las guarniciones de las embajadas. El asesinato de algunos Boxers por el embajador alemán hace saltar la chispa de la guerra. El embajador es asesinado. A continuación los Boxers ponen sitio a los occidentales en el Barrio de las Legaciones. Un ejército multinacional de 2.000 soldados desembarca en Tianjin dispuesto a socorrerles. En el camino es interceptado por los Boxers, que les obligan a retirarse con bajas importantes. Mientras, Cixi sigue utilizando a los Boxers. Consigue ponerse a su mando declarando la guerra a los occidentales, pero simultáneamente envía provisiones a los diplomáticos sitiados y propone una tregua en las hostilidades. Un nuevo ejército de 20.000 soldados de ocho países desembarca en Tianjin, acaba con los Boxers que ya habían tomado esta ciudad, y arrasa el territorio que lleva a Beijing, de donde la emperatriz ya ha huido. Tras acabar con las resistencias de los Boxers, sus soldados saquean e incendian la capital durante tres días, durante los que robos, asesinatos y violaciones están permitidos.

Una vez acabada la guerra llega la expedición punitiva alemana, que siguiendo las instrucciones del káiser Guillermo II: "No habréis de dar cuartel. No habréis de hacer prisioneros. Quién caiga en vuestras manos será destruido por vosotros", arrasan con la mayor crueldad las aldeas donde había habido actividad de los Boxers, asesinando o expulsando a sus habitantes. Una carta publicada en un periódico alemán de

El Palacio de Verano de Beijing

la época describía sus actividades: "Hemos tomado todos los fuertes ocupados por chinos militares y salteadores, pasando a todos a cuchillo, fuesen soldados, bandidos, chinos, mujeres o niños. A todos hemos acuchillado o fusilado".

El Protocolo Internacional de 1901 que sigue a la paz impone unas durísimas condiciones a los chinos. Una indemnización de 450 millones de onzas de plata, pagaderos en anualidades de 39 años, y el control por los extranjeros de las aduanas marítimas y los impuestos de la sal para garantizar el pago de la indemnización. China, con su economía arruinada por las continuas imposiciones de las potencias extranjeras, se verá imposibilitada para pagar esa deuda, que, por el contrario, irá creciendo año tras año.

La historia de China corre demasiado deprisa. Apenas tres años después de la represión de los reformistas, la propia emperatriz Cixi pone en marcha una serie de reformas casi idénticas a las que ellos propugnaban. Se promueve la educación como base para la formación de la nueva China, se acaban en los años siguientes con los exámenes; se reorganizan y modernizan las fuerzas armadas, las finanzas y la administración, y se dan los primeros pasos para un desarrollo constitucional con asambleas de los gobiernos provinciales. Pero ya es demasiado tarde y estas medidas no lograrán detener la caída de la dinastía.

Los rusos aprovechan los desórdenes en China para invadir Manchuria con el pretexto de proteger su ferrocarril. Eso les enfrenta directamente con los japoneses, que consideran su control de Manchuria el paso natural que debe seguir a su ocupación de Corea. La rivalidad entre ambas potencias se saldará con la Guerra Ruso-Japonesa de 1904, en la que los segundos resultan vencedores, repartiéndose entre ambos países el control de Manchuria, los rusos el norte y los japoneses el sur. Los qing, que habían mantenido primero cerrada a la emigración china la región de Manchuria, su región ancestral, para conservarla con la pureza manchú, y que la habían convertido luego en una región especial poco poblada y gobernada militarmente, contrarrestan la división que hacen de ella entre rusos y japoneses, abriéndola al desarrollo en 1907. Con ello evitan el vacío fácilmente aprovechable por ambas potencias. Durante los años siguientes millones de chinos emigrarán a sus fértiles tierras desde la empobrecida región de Shandong, y la población pasará de dos millones de habitantes en 1900 a 34 millones en 1930.

El Decimotercer Dalai Lama del Tibet

Durante el siglo XIX, la crisis de China se hace patente en el Tibet. El control de las autoridades chinas, apenas puede ejercerse por un país, que sufre él mismo guerras, revoluciones e invasiones. Los dos acontecimientos más importantes de este siglo acaban por resolverlos los tibetanos solos ante la impotencia de China. El primero fue la nueva invasión de los gurkhas de Nepal en 1855, que acabó con el tratado del año siguiente, por el que el Tibet paga un tributo anual a Nepal, que envía a Lhasa un virrey con funciones semejantes a las del virrey chino. El segundo fue el levantamiento de 1860 de los líderes tibetanos en Nyarong, al oeste de Sichuan, que cortan las vitales rutas comerciales que ligan el Tibet con China. El ejército chino, en medio de la Guerra del Opio, no envía un solo soldado, dejando a los tibetanos restaurar el orden ellos mismos.

La política interna es también caótica, pues regentes más preocupados por sus propios intereses que por los del Estado se suceden sin permitir que ningún dalai lama llegue a la mayoría de edad.

La situación cambia con la ascensión del Decimotercer Dalai Lama (1876-1933), que tiene que enfrentarse a los regentes y a los intentos de ganar influencia sobre el Tibet por las mismas potencias que ya se están repartiendo China. Los rusos, tras la guerra anglo-afgana, ya han alcanzado el Pamir. Los ingleses han ido haciéndose con el control de Nepal, Ladakh y otros reinos del Himalaya, concluyendo unos acuerdos con los chinos que al menos les abren una rendija la cerrada puerta del Tibet. Para contrarrestar la amenazante presencia británica, el dalai lama se aproxima a los rusos. El monje buriato (mongol de la Siberia rusa) Dordjieff hace el papel de enviado tibetano en la corte de Nicolás II de Rusia. Bajo su impulso se intensifican las relaciones ruso tibetanas y en China se llega a hablar de un protectorado conjunto sobre el Tibet.

Los británicos responden en 1904, cuando la Guerra Ruso-Japonesa priva a los tibetanos de todo apoyo, enviando un ejército al mando de Younghusband que invade el Tibet. Masacra a cientos de soldados tibetanos bajo el pretexto de una tregua en Guru, y arrasa Gyantse, donde los tibetanos resisten hasta que la ciudad es destruida, marchando sobre Lhasa. El Dalai Lama ya ha huido a Mongolia. La Convención de Lhasa, que pone fin a las hostilidades, obliga a los tibetanos a abrir el país a los comerciantes y funcionarios británicos, pagar los gastos de la guerra, renunciar al valle de Chumbi, abrir al comercio las ciudades de Gyantse y Gartok y reconocer la preferencia exclusiva de los británicos sobre cualquier desarrollo posterior. Las protestas de Rusia y China harán suavizar las condiciones posteriormente.

Para contrarrestar la influencia de los británicos, los chinos inician una serie de reformas destinadas a mantener al Tibet firmemente bajo su dominio, con apoyo de la fuerza si es necesario. El Dalai Lama, apenas regresa de su exilio en Mongolia, ve la situación tan desesperada que huye de nuevo, esta vez a la India.

La más importante rebelión indígena de estos años es precisamente la que estalla entre las tribus de cultura tibetana de Kham, al oeste de Sichuan, en 1905. Su éxito fulminante es solo el preludio a la sangrienta represión efectuada a manos de Zhao Erfeng, que será conocido desde entonces como "el carnicero de los lamas".

Proclamación de la República

La pobreza es ubicua en la China rural. Los campesinos de muchas regiones no encuentran qué comer. Una mala cosecha en el centro del país lleva a un encarecimiento de los precios del arroz. Ante el temor de una hambruna generalizada, por todas partes surgen rebeliones pidiendo alimentos. Los campesinos hambrientos queman edificios administrativos, empresas extranjeras e iglesias hasta conseguir que el Gobierno fije los precios del arroz.

Mientras los campesinos luchan por su propia subsistencia, el movimiento revolucionario va tomando cada vez más auge. Su principal representante es Sun Yatsen, que tal vez debido a su educación en el extranjero considera que la salvación de China sólo es posible si se derroca la dinastía Qing y se establece una república moderna. Su programa se basa en "Nacionalismo, Democracia y Socialismo". Aunque desde 1894 ha ido recabando apoyos del exterior, ensayando sendos levantamientos en Cantón en los años 1895 y 1900, solo tras la caótica situación en que se encuentra China tras la Guerra de los Boxers, el establecimiento de una república se va convirtiendo en la única opción viable. Los movimientos contra la dinastía Qing se concentran a partir de 1905 en la Liga Revolucionaria de China, liderada por Sun Yatsen tras el Congreso de Tokio, que se propone el objetivo de derrocar la dinastía e instaurar una república. Desde esa fecha los alzamientos se suceden en las diferentes regiones. Si bien todos fracasan ante la reacción del Gobierno, poco a poco consiguen interesar a un espectro de la población cada vez más amplio.

Con la muerte de Cixi en 1908, las reformas que se habían promovido en los últimos años se detienen. Un niño de tres años es proclamado emperador. En el nuevo gobierno formado por el regente, la mayoría de los miembros son manchúes. Una corriente nacionalista sacude China. La revolución se precipita. La chispa salta con las pretensiones de entregar la financiación del ferrocarril entre Henan y Sichuan a un consorcio de bancos extranjeros. La pequeña burguesía local, que había esperado invertir en dicho proyecto, lo ve un paso más en la entrega de China al capital extranjero. En Chengdu se suceden las manifestaciones populares, pronto se forman bandas armadas. Las tropas se amotinan en Wuchang. En unas horas los rebeldes se hacen con el control de la ciudad.

El levantamiento de Wuchang parece la señal que todos esperaban. Ya nadie cree en el futuro de los emperadores. En las semanas siguientes las provincias del Sur van declarando su independencia de la dinastía Qing. La armada imperial, enviada para reprimirlos, se pasa al enemigo. A mediados de diciembre de ese mismo año, los delegados de las provincias se reúnen en Nanjing, proclamando la República el Primero de Enero de 1912 bajo la presidencia provisional del propio Sun Yatsen.

Las potencias extranjeras intentan apoyar aún a la moribunda dinastía, pero en vista de que su caída es inevitable, trasladan su apoyo a Yuan Shikai, que al mando del único ejército moderno del país, controla el norte de China. Bajo sus auspicios se llega a un acuerdo con la recién nacida República, mediante el que Yuan Shikai, a la sazón primer ministro del gobierno imperial, forzará a abdicar al último emperador, convirtiéndose en presidente de la República en febrero.

La República China

Yuan Shikai tal vez no fuera el personaje más adecuado para desarrollar los cambios que necesitaba la nueva China, pero seguramente era el único capacitado para mantener una cierta estabilidad en el país. El triunfo de la República sorprendió a los revolucionarios de forma completamente inesperada. El propio Sun Yatsen, que estaba en el extranjero recabando apoyos para su causa, tuvo que volver precipitadamente llegando justo a tiempo de ser nombrado presidente provisional. Sin ninguna preparación para un gobierno posterior, Yuan Shikai, que ya controlaba efectivamente la mitad norte del país, parecía una buena elección.

Poderoso mandarín que había ido ascendiendo en la escala política a base de traiciones y medias verdades, destacando en su historial la traición a los reformistas de 1898 y la represión de los Boxers el año siguiente, aprovechó la presidencia de la República para utilizarla como un trampolín desde el que construir su propia dinastía. Para ello contaba con el apoyo de las potencias extranjeras, con las que ya había acordado algunos de los beneficios que recibirían en la reconstrucción del país. De hecho, apenas tomado el poder, agradeció a británicos y americanos su apoyo, entregándoles la minería del carbón y la del petróleo respectivamente. En las elecciones que siguen, el Partido Nacionalista, heredero de la Liga Revolucionaria China, gana la mayoría de los escaños al parlamento. Su apuesta por el poder se acaba con el asesinato de su presidente en la estación de Shanghai a manos de unos sicarios de Yuan Shikai. Sin nadie capaz de oponerse a sus designios, Yuan Shikai reforma la Constitución haciendo vitalicio su cargo y disuelve el Parlamento persiguiendo y asesinando a los líderes que pueden hacerle sombra. El propio Sun Yatsen es enviado al exilio.

Desde 1912 se ve una progresiva decadencia de la clase terrateniente, cuyas tierras van perdiendo valor de mercado y cuyo rendimiento es menor al que consiguen los nuevos industriales y especuladores. La clase media, que había aparecido hacía varias décadas, se consolida

Yuan Shikai, presidente provisional de la República China

poco a poco, surgiendo en las mayores ciudades un pequeño número de proletarios. Los campesinos, que siguen siendo la mayor parte de la población, sufren la opresión de los terratenientes, la perdida del valor de sus productos en el mercado, la corrupción de los funcionarios y el consiguiente abandono de los trabajos de irrigación tan importantes para su actividad.

Las potencias aprovechan la debilidad china para seguir consiguiendo porciones de su territorio. Mientras los británicos presionan para que se reconozca la independencia del Tibet, con una nueva frontera tremendamente ventajosa para ellos, los japoneses, aprovechando que tras el estallido de la Primera Guerra Mundial en Europa en 1914 los otros países no están tan pendientes de lo que pasa en China, dan pasos

Sun Yatsen, primer presidente de la República China

de gigante en la defensa de sus intereses y la dominación de China. En primer lugar declaran la guerra a Alemania, combatiendo contra ella en una sola batalla, que da a Japón el control de sus territorios en la provincia de Shandong. A continuación, plantean al gobierno chino las conocidas como "21 demandas", que básicamente exigen el reconocimiento de su ocupación de Shandong e intereses sobre Manchuria, la entrega a Japón del mayor conglomerado industrial del momento, el compromiso de no ceder puertos ni bahías a terceros países, así como de emplear asesores militares japoneses y comprarles una proporción importante de las armas. Yuan Shikai acabará por aceptar todas las demandas ante la amenaza de la intervención armada, manteniendo en secreto el contenido de las más ultrajantes.

Yuan Shikai prepara su ascensión al trono imperial el 1 de enero de 1916, agudizando las diferencias entre el gobierno central y los gobiernos provinciales. Una semana antes, Tang Jiyao, el poderoso gobernador de Yunnan, se proclama independiente. Los gobernadores de otras ocho provincias hacen lo propio. En unos días China se desintegra, iniciándose el tiempo conocido como de los señores de la guerra. Yuan Shikai morirá unos meses después.

El surgimiento de los numerosos señores de la guerra que se repartirán China durante las décadas siguientes, es el desarrollo lógico de los sucesos acaecidos en la segunda parte del siglo XIX y primeros años del siglo XX, que muestran a las claras, para todo el que lo quiera ver, que en China, el único poder que cuenta, es el poder de las armas. Las sangrientas represiones de las rebeliones de las minorías, el ascenso al poder de Yuan Shikai e incluso la propia fundación de la República China, son sucesos que sólo se hacen posibles gracias al poderoso respaldo de las armas. El resto de los acontecimientos políticos del siglo XX muestran a las claras la preeminencia del poder militar sobre el discurso político. Como dice Mao Zedong: "El poder político surge del cargador de una pistola."

Siguiendo las líneas naturales del poder establecidas desde la época imperial, los primeros señores de la guerra son los gobernantes de las provincias desde las que ejercen su poder. Pero al ir contagiándose ese modelo de poder político basado en la fuerza militar, pronto la oposición al gobernador abandona el estrado político, para ocupar, con sus seguidores, la parcela proporcional del territorio provincial. El reparto de poder de las fuerzas locales se solapa con el reparto de territorio: base de campesinos imponibles y tierras en las que cultivar opio o para utilizar en proyectos industriales. En unos años China experimenta una atomización sin precedentes, con cientos de entidades políticas semi independientes que se mantienen a base de continuos juegos de alianzas.

Es la primera vez en la larga historia de China que el valor militar supera en prestigio al valor literario. Desafortunadamente el tejido

Entrenamiento de reclutas a principios del siglo xx

psicológico y social que podría haber permitido a China enfrentarse con éxito a las potencias occidentales, llegaba con cien años de retraso, y no encontraba ninguna fuerza capaz de aglutinarles.

Aunque seguirá existiendo, al menos nominalmente, un gobierno central en Beijing, en el que se alternan las dos facciones herederas del poder militar de Yuan Shikai, respaldadas respectivamente por Japón (los señores de la guerra de Manchuria y Fujian) y por Estados Unidos e Inglaterra (los de la cuenca del Yangtze), su poder solo alcanzará hasta donde los gobiernos regionales estén dispuestos a acatar sus ordenes.

Tras la Primera Guerra Mundial, una gran cantidad de armas sobrantes de los ejércitos desmovilizados llega a los señores de la guerra. Ellas son las que garantizan su poder, un poder que solo sirve para explotar los limitados recursos de sus empobrecidas regiones, donde cultivan opio y explotan a sus súbditos sin misericordia. Las guerras entre estos señores serán continuas, motivadas generalmente por definir su influencia sobre nuevas regiones. El pueblo será una vez más el que pague la miseria y sufrimientos de la nueva situación.

El relajamiento de la presión colonial, económica y política sobre China durante los años de la Primera Guerra Mundial le permite alcanzar un gran desarrollo económico. El número de empresas chinas se multiplica y el de obreros industriales crece de 1 a 3 millones durante estos años. En el plano cultural se da un gran cambio al establecerse por fin la escritura en lenguaje *baihua*, el que habla la gente por la calle, ya que hasta entonces se seguía un complejo sistema de escritura difícil de ser leído a otro y de ser entendido incluso por el que conociera los caracteres chinos. Surgen a la vez numerosas sociedades políticas donde se proponen más y más teorías para conseguir la modernización de China. Todas tienen un objetivo común: la abolición de los tratados desiguales.

Algunos incluso piensan que esa "libertad de los pueblos", continuamente mencionada por las fuerzas aliadas justificando el esfuerzo bélico para vencer a Alemania durante la Primera Guerra Mundial, también debe de ser aplicada a China al final de la contienda. Con esa esperanza se declara la guerra a Alemania en 1918. Al contingente de soldados chinos enviado por el Gobierno al frente europeo se le confían labores menores. En la conferencia de Versalles, los delegados chinos enviados con el objetivo de ver restablecida su soberanía ven frustradas sus esperanzas. No solo se mantienen los tratados desiguales, sino que se reconoce la ocupación de Shandong por Japón.

Movimiento del Cuatro de Mayo

Las continuas humillaciones políticas mantienen al país en un fuerte estado de tensión. La salvación nacional es el primer objetivo de todas las reflexiones políticas. Las esperanzas chinas de ser tratados como iguales por las naciones occidentales, una vez liberados del yugo imperial, se ven desvanecidas al recibir la noticia del fracaso de la delegación china en Versalles. Hacia las mismas fechas se hace público el contenido de las "21 demandas" japonesas, a las que Yuan Shikai había accedido en secreto al principio de la contienda. El Cuatro de Mayo de 1919, los estudiantes de Beijing se manifiestan en la plaza de Tiananmen protestando por el entreguismo del Gobierno. La policía les dispersa encarcelando a sus líderes. Enseguida una ola de protestas se extendió por toda China. En cada ciudad los estudiantes salen a la calle a manifestarse, los obreros les apoyan con huelgas, los comerciantes cierran sus tiendas en señal de protesta, la pequeña burguesía naciente ensaya boicots. Es el llamado Movimiento del Cuatro de Mayo: un pequeño terremoto que obliga al gobierno a liberar a los estudiantes, pedirles disculpas y hacer dimitir a los funcionarios implicados. Los chinos van conociendo el poder político de la lucha pacífica, la huelga y las manifestaciones. Los historiadores marxistas ven en esta fecha el inicio de la Revolución China. Por primera vez amplios sectores de la población se muestran unidos para hacer valer sus derechos. Martín Ríos afirma que tan importantes como las trasformaciones políticas, lo fueron las culturales.

Efectivamente los acontecimientos de estas fechas provocaron una profunda reflexión en la vanguardia intelectual de la época. Muchos había sido educados en el extranjero, y estaban convencidos de que los males de China eran sólo consecuencia de su propio atraso científico, social y militar. Ahora descubrían súbitamente que las grandes palabras que admiraban en las obras de los pensadores occidentales, no parecían poder aplicarse a China. Otro hecho caló hondo en el corazón de los chinos, mientras las potencias tradicionales humillaban una vez más a China en el Tratado de Versalles, la Unión Soviética, apenas establecido su poder en Rusia, renunciaba unilateralmente a todos los privilegios conseguidos por los tratados desiguales, sin renunciar por otra parte a los millones de kilómetros cuadrados de tierras conseguidos durante los mismos. El primer acto de benevolencia por una potencia occidental, casi desconocida hasta el momento, pues las influencias mayores llegaban de Francia, Inglaterra, Estados Unidos, Japón y Alemania, llevó a muchos chinos a investigar esa sociedad rusa que había posibilitado el triunfo de una revolución que abolía las diferencias entre ricos y pobres. Todo lo que tenía que ver con Rusia se puso de moda. Se tradujeron sus autores principales, aunque lo que todo el mundo quería saber es como era ese nuevo régimen llamado comunista que había ganado el poder en la Unión Soviética, y cómo se podría aplicar esa experiencia a China. Siguiendo el relato de Martín Ríos:

"En esta época Li Dazhao ya era un marxista convencido. Publicó un artículo sobre la victoria de los bolcheviques en Rusia, apostando por el marxismo como ideología… fundando en la Universidad de Beijing una 'Sociedad de Estudios Marxistas', primer grupo organizado para estudiar y propagar el marxismo… para él la sociedad necesitaba organizarse con una estructura horizontal, de igualdad para todas las clases, sin opresores ni oprimidos, sin explotadores ni explotados, sin señores ni vasallos."

El conocimiento de su propio país le hizo ver que una revolución proletaria al estilo ruso sería imposible en una China escasamente industrializada, donde el elemento revolucionario fundamental habría que buscarlo en "los campesinos que vivían olvidados, en la más absoluta miseria e ignorancia." En unos años el debate intelectual de la época queda dividido entre los partidarios del marxismo y la revolución como único medio de recuperar la soberanía perdida, y los pragmáticos, que promulgaban un fortalecimiento del país mediante el estudio de la ciencia y la técnica occidentales, y la aplicación de una democracia del mismo estilo. Tal vez el movimiento comunista hubiera permanecido durante muchos años en el ambiente teórico de no ser por la ayuda organizativa recibida por la primera misión del Komitern que llegó a China en 1920, y cristalizó con la fundación del Partido Comunista Chino en Shanghai en 1921.

El Partido Comunista centra su acción en los obreros industriales, cuyo número aumenta rápidamente. Sus primeras protestas tienen un carácter puramente laboral: aumentos salariales, disminución de la jornada laboral, eliminación de los castigos físicos. Ciertamente las condiciones de trabajo eran deplorables. Fairbank nos hace una dramática descripción de las mismas, habla de:

"jornadas de doce horas diarias siete días a la semana con muy pocas fiestas, pago por piezas a campesinos no especializados, explotación de los niños trabajando con sus madres, con los bebés a veces descansando bajo el agua hirviendo en los talleres de seda, escasa seguridad laboral, tensiones con sus empleadores, y un salario tan bajo que todos los adultos de la familia se veían forzados a trabajar". Una propuesta esbozada en la Conferencia de Washington para reducir la jornada laboral a sesenta horas semanales, es rechazada por las autoridades chinas. Muchas veces los obreros duermen junto a las máquinas, o en pabellones cercanos que no pueden abandonar. Se calcula que "solo en las fábricas del barrio extranjero de Shanghai trabajaban más de 22.500 niños menores de doce años (...) algunos de ellos no tenían más de seis años".

Estas actividades sindicales mejoran las condiciones de vida de los obreros, creando una primitiva conciencia de clase. Las huelgas se convierten en un instrumento de lucha sindical y social. La más importante de las huelgas de esta época es la del ferrocarril Beijing-Hankou, de 1923, en la que los obreros extienden las protestas desde Beijing a lo largo de toda la línea, convocando una gran reunión sindical en Zhengzhou, importante centro de comunicaciones, donde son dispersados por la policía, y sus locales, incendiados.

Más dramático será el resultado de las manifestaciones pacíficas de los obreros de Shanghai en 1925, cuando la policía de la concesión británica, que ha recibido la orden, reprime su protesta por el cierre de varias fábricas japonesas: "Disparad a matar". Setenta muertos y varios centenares de heridos son el resultado de la sangrienta represión.

La ascensión del Partido Nacionalista

Sun Yatsen, forzado a huir de China tras la usurpación del poder por Yuan Shikai, ha continuado buscando apoyos para esa China independiente con la que sueña. Tras el triunfo de la revolución bolchevique, se encuentra entre los que piensan que solo una revolución semejante a la rusa podrá devolver su país a los chinos. Bajo su dirección, en 1924 se inicia una alianza entre los nacionalistas y los comunistas. El centro de sus actividades está en Cantón, donde tienen un dominio semejante al de los señores de la guerra en otras provincias. Bajo la dirección de Borodin, enviado desde la Unión Soviética en apoyo de la revolución china, desde Cantón, nacionalistas y comunistas se intentan fortalecer para conseguir la conquista eventual del resto del país. Con la ayuda de los asesores soviéticos se funda la Academia Militar de Whampoa, de la que Chiang Kaishek es director, y Zhu Enlai, vicedirector político. El ejército nacionalista tiene en unos años más de 70.000 soldados. Pronto se crea en Cantón un poder que reta al de Beijing.

El Norte sigue dividido entre los señores de la guerra, que se turnan ocasionalmente en la presidencia de la República. Sun Yatsen muere durante uno de sus viajes al Norte para intentar conseguir la unidad del país. El poder del Partido Nacionalista pasa a manos de Chiang Kaishek. Este cambio en la dirección del partido es tan radical como una nueva fundación, pues si bien Sun Yatsen ha sido un ardiente luchador por la independencia de China, Chang Kaishek, procedente de la alta burguesía, representa más los intereses de su clase que los puramente nacionales. La expedición al Norte se lanza por fin, los ejércitos nacionalistas y comunistas, unidos, avanzan desde Cantón siguiendo una línea semejante a la que un siglo antes habían seguido los revolucionarios del Reino Celestial Taiping. Pronto toman Hankou, que convierten en su capital. Allí, el ataque de las cañoneras británicas se salda con el asalto a la concesión británica, que es recuperada por los chinos. El ejército nacionalista avanza por el Yangtze, y no tarda en tomar también Nanjing.

Los obreros de Shanghai se levantan. Más de 800.000 personas participan en las movilizaciones esperando las fuerzas liberadoras de Chiang Kaishek. Sin embargo, cuando éstas entran a Shanghai el 12 de abril de 1927, abren fuego indiscriminadamente contra los obreros que les reciben. Más de cinco mil dirigentes sindicales son asesinados. Enseguida se inicia una sanguinaria represión. Al igual que en Shanghai, sus soldados masacran a los obreros en Nanjing y Cantón. Durante unos meses el ala derechista del Partido Nacional gobierna en Nanjing, mientras el ala izquierdista lo hace en Hankou, en alianza todavía con los comunistas. En julio, los izquierdistas volverán al redil nacionalista; llevarán como trofeo una represión aun más salvaje que la iniciada por Chiang Kaishek, cientos de tiradores de *rickshaws* o velocípedos fueron asesinados por el único crimen de haber formado un sindicato, las chicas con el peinado a la moda occidental fueron capturadas y ejecutadas. A ellos siguieron obreros, campesinos, estudiantes, intelectuales y comunistas. En total, durante los dos años de purgas que siguieron al establecimiento del régimen de Chiang Kaishek fueron asesinadas unas 450.000 personas, que llegan al millón en el periodo que alcanza hasta 1937.

Los nacionalistas acusan a Borodin de trabajar para convertir a China en un país soviético. El asalto a las embajadas y consulados soviéticos en China parece confirmar sus sospechas. Otros autores consideran que la traición de Chiang Kaishek a sus compañeros de armas comunistas se debe a su reconocimiento por las potencias occidentales como el hombre fuerte de China.

Chiang Kaishek ha aprovechado la ayuda organizativa prestada por los rusos para hacer del Partido Nacionalista un órgano al servicio de sus ambiciones. Al ser el hombre capaz de dar estabilidad al país, se reconoce internacionalmente como presidente en el año 1928. A finales de año, Zhang Xueliang lleva las tres provincias de Manchuria bajo su mando a integrarse en la República China.

Sólo Yunnan, gobernada por el líder de la minoría yi, Long Yun, permanecerá independiente durante la mayor parte del periodo nacionalista, e incluso cuando el propio gobierno de Chiang Kaishek se traslade a Kunming, Long Yun seguirá manteniendo algunas características de su poder.

Chiang inicia un programa de modernización y recuperación nacional. Consigue recuperar para China el derecho a establecer sus tarifas aduaneras, así como la aduana marítima, consigue reducir las concesiones extranjeras de 33 a 13, las inversiones en educación e infraestructuras van transformando el país. Las ciudades se modernizan durante sus escasos años de gobierno. Aunque Chiang no controla toda China hasta que en 1936 vence la resistencia de sus últimos generales, desde 1928 su gobierno ha hecho acopio de fuerzas y recuperando muchos de los recursos chinos, aboliendo numerosas capitulaciones. El progreso experimentado por China durante esos ocho años es espectacular, abarca los diferentes aspectos de la vida. Carrington menciona algunos:

"la construcción de muchas carreteras, la reparación, redotación y extensión de las líneas ferroviarias, la emisión afortunada de bonos del interior y el pago de viejos empréstitos extranjeros, el desarrollo de varías líneas de transportes aéreos con ayuda de las compañías de aviación alemanas y norteamericanas; mejoras en servicios tales como la radio, teléfonos y telégrafos; modernización parcial del ejército bajo la tutela alemana; el aumento de las facilidades educativas y del número de estudiantes inscritos en las escuelas; el desarrollo, también, de campañas populares contra el analfabetismo".

Su punto flojo es el total desconocimiento de la realidad rural, donde vive el 90% de la población china, que sigue sometida al poder de los terratenientes como en los tiempos anteriores.

Chiang y las pocas familias que comparten el poder con él, sacan buena tajada de ese desarrollo. La corrupción es galopante, las finanzas públicas se despilfarran, el Gobierno se convierte en el principal comerciante de opio, los miembros de unas pocas familias copan los puestos de la Administración e, inexorablemente, se sitúan en el medio de cualquier transacción económica de importancia.

Los comunistas: de Jiangxi a Yanan

Su enfrentamiento con los comunistas le hace mantener un ejército enorme, más aún desde que Japón ocupa Manchuria en 1931. Tras el inicio de la represión en 1927, los comunistas se retiran a la región montañosa de la provincia de Jiangxi, donde pronto establecerán los primeros Gobiernos de Obreros y Campesinos, el germen de lo que será su Estado Socialista, con una tímida reforma agraria y otras reformas sociales. Un ejército comunista que había participado en la expedición al Norte se levanta en Nanchang y, venciendo el cerco de los nacionalistas, alcanza Jiangxi, convirtiéndose en el embrión del Ejército Rojo, que durante los próximos 22 años se mantendrá en guerra continua con el ejercito nacionalista.

En esas bases revolucionarias establecidas por los comunistas en Jiangxi va creciendo la influencia de Mao Zedong. Mao, con gran experiencia en la organización de células revolucionarias entre los campesinos de la vecina provincia de Hunan, su lugar de nacimiento, está convencido de que el triunfo del comunismo chino no puede basarse en el proletariado de las ciudades, aún escaso en número, sino en los empobrecidos campesinos que constituyen un 90% de la población del país. Por ello plantea como objetivo fundamental reforzar esas bases revolucionarias antes de intentar ningún avance a las ciudades. Siguiendo sus tácticas políticas y militares los comunistas consiguen zafarse y derrotar cuatro campañas militares enviadas desde Nanjing por Chiang Kaishek. En 1934, cuando algunos dirigentes comunistas cambian de táctica considerando que su poder es suficiente para el enfrentamiento abierto, son derrotados por un enorme ejército nacionalista, que les fuerza a abandonar sus bases revolucionarias iniciando la huida.

Esta huida es conocida como la Larga Marcha. Durante ella, los comunistas, siempre perseguidos por los nacionalistas, huirán a lo largo de 12.000 kilómetros dando una vuelta por el sur y el oeste del país hasta alcanzar las bases revolucionarias del Noroeste en Yanan. Esta travesía heroica les hará pasar por terrenos montañosos, selvas y pantanos, muchos de ellos poblados por minorías que aún no reconocen el poder de los chinos. De hecho, de los 300.000 soldados con que contaba el Ejército Rojo al comienzo de la marcha, sólo llegaron 30.000 a Yanan. Durante ella, Mao Zedong se convierte en Secretario General del Partido Comunista, que a partir de entonces seguirá sus directrices de acción campesina, aparentemente correctas, pues acabarán por darles la victoria quince años después.

INVASIÓN DE MANCHURIA POR JAPÓN

Nadie quiere una China demasiado fuerte, que pueda llegar a poner fin a los enormes privilegios que los extranjeros disfrutan en ella. Y menos que nadie Japón, que teme que, de hacerse extensivo el control de la republica a los señores del Norte, nominalmente sus aliados, el tejido de intereses que ha ido construyendo en esa región pueda desbaratarse. Para los japoneses, cuanto antes se actúe será mejor.

Su invasión se inicia en 1931 con la ocupación de Manchuria. Los americanos y los británicos ven con agrado su actuación, ya que consideran que puede ser un paso previo a la invasión de Siberia y su enfrentamiento con el aborrecido régimen soviético. Además, los intercambios comerciales con Japón, importador de grandes cantidades de acero y petróleo, empiezan a ser tan rentables como la explotación de una China cada vez más pobre. Los japoneses enseguida comienzan la organización económica de la región, vinculándola paulatinamente a su propia economía.

Esta zona nordeste de China es la más industrializada. Desde su apertura a la colonización, había ido recibiendo un tremendo flujo de inmigrantes que, desde la vecina provincia de Shandong, buscaban en sus fértiles tierras un alivio a su pobreza. Cientos de miles de campesinos emigraron cada año durante las primeras décadas del siglo XX culminando en los dos millones de personas que lo hicieron en 1928. De esta forma, en el momento de la invasión de Japón, está habitada por cuarenta millones de habitantes. Por otra parte, desde principios de siglo Japón había concentrado sus inversiones en esa región, que ya es la más rica y mejor comunicada de China. Para zafarse del control de las otras potencias, los japoneses establecen en Manchuria un gobierno nominalmente independiente cuyo emperador es el último emperador manchú: Pu Yi. En realidad es un gobierno títere no reconocido por ningún país, pero precisamente como nadie le reconoce (salvo Italia y El Salvador), ninguna otra potencia puede exigir a Manchuria los privilegios que disfrutan los japoneses en solitario.

Los nacionalistas no mueven un dedo por defender las provincias tomadas, la resistencia popular toma el papel del ejército. Solo denuncian la situación ante la Sociedad de Naciones, que envía una misión informativa sin llegar a condenar a Japón por su invasión, y organizan un boicot contra los bienes japoneses que reduce sus exportaciones a la mitad.

La población local sí organiza una continua resistencia. Los llamados bandidos por los medios de comunicación japoneses, miembros de la resistencia nacionalista o comunista, realizan en 1935 casi 40.000 ataques, generalmente por grupos de veinte o treinta personas, aunque en algunas ocasiones participaban pequeños ejércitos de varios cientos de efectivos. La represión de esta resistencia popular mantuvo ocupado en Manchuria a gran parte del ejército japonés. Para cortar la comunicación de la resistencia con la población civil, los japoneses rodearon aldeas enteras con alambre de espino cuidando que no entrara ni saliera nadie. En 1939 había varios miles de aldeas rodeadas de esta forma, empujando a la resistencia cada vez más hacia la zona montañosa.

Antes de digerir la conquista de Manchuria, los japoneses atacan Shanghai en 1932, donde bombardean los barrios habitados por la población china, ante la indiferente mirada de las potencias occidentales y del gobierno de Chiang Kaishek, que no envía refuerzos para asistir al regimiento encargado de la defensa de esta ciudad. Al año siguiente aumentan su influencia en Mongolia y el norte de China. Mientras, el ejército chino, indiferente a sus agresiones, solo se concentra en acabar con los comunistas.

El Frente Único y la invasión de Japón

En 1936, Zhang Xuelian, uno de los gobernadores más poderosos, que había heredado de su padre el control de Manchuria hasta que fue ocupada por los japoneses y que comanda las tropas que debían luchar contra los comunistas en el frente del noroeste, se niega a combatir al Ejército Rojo mientras los japoneses están invadiendo China. Chiang Kaishek en persona viaja para Xian a animarle a combatir, pero es secuestrado y forzado a formar con los comunistas un Frente Único de resistencia a la invasión japonesa. Es el llamado Incidente de Xian, y si no creó el Frente Único acordado, pues nacionalistas y comunistas mantuvieron su desconfianza y nunca lucharon unidos contra los japoneses, al menos supuso una tregua en la guerra civil, permitiendo a cada bando desarrollar sus estrategias de resistencia contra los japoneses.

Japón inicia su invasión a gran escala el 7 de julio de 1937, atacando el puente de Marco Polo, en las cercanías de Beijing. En pocos días se aniquila la débil guarnición que protege la antigua ciudad. Pronto los japoneses toman Beijing, Tianjin y las áreas cercanas, avanzando enseguida hacia el sur aplastando toda resistencia. Mientras, la marina japonesa ataca Shanghai, donde encuentra gran resistencia por parte de la población. En la batalla de Shanghai las fuerzas nacionalistas realizan su mayor esfuerzo bélico de la guerra, consiguiendo detener durante tres meses los avances de la marina japonesa en "la mayor batalla desde Verdún librada por dos ejércitos". En tierra quedan los cadáveres de 450.000 soldados chinos.

Tras doblegar la resistencia de Shanghai, el ejército japonés avanza por el Yangtze ocupando Nanjing sin dificultad. Chiang Kaishek se ha retirado sin lucha siguiendo los consejos de sus instructores militares alemanes, táctica que posteriormente utilizará Stalin con muy buenos resultados cuando los nazis invadan Rusia. En Nanjing los japoneses se dan una orgía de destrucción sin precedentes; los soldados capturados son asesinados en masa, así como miles de civiles, varones y mujeres, niños y viejos. Por toda la ciudad los extranjeros presencian los asesinatos masivos de la población civil. Se saquea la ciudad casa por casa, la violación de mujeres es sistemática. Nanjing se convierte en la ciudad del terror. La masacre de Nanjing deja 300.000 chinos asesinados.

Una de las más dramáticas descripciones de los hechos nos la proporciona el periodista americano Edgar Snow:

"Cualquier persona de sexo femenino entre 10 y 70 años era violada. Cuando se cansaban eran frecuentes blancos de las bayonetas de los soldados borrachos. Con frecuencia las madres tenían que ver cómo sus hijos eran decapitados y someterse luego a las violaciones. Algunos oficiales convertían sus oficinas en harenes, acostándose cada noche con una nueva cautiva. La copulación al aire libre no era rara. Unos 50.000 soldados fueron dejados en la ciudad durante un mes, en una orgía de violaciones, asesinatos, saqueos y un ambiente de corrupción general como no se ha igualado en los tiempos modernos".

Luego los ejércitos japoneses siguen hacia el sur, hasta conquistar Cantón. Con la conquista de Cantón se acaba la primera fase de la invasión japonesa, al término de la cual dominan toda la rica zona costera de China, donde sus unidades de infantería maniobran bien. Aproximadamente la región situada al este de una línea que bajaría desde Beijing, al norte, hasta Cantón, al sur. Al oeste de esta línea, más montañosa, la resistencia de los nacionalistas y los comunistas frena todo intento de avanzar. Tras las líneas japonesas, se van organizando poco a poco grupos de resistentes que, manteniendo a una gran parte de sus fuerzas ocupadas, les impedirán mayores progresos.

La invasión de China por los japoneses no encuentra mayor oposición internacional. Ingleses y americanos esperan obtener su beneficio más adelante. Aunque en teoría se declaran neutrales, los suministros de petróleo y acero por parte de las empresas de Estados Unidos permiten a Japón continuar su esfuerzo bélico en China. A pesar de que numerosos analistas consideran que la invasión de China es sólo el primer paso en la expansión japonesa por Asia, donde pronto se enfrentará a los ejércitos británicos y americanos, los intereses de las empresas son más importantes. Hasta la víspera del ataque a Pearl Harbour los americanos tendrán una participación decisiva en el desarrollo de la armada japonesa.

El Ejército Nacionalista ha adquirido una fuerza impensable hacía una década. Asistido por asesores alemanes, se ha convertido en una impresionante fuerza de choque. Algunos generales, confiando excesivamente en sus propias fuerzas, ponen en juego toda su potencia militar en la batalla de Shanghai. Tras la derrota, intentan utilizar una política de tierra quemada ante el avance japonés, semejante también a la utilizada posteriormente por Stalin ante el ataque nazi, trasladando las industrias al interior del país, o destruyéndolas cuando no es posible, para evitar que caigan en manos de los enemigos. La improvisación de ésta, no obstante, deja tras su retirada importantes recursos económicos en manos de los japoneses, que utilizarán para su esfuerzo bélico. Las posiciones nacionalistas son bombardeadas continuamente. Su ejército desempeña un papel un tanto pasivo, pero conseguirá mantener ocupadas casi a la mitad de las fuerzas de ocupación.

Los comunistas siguen con su política de implantación rural, en cuyas zonas, de momento, en virtud del acuerdo de Frente Único, no instauran la reforma agraria, contentándose con corregir los abusos más sangrantes y modificar levemente los arriendos. De esta forma extienden cada vez más su poder por el campo. Combaten a los japoneses con una guerra de guerrillas en la que cuentan con el apoyo de la población rural, consiguiendo aislar gradualmente a los invasores en el interior de las ciudades y los centros de comunicación importantes.

Durante estos primeros años de guerra, la única ayuda que reciben los chinos procede de la Unión Soviética. A través del Asia Central, sus convoyes alcanzan tanto al Ejército Rojo como al Nacionalista.

Los dos ejércitos son tan distintos entre sí como el origen de sus combatientes. El nacionalista está organizado de forma jerárquica alejado del pueblo, con oficiales bien alimentados y pagados, y soldados tratados a patadas. Al comunista, lo describe John Gunther como alguien que:

"está indisolublemente unido al pueblo, lo que le da una moral, una solidaridad y un patriotismo sin rival (...) luchan por sus ideales y no por su paga (...) no hay una clara distinción de rangos entre oficiales y soldados (...) la disciplina es estricta pero se establece por persuasión (...) a los soldados se les han enseñado unas palabras de japonés, y cuando van al frente gritan a sus enemigos: "Uniros a nosotros. Matad a vuestros oficiales" (...) este ejército es único en no tener prostitutas".

LA GUERRA DE CHINA, PARTE DE LA SEGUNDA GUERRA MUNDIAL

En 1939 las continuas hostilidades fronterizas entre los ejércitos ruso y japonés llegan a su punto culminante en la batalla de Khalkhin Gol, donde el general Zhukov que luego se hará famoso en Europa, derrota a los japoneses, que pierden 660 aviones, un buen número de tanques y cerca de 25.000 hombres. Una batalla que cambiará la historia de Asia. El sueño de los japoneses de colonizar Siberia hasta el lago Baikal desaparece. Su atención se trasfiere a partir de entonces al sur de Asia. Pronto aparecerán como una pesadilla en el Pacífico.

En 1941 los japoneses atacan a la flota americana en Pearl Harbour. En ese momento las potencias occidentales, que hasta entonces no habían prestado más que una ayuda limitada a China, descubren que la agresión de Japón les afecta también a ellos y la guerra sino-japonesa se convierte en parte de la Segunda Guerra Mundial. La Ruta de Birmania, cerrada por los británicos a petición de los japoneses, se abre de nuevo, llegando por ella la ayuda y los suministros de los aliados.

El frente común establecido en Xian se mantiene con más o menos dificultades hasta que sobreviene la derrota japonesa, aunque en determinadas ocasiones cada parte parece más preocupada en fortalecer su posición para el día después que en combatir a un enemigo que, poco a poco, es derrotado por los americanos en el Pacífico.

Con la rendición de Japón en 1945 tras las bombas atómicas sobre Hiroshima y Nagasaki, los americanos les ordenan no rendirse al Ejército Rojo, sino esperar a que el Ejército Nacionalista llegue a sus posiciones. Dado que los nacionalistas, alejados del frente como estaban en el lejano sur del país, no tenían posibilidades de llegar a aceptar la rendición japonesa, los americanos montaron un gran puente aéreo que les permitió recuperar el armamento japonés, así como los varios cientos de miles de soldados chinos, muchos de ellos desertores del propio ejército de Chiang Kaishek, que luchaban con ellos.

La guerra civil

Tanto el ejército nacionalista como el comunista, son, al acabar la Segunda Guerra Mundial, más fuertes que nunca. Las conversaciones de paz entre ambos, promovidas por Estados Unidos, que se ha quedado ya como la única potencia capaz de devorar el pastel chino, son aceptadas con desconfianza por ambas partes. Los comunistas, tras la trágica experiencia de 1927, no se desarman. La guerra entre ambos estalla de nuevo en enero de 1946.

Hasta julio de 1947 los comunistas continúan su política de afianzarse en el campo, pero rotos ya los compromisos con los nacionalistas, que durante la guerra antijaponesa habían frenado su reforma agraria, comienzan con sus medidas revolucionarias. Las tierras de los terratenientes son confiscadas y repartidas entre los campesinos, incluyendo inteligentemente a los que prestan su servicio en las tropas de

Chiang. Esto les da el apoyo masivo de los campesinos. Los militares nacionalistas, mientras tanto, se apoderan de las industrias dejadas por los japoneses, enriqueciéndose espectacularmente. En medio de una corrupción galopante, que empieza por la propia familia de Chiang y sus ministros, cada vez cuentan con menos apoyos populares.

En julio de 1947 los comunistas cruzan el río Amarillo en dirección al sur: por fin se consideran preparados para abandonar la guerra de guerrillas y enfrentarse al poderoso ejército nacionalista armado por los Estados Unidos. Los ejércitos nacionalistas les presentan batalla en pocas ocasiones, y cuando lo hacen, ya están desmoralizados. Por lo general, regimientos enteros se rinden o se pasan al enemigo, cuya moral combativa es cada vez más alta. Tras reconquistar el nordeste, los comunistas avanzan hacia el Sur. En las marismas del río Huai tienen atrapada a la elite de los ejércitos nacionalistas, más de medio millón de soldados sin posibilidad de victoria. El último obstáculo ahora es el río Yangtze. Tras él está la victoria.

A lo largo del año 1949 los comunistas toman el control del resto de las regiones de China. Chiang Kaishek, con sus últimos seguidores, huye a Taiwan. El Primero de Octubre de 1949 se funda en Beijing la República Popular China.

CHINA COMUNISTA

Los últimos cincuenta años de la historia de China, los que van desde la proclamación de la República Popular en 1949 a nuestras fechas, están tan próximos al momento presente que no es fácil distanciarse de los hechos para poder presentarlos con una perspectiva histórica. Como en los primeros años tras la fundación de una nueva dinastía, el país se ha visto envuelto en una serie de convulsiones de uno y otro signo que parecen estabilizadas durante los últimos años, agudizadas por el carácter fundamentalista de una doctrina comunista profesada por sus cuadros dirigentes.

El destino de China ya no puede concebirse como en los tiempos tradicionales, cuando se podía considerar como una gran nación prácticamente aislada, rodeada por pequeños estados sobre los que ejercía una importante influencia política, militar o cultural. Ahora China está inmersa en un mundo cada vez más pequeño, que en los años previos a su refundación ha experimentado una creciente polarización entre los países capitalistas y los comunistas. Esta definición del mundo, que ya se refleja, durante la guerra civil, en el apoyo a los bandos con referentes ideológicos semejantes, dificultará las primeras tareas de la nueva China. El nuevo régimen no será reconocido por los Estados Unidos y sus aliados, que se empeñarán en mantener que el Partido Nacionalista acantonado en Taiwan sea el representante del pueblo chino, ocupando, de hecho, su puesto en las Naciones Unidas.

Para conseguir el control de toda China los comunistas se enfrentan, primero, a las bolsas de resistencia de los soldados nacionalistas y posteriormente a sus infiltraciones desde los países vecinos. Con el objetivo de derrotarlas, los comunistas reforzarán su control de las regiones fronterizas y las habitadas por las minorías. Así, el gobierno chino inicia, por primera vez, el gobierno de algunas regiones que, como la zona de Liangshan habitada por los yi al sur de la provincia de Sichuan, durante siglos había permanecido independiente de toda administración china, rechazando violentamente los numerosos intentos de conquista por parte de las autoridades regionales; o la zona de Xishuangbanna donde los reyes dai juraban lealtad al gobierno chino, gobernado, por lo demás, de forma casi independiente sobre sus súbditos.

El fin de la guerra civil fue acogido con júbilo por la mayor parte de la población china. El régimen de Chiang Kaishek había perdido gran parte de la popularidad entre sus seguidores por culpa de la corrupción, inflación y la represión política que habían caracterizado sus últimos años. Los comunistas, que llegaban bajo la bandera de la unidad nacional y que habían sido capaces, por primera vez en más de un siglo, de constituir un gobierno chino libre de toda injerencia extranjera, despertaban la esperanza de la población.

Para mantener el poder, en un principio integran a gran parte de la administración nacionalista, creando a la vez una vasta red de instituciones afines al partido que abarcan las diversas actividades de las personas. Sus primeras medidas fueron económicas, consiguiendo en los primeros meses de su gobierno contener la inflación. Enseguida empezaron a desarrollar una serie de mejoras en la vida de las aldeas, y pusieron en marcha algunos servicios de sanidad, educación y ayuda mutua.

El punto central de las reformas comunistas fue la reforma agraria. Si el apoyo de esa población campesina mayoritaria en una China eminentemente rural era básico para el establecimiento de cualquier régimen, aun lo era más para unos comunistas que solo habían conseguido el poder con su ayuda. La reforma agraria se inició a mediados de 1950, completándose la distribución de tierra entre los campesinos en apenas dos años. Durante ella se dividió a la población rural en cinco clases, de acuerdo con la cantidad de tierras bajo su posesión. Durante procesos realizados en cada aldea, se acabó con el poder de los terratenientes, y se repartieron sus tierras entre la población. Más de un millón de terratenientes fueron ejecutados durante la reforma agraria, otros fueron encarcelados hasta ser reeducados.

Apenas los campesinos recibieron sus títulos de propiedad, se inició el movimiento cooperativista, destinado a mejorar el rendimiento

Mao Zedong

de las tierras y a evitar la aparición de nuevos terratenientes. Como estas primeras cooperativas eran propiedad de los campesinos que ponían sus tierras para trabajarlas en común, fueron bien recibidas por los nuevos propietarios.

Las grandes industrias fueron nacionalizadas, mientras que las industrias que poseía la llamada burguesía nacional, recientemente recuperadas de los japoneses, fueron respetadas durante estos primeros años. Los empresarios disfrutaron de un descenso en la conflictividad laboral, ya que las consignas eran las de trabajar por la reconstrucción nacional, pero pronto se encontraron con una dificultad cada vez mayor para conseguir las materias primas en un campo que se iba estatalizando a marchas forzadas.

El sistema familiar tradicional de China, centrado en la familia extensa, se transformó en uno centrado en la familia nuclear: la mujer, el marido y los hijos. Las mujeres consiguieron por fin igualdad con los hombres. Un pueblo puesto en marcha bajo la dirección de los cuadros del partido comunista, infiltrados en todas las ramas de la actividad humana, progresa de forma espectacular, recibiendo, eso sí, cierta ayuda de la Unión Soviética.

Aunque los nacionalistas aún mantuvieron un cierto nivel de infiltración y algunos ataques esporádicos sobre tierra firme, el enemigo más temido era ya Estados Unidos. Los miedos chinos se hicieron realidad con el estallido de la guerra de Corea y el avance de las fuerzas americanas en Corea hacia la frontera china. En octubre del año 1950 los chinos entran en guerra. Si bien es cierto que su alianza con la Unión Soviética llevó a China a participar en ella, no lo es menos que existía un temor fundado a que el avance se convirtiera en un preludio a una nueva ocupación de Manchuria (no olvidemos que la flota americana, patrullando en el estrecho de Taiwan, era una permanente amenaza). Sus ejércitos curtidos empujan a los americanos hasta el paralelo 38, donde queda la frontera entre las dos Coreas hasta hoy en día. Ese mismo mes el ejército chino marcha al Tibet. Dos hechos que conviene no desligar para entender el desarrollo histórico de esta última región.

LAS DÉCADAS DEL TIBET INDEPENDIENTE

En el Tibet, tras la retirada del coronel Younghusband y el regreso del Decimotercer Dalai Lama, huido a Mongolia, la dinastía Qing intenta imponer ciertas reformas, destinadas tanto a la modernización del país como a reafirmar su soberanía. El Dalai Lama huye de nuevo, esta vez a la India. La caída de la dinastía y el establecimiento de la República, en medio de rebeliones y levantamientos, se refleja en Tibet en 1912 con levantamientos de carácter independentista. Con el apoyo de los británicos, el Dalai Lama vuelve al Tibet, proclamando la independencia en 1913. Se inicia entonces una cierta modernización del país, se crea un ejército moderno con armas inglesas y japonesas, se instala el primer tendido telegráfico, una pequeña central eléctrica, un cuerpo de policía y una escuela inglesa. El gobierno tibetano busca sin éxito el reconocimiento en el exterior. Al no conseguir que ninguna potencia reconozca abiertamente su independencia, su política bascula entre China e Inglaterra, ya que amplios sectores de la población se oponen a la militarización y occidentalización que genera el apoyo británico. De hecho, los sectores más conservadores de la población, asustados por el ritmo que sigue la modernización, apoyan la relación tradicional con China, mientras los reformistas que quieren convertir al Tibet en un país moderno, apoyan en su mayor parte a los británicos.

Aunque tanto los comunistas como los nacionalistas, aún en sus momentos de mayor debilidad, habían insistido en la soberanía de China sobre el Tibet, las dificultades de hacerla efectiva les había hecho compaginar los esfuerzos por mantener una influencia en el Tibet con la creación de dos provincias: Sikang y Qinghai, integrando los territorios del llamado Tibet Exterior. La muerte del Decimotercer Dalai Lama en 1933 deja un país que aún oscila entre el vasallaje a China y la independencia. Los partidarios de la independencia se verán reforzados por los propios tradicionalistas durante los últimos años de la guerra civil china, ya que temen que una victoria comunista en China transforme por completo la sociedad tradicional tibetana, como ya sucedió en Mongolia Exterior.

El contexto histórico en el que China envía de nuevo un ejército para reafirmar sus derechos sobre el Tibet, donde la posibilidad de un acorralamiento empieza a tomar forma, es significativo. En los medios americanos más agresivos ya se barajaba la posibilidad de convertir la meseta tibetana en una plataforma idónea para colocar los misiles americanos sobre China. Las negociaciones entre los dirigentes comunistas y el Decimocuarto Dalai Lama, se saldaron con la aceptación por parte de los tibetanos de la soberanía china, más por la invasión del Tibet por el Ejército Rojo ya en marcha que por las garantías proporcionadas por los dirigentes comunistas.

El inicio de las reformas comunistas en el "techo del mundo" generó una resistencia generalizada entre los tibetanos. Muy pocos apoyaron las reformas tendentes a acabar con su sociedad tradicional. En un clima de creciente represión, la resistencia armada se hace cada vez más fuerte. En la región de Kham, al oeste de la provincia de Sichuan, fue donde se encontraron los chinos con mayor resistencia. Acantonada en sus escarpadas montañas, y a veces abiertamente en torno a los grandes monasterios, la resistencia tibetana libró una de las guerras menos conocidas del siglo XX, consiguiendo mantener en vilo al ejército chino durante más de una década.

El Gran Salto Adelante

A partir del año 1956 se inicia una nueva serie de reformas, que en cierta forma paralizarán el desarrollo iniciado en 1949, reforzarán el control del Estado sobre la sociedad y acabarán por crear una gran desilusión por el proyecto comunista entre grandes sectores de la población. Durante esos años se producen varios hechos importantes.

Se inicia la reforma de la propiedad industrial, que acaba, de hecho, con la burguesía nacional, aunque algunos de los antiguos propietarios se mantienen como directivos de unas empresas ahora en manos del Estado. A ella sigue una reforma administrativa en contra de la corrupción y el despilfarro de los recursos estatales.

Apenas establecido el nuevo orden económico, con los disidentes huidos, ejecutados o enviados a reeducarse en campos de trabajo, se inicia la campaña contra los intelectuales. Se sospecha que muchos de ellos, críticos con el régimen anterior, también lo son con el actual. Para desenmascararlos se proclama el famoso eslogan: "Dejad que cien flores florezcan, dejad que las cien escuelas de pensamiento compitan". Animados por la aparente apertura del sistema, muchos intelectuales se atreven a criticar abiertamente los errores cometidos por esos primeros años de gobierno comunista: la falta de democracia, la excesiva burocratización. Pronto se crea un animado debate de ideas, pero es interrumpido súbitamente. Los inconformistas son obligados a reconocer su culpabilidad y rectificar o son enviados a campos de trabajo a reeducarse entre los campesinos.

Simultáneamente se da la campaña contra los cuadros del partido. La mayoría, con escasa formación básica, apenas han recibido la indoctrinación tradicional en las escuelas comunistas antes de ser enviados a trabajar entre las masas. A algunos se les acusa de ser excesivamente autoritarios, otros, demasiado optimistas. De hecho, el redondeo con el que se maquillan las cifras de producción en el ámbito local, y luego en cada uno de los escalafones administrativos, crea unas cifras que no corresponden con la realidad.

Apenas establecido el orden en las ciudades, se aceleran las reformas en el campo. El joven movimiento cooperativista, que abarcaba unas cincuenta familias por cooperativa, da paso a la colectivización cuando, con la idea de aprovechar todo el potencial de trabajo de los campesinos, se les reúne en comunas que incluyen miles de personas. No bien está el campo colectivizado, se lanza el Gran Salto Adelante, que con el objetivo puesto en un desarrollo rápido del país, quiere seguir el modelo de industrialización de la Unión Soviética en los años veinte. Pero China está en la situación de Rusia en 1900, y los ambiciosos proyectos que enfatizan el desarrollo de la industria pesada a costa de los campesinos no funcionan.

Es el principio de la depresión. Los campesinos, con su tierra recién recuperada, desilusionados la ven perdida de nuevo a manos de las anónimas comunas, que muchas veces tampoco están dirigidas con la eficacia requerida. La producción industrial no puede aumentar en la calidad y cantidad requeridas. Las comunas son desmanteladas y cada campesino recibe de nuevo su casa y su pedazo de tierra. En realidad es el fracaso de las políticas de Mao, cuyo principio es mantener al pueblo en lucha continua, que además se han visto agravadas por las malas cosechas generando hambrunas. Sus efectos serán devastadores en un mundo rural en el que los campesinos han sido privados de sus recursos tradicionales de supervivencia. Con sus vidas en manos de los dirigentes locales, se cuentan por millones las víctimas del hambre.

Por si fuera poco, en 1960 se produce la ruptura con la Unión Soviética. Todos los proyectos industriales iniciados con su cooperación se detienen. Miles de técnicos soviéticos abandonan China, regresando a sus hogares. La ruptura con la Unión Soviética era, en cierta forma, inevitable. Los comunistas chinos no se conformaban con ser uno más de los países de la esfera soviética. Aunque la ruptura se enmascaró con razones ideológicas, supuso, de hecho, el último escalón de la larga marcha por la independencia de China.

Apartado Mao de la cumbre del poder del Partido Comunista en el año 1959, éste sigue políticas más pragmáticas bajo el liderazgo de

Liu Shaoqi y Deng Xiaoping, renovándose los incentivos materiales para la producción agrícola e industrial. La agricultura y la industria progresan de forma lenta pero constante, y China experimenta un salto hacia delante, pequeño pero efectivo.

LA REVOLUCIÓN CULTURAL

La transformación más radical de la sociedad china, y la que más largo alcance ha tenido, ha sido sin duda la realizada durante los años de la Revolución Cultural. Un fenómeno tan complejo como éste, que ha implicado a millones de protagonistas, aún no encuentra una unanimidad a la hora de valorarlo por parte de los especialistas. Ni su origen, ni su duración, ni sus objetivos, ni su final, son contemplados de la misma forma por los estudiosos.

En el origen de la Revolución Cultural se puede decir que confluyen al menos dos causas. Por una parte el ostracismo al que se veía sometido Mao tras sus fracasos económicos durante la campaña del Gran Salto Adelante, había llevado al ala más pragmática del partido, encabezada por Liu Shaoqi y Deng Xiaoping, a realizar una política de desarrollo según el modelo soviético que empezaba a dar buenos resultados. Por otra parte, era evidente que el propio partido se estaba convirtiendo en un instrumento de poder. Y que las relaciones de clases y desigualdades sociales que antes se podían achacar al enfrentamiento entre capitalistas y obreros, ahora se podían achacar perfectamente a una polarización de la sociedad entre gobernantes y gobernados.

Mao comprendió que en el corazón de cada persona, incluso en el de sus compañeros de armas a lo largo de todo el proceso revolucionario, seguía existiendo un deseo por buscar la ganancia personal, ya fuera en forma de dinero en efectivo o de poder. Como bien ha señalado Jackie Sheehan, el atribuir el origen de la revolución cultural al idealismo de Mao o a su egoísmo depende sólo del juicio que uno se quiera hacer sobre este personaje. Si bien compartimos en parte esta afirmación, también conviene matizarla señalando algunos aspectos que pueden ayudar a comprender esa época.

En primer lugar, el Mao que lanza la Revolución Cultural ya no es el sencillo revolucionario vivo en el corazón de la gente. Es un líder endiosado, con 72 años, que disfruta de privilegios propios de los emperadores (mansiones y trenes particulares, concubinas a voluntad, etcétera) y que por otra parte se ve alejado del poder, y lo que puede ser más importante, ve sus propias ideas sobre la marcha de la revolución rechazadas. La clarividencia con la que Mao contempló el desarrollo de la sociedad, que se ha hecho evidente apenas dos décadas después del inicio de las reformas por los que en aquella época ya eran sus enemigos dentro del partido, jugó un papel primordial claro a la hora de proporcionarle el apoyo incondicional de los jóvenes y otros sectores de la población en el desarrollo de esta revolución.

El segundo lugar es importante considerar que cuando la revolución está en pleno desarrollo, y la sociedad experimenta las transformaciones teóricas que él mismo había previsto, el propio Mao tiene miedo de los jóvenes, y no duda en detener la marcha de la Revolución Cultural, asesinando, encarcelando, o deportando al campo a los líderes más radicales. Dado que para este momento la eliminación de sus oponentes dentro de la estructura del partido ya es un hecho, cabe pensar que el objetivo real de Mao, más que crear una nueva revolución, es recuperar el poder dentro del partido.

Aunque oficialmente la cronología de la Revolución Cultural son los diez años que se extienden desde 1966 a 1976, puesto que esta definición la proporcionan los gobiernos posteriores encabezados por Deng Xiaoping que son a la vez víctimas y verdugos durante algunos de estos años es conveniente relatar el desarrollo cronológico de la misma para poder ver las diferencias entre unos períodos y otros y poder hacerse un juicio propio sobre la duración real de este movimiento revolucionario.

Podemos considerar que la Revolución Cultural tiene cuatro fases:

La primera, que comienza en el año 1966, se inicia con el final anticipado de las clases. Siguiendo las instrucciones del presidente Mao los jóvenes van al campo a reeducarse, pero, curiosamente, en vez de ser destinados a las regiones remotas, se van acantonando en las cercanías de las ciudades, en una estrategia que recuerda mucho a la del periodo revolucionario cuando se propugnaba que los campesinos rodearan las ciudades. La importancia de millones de estudiantes cerca de las ciudades se pone de manifiesto en la gran concentración en la plaza de Tiananmen de julio de 1966, cuando un millón de estudiantes aclaman a Mao. La primera parte de la estrategia está cumplida, pasando por encima de las estructuras del partido Mao tiene ahora a su disposición una fuerza de choque que le apoya incondicionalmente. Las consignas son buscar los elementos contrarrevolucionarios allá donde se encuentren, y eso no libra ni a las más altas instancias del partido. El propio primer ministro Liu Shaoqi es detenido (morirá en la cárcel posiblemente por causa de las torturas) y con él miles de funcionarios locales. El movimiento revolucionario se extiende por doquier, pronto todo el país se convulsiona. La reacción de los dirigentes del partido es crear sus propios guardias rojos, que utilizan para contraatacar a sus enemigos políticos.

La segunda fase comienza a mediados de 1968, cuando Mao, viendo que la revolución se le escapa de las manos, y que el caos reina en el país, habiendo conseguido ya sus objetivos políticos eliminando a sus rivales en el partido, llama al ejército para que restaure el orden. Los guardias rojos son disueltos, algunos de sus cabecillas que, convencidos de los objetivos idealistas de Mao seguían empeñados en realizar una transformación de la sociedad son encarcelados, torturados algunos y ejecutados otros. Muchos comprenden que han sido utilizados por los poderosos, y que si bien hace sólo dos años ellos eran el brazo ejecutor dispuesto a acabar con los contrarrevolucionarios sin darles siquiera una oportunidad de defenderse, ahora ellos mismos, tachados de extremistas, son encarcelados sin la oportunidad de defenderse. Las discusiones ideológicas que por primera vez desde la victoria de la revolución se habían podido tomar fuera del partido, acaban definitivamente. Este proceso acaba en abril de 1969, cuando se realiza el Congreso del Partido Comunista. Digamos que este año marca el triunfo de la contrarrevolución cultural.

La tercera fase sería la que se produce entre 1969 y 1971. Aquí vemos el entronizamiento efectivo del nuevo liderazgo. El nombramiento de Lin Biao como sucesor de Mao, y el ascenso de la después conocida como Banda de los Cuatro al poder político. La influencia de los militares sobre la política es mayor que nunca, ellos son, al fin y al cabo, los únicos que han sido capaces de acabar con el caos revolucionario y restaurar el orden. Empieza el momento más negro de la Revolución Cultural. Pero aunque se quiera llamar así, en realizad la revolución ya ha acabado, ha sido liquidada por los mismos que la iniciaron una vez cumplidos sus objetivos. Ahora es sólo una dictadura, la dictadura más radical en la historia de China, en la que un Mao enloquecido sueña con poder controlar hasta el último pensamiento de cada chino. Cesa la publicación de libros, apenas hay diez óperas autorizadas que son representadas continuamente, las palabras de Mao abarcan todo el espectro del pensamiento permitido a la población, los carteles revolucionarios ubicuos por todo el país es hasta donde alcanza la libertad de expresión.

La cuarta fase, la que iría desde el año 1971 al 1976, es una vuelta a las conspiraciones de palacio típicas del final de cualquier dinastía. Todos saben que Mao, con casi ochenta años, tiene los días contados. Se libra una sorda lucha por el poder entre la Banda de los Cuatro y los representantes de la ortodoxia del partido. La batalla principal se da en el mismo año 1971. En julio se realiza una visita secreta de Kissinger a Beijing, donde se entrevista con Chu Enlai. Es el triunfo de los moderados. La desaparición Lin Biao en septiembre de ese mismo año, supuestamente cuando intentaba escapar a Rusia tras un intento de golpe de estado contra Mao, lo confirma.

Al mes siguiente China ocupa el asiento en la ONU que había ocupado Taiwan desde 1949. Al cabo del año, la publicación de una antología de los poetas de la dinastía Tang, es otra señal que los radicales de la Banda de los Cuatro, han iniciado su descenso. En el año 1973 el propio Deng Xiaoping reaparece como vice primer ministro. Sólo habrá que esperar a la muerte de Mao para liquidar a sus protegidos. De hecho, apenas un mes después de su muerte, la Banda de los Cuatro es detenida.

Los efectos de la Revolución Cultural se sienten en la sociedad china hasta nuestros propios días. Pues si bien es indudable que su origen se debe a los intentos de Mao por recuperar el poder político, no cabe tampoco duda de que atrajeron a millones de jóvenes con sus propuestas idealistas. Resultado de la actividad de estas personas fue una transformación sin precedentes en la historia de China. Por primera vez se daba trato de igualdad tanto al campo como a la ciudad, los famosos doctores descalzos llevaron la sanidad (por rudimentaria que fuera) donde nunca había existido, las escuelas alcanzaron las regiones más depauperadas. Una generación de jóvenes vivió una década volcados en sus ideales: la igualdad, la solidaridad.

Por otra parte, como ha señalado Casey O'Donnell:

"se ofreció a las mujeres una visión de ellas mismas como nunca se había ofrecido en la historia de China. Liberadas de los lazos del patriarcado, se eliminó la naturaleza sexista de algunas tareas, elevando las mujeres a nuevos niveles. Por primera vez se permitió a las mujeres ser "naturales". Y se les permitió convertirse en un aspecto paralelo de la sociedad y no un sub aspecto, como habían sido anteriormente."

En cuanto a las minorías, y a las nacionalidades recién incorporadas a la República Popular China, como los mongoles, uygures o tibetanos, se vieron envueltos en un movimiento político que no llegaban a entender, y del que se convirtieron en una de las principales víctimas. Pues precisamente ellos se caracterizarán por conservar la cultura tradicional anti contra la que luchaban los revolucionarios.

Tiempos de cambio

Las reformas se iniciaron efectivamente tras el congreso del Partido en 1978, cuando se promulgó la política de Reforma económica y apertura al exterior. Los campesinos recuperaron las tierras, así como el derecho a vender en el mercado libre el excedente de la cosecha una vez pagado el tributo al Estado. La industria disfrutó de una descentralización que le permitió ajustarse mejor a las demandas locales, contratando con otras empresas los suministros de sus materiales básicos. En la zona costera se establecieron cinco Zonas Económicas Experimentales, en las que se permitió el establecimiento de empresas extranjeras y el desarrollo de un sistema de producción semejante al capitalismo. En unos años China retomó el camino del desarrollo. El bienestar de la población aumentó considerablemente en un clima de tranquilidad política.

Las reformas económicas llevaron a un sector de la población a pensar que deberían ser acompañadas por una apertura política real. Otro segmento de la población empezó a sentirse insatisfecho por el crecimiento de la corrupción, inevitable en un país con un férreo control burocrático de las actividades humanas. En 1989 los distintos grupos de protesta cristalizaron durante los funerales por la muerte del líder reformista Hu Yaobang, que había sido expulsado del Gobierno dos años antes. La plaza de Tiananmen fue ocupada por los estudiantes, en demanda fundamentalmente de libertad de expresión y fin de la corrupción. Ambas demandas eran apoyadas básicamente por la mayor parte de la población. Los estudiantes pronto fueron respaldados por intelectuales, pequeños empresarios y hasta sectores de la policía, el ejército y la escuela del Partido, mientras la población de la capital les animaba y apoyaba con alimentos.

La larga ocupación de la plaza se convirtió en un reto al Gobierno. A finales de mayo se declaró la ley marcial. El 4 de junio un fuerte contingente de tropas traído desde otras regiones asaltó la Plaza de Tiananmen disparando contra los manifestantes. Varios cientos de personas murieron esa noche. El movimiento reformista fue decapitado. Los simpatizantes de nuevo encarcelados o reeducados. Durante unos meses China se recluyó, como en los peores tiempos de la Revolución Cultural. Luego la situación cambió. La apertura se aceleró, las transformaciones económicas también.

En las zonas periféricas de China, y los países incorporados en los últimos siglos al mundo chino, el fin de la Revolución Cultural fue acogido con alivio. No en vano sus poblaciones habían visto su cultura y religión perseguidas con especial saña. Las tímidas reformas políticas permitieron, en muchos casos, ir recuperando lentamente una religión y cultura tradicional mortalmente amenazada, muchas veces sin la ayuda de los especialistas desaparecidos durante los peores años de la represión. Entre los pueblos más pequeños, con pocos miles de habitantes, la cultura tradicional posiblemente desaparecerá para siempre a causa de la Revolución Cultural.

El Tibet, inevitablemente unido a China, sufre los vaivenes de la política central. Tras los desastres de la Revolución Cultural, un nuevo periodo de convivencia, siempre bajo la tutela china, se va configurando. Se reconstruyen monasterios, se permite el culto en ellos, los monjes regresan, la cultura y la lengua tibetanas poco a poco renacen de sus cenizas. Se reprime, no obstante, toda manifestación a favor de la independencia. Los uygures de Xinjiang ven cómo su región es invadida por un número de chinos en aumento, cómo sus recursos naturales son explotados sin obtener ningún beneficio, cómo se mantienen en el escalón más bajo de la pirámide social dentro de sus propia Región Autónoma de Xinjiang, donde cualquier manifestación genuina de su cultura y religión no canalizada a través de los cauces que impone el partido se observa con desconfianza.

LA CHINA DE HOY

La última década de la historia de China ve una trasformación sin precedentes. Tras su reclusión después de los sucesos de Tiananmen, el desarrollo económico y la apertura al exterior toman nuevo impulso.

En 1993 el Partido Comunista opta por la economía de mercado socialista. En realidad, esto significa la transformación de China en un régimen capitalista sobre el que el Partido Comunista sigue manteniendo todos los resortes del poder.

El único desarrollo democrático se da en el ámbito local, donde los dirigentes son elegidos por sufragio entre los campesinos de la zona, primero entre candidatos siempre del Partido Comunista, y en una segunda fase entre candidatos también independientes.

La reforma alcanza todos los aspectos de la vida. Mientras, los últimos recuerdos del sistema comunista se van desmantelando: desaparecen los servicios públicos de sanidad y la educación gratuita, se privatizan las viviendas, aumenta la libertad de movimiento, constreñida durante los años anteriores. Se produce un gran desarrollo legislativo y judicial.

El inmovilismo político contrasta con la frenética trasformación económica. Cientos de miles de empresas estatales son privatizadas, no siempre de forma tan transparente como se hubiera esperado. Se crea a la vez un ambiente económico en el que las empresas estatales, las privadas y las extranjeras compiten en un plano de igualdad.

Millones de chinos salen al exterior por razones de turismo, negocios o estudios, integrando cada vez más a China, por primera vez en su historia, en el conjunto de las naciones del mundo. Integración que culmina, en el aspecto económico, con su ingreso en la Organización Mundial de Comercio, y, en el aspecto social, con la elección de Beijing para organizar los Juegos Olímpicos del año 2008, y de Shanghai para la Exposición Universal de 2010.

¿QUÉ FUTURO?

Una gran parte de la población ha vivido a lo largo de un gran periodo de paz y estabilidad política, experimentando un continuo proceso de desarrollo económico que le hace confiar, más que nunca, en sí misma y en su nación. Ciertamente, China ocupa hoy en día un papel destacado en la política mundial, y sus habitantes viven las vidas más prósperas que se han conocido nunca en esta parte del mundo. Los sueños que Mao quería imponer con el control de la ideología se convierten en realidad con la liberalización de la economía. El crecimiento económico es trepidante, un 10% anual durante la década de los noventa, un poco menos en los primeros años del siglo XXI. Las infraestructuras se transforman, las ciudades se modernizan a pasos agigantados. La propia población se adapta rápidamente a cuantos cambios se presentan. En poco más de una década, la lucha por la supervivencia se ha transformado en el estado de bienestar.

No obstante, retos importantes pueden transformar radicalmente el futuro. La creciente desigualdad entre la población y entre las regiones del Este y el Oeste, la tensión entre las provincias, el deterioro de las condiciones de trabajo, la corrupción generalizada en todos los estamentos de la Administración, el importante deterioro del medio ambiente, la excesiva represión de las clases más bajas, la tensión social que puede generar la presencia de un número mayor de empresas extranjeras tras la entrada efectiva en la Organización Mundial de Comercio. Todos son factores que se acumulan de forma desfavorable sobre un segmento de la sociedad que cada vez se siente más pobre y desatendido, y que está creando ya un número creciente de conflictos sociales: huelgas, manifestaciones y protestas de todo signo.

DINASTÍAS

Dinastía Xia Siglos XXI- XVI a.C 2070-1600 a.C.

Dinastía Shang. Siglos XVI- XI a.C. 1600-1046 a.C.

Zhou del Oeste 1046-771 a.C.

Zhou del Este 770-256 a.C.

Periodo de Primavera y Otoños 722-481 a.C.

Reinos Combatientes 403-221 a.C.

Dinastía Qin 221-206 a.C

Dinastía Han del Oeste 206 a.C.

Liu Bang (Gaozu) 206-195 a.C.

Huidi 195-188 a.C.

Emperatriz Lu 188-180 a.C.

Wendi 180-157 a.C.

Jingdi 157-141 a.C.

Wudi 141-87 a.C.

Zhaodi 87-74 a.C.

Xuandi 74-49 a.C.

Yuandi 48-33 a.C.

Chengdi 33-7 a.C.

Aidi 7-1 a.C.

Pingdi 1 a.C.

Dinastía Xin (Wang Mang) 9-23 d.C.

Dinastía Han del Este 25-220

Guangwudi 25-57

Mingdi 57-75

Zhangdi 75-88

Hedi 88-106

Andi 106-125

Shundi 125-144

Chongdi 144-145

Zhidi 145-146

Huandi 146-168
Lingdi 168-189
Shaodi 189
Xiandi 189-220

Tres Reinos
Reino Wei 220-265
Reino Shu 221-263
Reino Wu 222-280

Jin del Oeste 265-316
Wudi 266-290
Huidi 290 -306
Huaidi 306 -313
Mindi 313-316

Jin del Este 317-420

Dieciséis Estados 304-420

Cheng Han de los di 301-347
Hun Han de los xiongnu 304-329
Liang Anterior de los chinos 317-376
Zhao Posterior de los jiehu 319-352
Qin Anterior de los di 351-394
Yan Anterior de los xianbei 337-370
Yan Posterior de los xianbei 384-409
Qin Posterior de los qiang 384-417
Qin del Oeste de los xianbei 385-431
Liang Posterior de los di 386-403
Liang del Sur de los xianbei 397-414
Liang del Norte de los xiongnu 397-439
Yan del Sur de los xianbei 398-410
Liang del Oeste de los chinos 400-421
Xia de los xiongnu 407-431

Yan del Norte de los chinos 409-436

Dinastías del Norte 386-581
Wei del Norte 386-534
Wei del Este 534-550
Wei del Oeste 535-557
Qi del Norte 550-577
Zhou del Norte 557-581

Dinastías del Sur 420-589
Liu Song 420-479
Qi del Sur 479-502
Liang 502-557
Chen 557-589

Dinastía Sui 581-618
Yang Qian 581-594
Yangdi 594-618

Dinastía Tang 618-907
Gaozu 618-626
Taizong (Li Shimin) 626-649
Gaozong 649-683
Wu Zetian 690-705
Zhongzong 705-710
Ruizong 710-712
Xuanzong 712-756
Suzong 756-762
Daizong 762-779
Dezong 779-805
Xianzong 805-820
Muzong 820-824
Jingzong 824-826
Wenzong 826-840
Wuzong 840-846

Xuanzong 846-859
Yizong 859-873
Xizong 873-888
Zhaozong 888-904
Aizong 904-907

Cinco Dinastías 907-960
Liang Posterior 907-923
Tang Posterior 923-936
Jin Posterior 936-946
Han Posterior 947-950
Zhou Posterior 951-960

Diez Reinos del Sur 902-979
Wu de Nanjing 902-937
Shu de Sichuan 907-925
Nan-Ping de Hubei 907-963
Wu-Yue de Zhejiang 907-978
Min de Fujian 907-946
Han del Sur de Canton 907-971
Chu de Hunan 927-956
Shu Posterior de Sichuan 934-965
Tang del Sur de Nanjing 937-975
Han del Norte de Shanxi 951-979

Dinastía Liao de los kitan 907-1125

Dinastía Song del Norte 960-1127
Taizu 960-976
Taizong 976-997
Zhenzong 997-1022
Renzong 1022-1063
Yingzong 1063-1067
Shenzong 1067-1085
Zhezong 1085-1100

Huizong 1100-1125
Qinzong 1125-1127

Dinastía Xia del Oeste 1024-1227

Dinastía Jin de los jurchen 1115-1234

Dinastía Song del Sur 1127-1279
Gaozong 1127-1162
Xianzong 1162-1189
Guanzong 1189-1194
Ningzong 1194-1224
Lizong 1224-1264
Duzong 1264-1274
Gongdi 1274-1276

Dinastía Yuan de los mongoles 1279-1368
Shizu (Kublai) 1260-1294
Timur 1294-1307
Wuzong 1307-1311
Renzong 1311-1320
Yingzong 1320-1323
Taidingdi 1323-1328
Tianshundi 1328
Mingzong 1329
Ningzong 1332
Shundi 1333-1368

Dinastía Ming 1368-1644
Taizu (Zhu Yuanzhang) 1368-1398
Huidi 1398-1402
Yongle 1402-1424
Renzong 1424-1425
Xuanzong 1425-1435
Yingzong 1435-1449 y 1457-1464

Jingdi 1449-1457
Xianzong 1464-1487
Xiaozong 1487-1505
Wuzong 1505-1521
Shizong 1521-1567
Muzong 1567-1572
Wanli 1572-1620
Guangzong 1620
Xizong 1620-1627
Sizong 1627-1644

Dinastía Qing de los manchúes 1644-1911
Fulin 1643-1661
Kangxi 1661-1722
Yongzheng 1722-1735
Qianlong 1735-1796
Jiaqing 1796-1820
Daoguang 1820-1850
Xianfeng 1850-1861
Tongzhi 1861-1875
Guangxu 1875-1908
Puyi 1908-1912

Republica China 1912-1949
Sun Yatsen 1912
Yuan Shikai 1912-1916
Señores de la Guerra
Chiang Kaishek 1927-1949

República Popular China 1949 hasta el presente
Mao Zedong 1949-1976
Hua Guofeng 1976-1978
Deng Xioaping 1978-1993
Jiang Zemin 1993-2003
Hu Sintao (2003-)

Anthony David, W., "The Opening of the Eurasian Steppe at 2000 BCE", en Victor H. Mair (ed.) *The Bronze Age and Early Iron Age Peoples of Eastern Central Asia*, vol. I, Filadelfia, 1998.

Bai Shouyi, *An outline history of China*, Foreign Languages Press, Beijing, 2002.

Bai Shouyi y otros, *Breve historia de China: desde la Antigüedad hasta 1919*, Ediciones de Lenguas Extranjeras, Beijing, 1984.

Balazs, Etienne, *La burocracia celeste*, Barcelona, Barral, 1974.

Barnes, Gina L., *The Rise of Civilization in East Asia: The Archaeology of China, Korea and Japan*, Londres, Thames and Hudson, 1999.

Beauclair, Inez, *The Keh Lao of Kweichow and their history according to the Chinese records*, Studia Serica, vol. 5, 1946.

Birrell, Anne, *Chinese Myths*, Texas University Press, s.l., 2000.

Boulnois, Luce, *La Ruta de la Seda*, Orbis, 1986.

Campbell, Joseph, *The mask of god* (4 vol), Penguin,

Carrington Goodrich, L., *Historia del pueblo chino*, FCE, México, 1950.

Ceinos Pedro y Abya-Yala, *Escenas de una historia india de América*, Madrid, Miraguano, 1992.

Cervera, Isabel; Fernández, Eva; y Comas, Rosa, *China y Sudeste Asiático*, Madrid, Arlanza, 2000.

Chen Kwang-tzuu y Hiebert Fredrik T., "The Late Prehistory of Xinjiang in Relation to Its Neighbors", *Journal of World Prehistory*, 9-2 (1995).

Chenqing Ying, *Tibetan History*, Beijing, China Intercontinental Press, 2003.

Cho Yun Hsu, *Beyond the central plains*, Hk, internet.

Collins, Maurice, *Marco Polo*, México, Siglo XXI, 1996.

—, *Foreign mud: Being an Account of the Opium Imbroglio at Canton in the 1830s and the Anglo-Chinese War That Followed*, Singapur, 1980.

Crespigny, Rafe de, *Ladies of the Court of Emperor Huan of Han*, internet: http://www.anu.edu.au/asianstudies/decrespigny/huan.html

—, *South China under the Later Han Dynasty*, internet: http://www.anu.edu.au/asianstudies/decrespigny/south_china.html

—, *The Division and Destruction of the Xiongnu Confederacy in the first and second centuries AD*, edición en internet de 2004: http://www.anu.edu.au/asianstudies/decrespigny/han_xiongnu.html

Chang, Kwang-chih, *Shang Civilization*. Yale University Press, 1980.

Chen Huan-Chang, *The Economic principles of Confucius and his school*, Changsha, Yueli chubanshe, 2005.

Chen Yanhang, *A preliminary analysis of the technology of Hemudu boats*, CAAD. 2, 3-4.

Chesneaux, Jean, *Contribution a l'historie de la nation vietnamiene*, París, 1955.

China handbook series; *History*, Beijing, Foreign Languages Press, 1982.

Chontan, *The essence of Qianlong's two campaigns on Jinchuan*, Tibet Studies, 1990-1.

Deshayes, Laurent, *Histoire du Tibet*, París, 1999.

Di Cosmo, Nicola, *Ancient China and its Enemies: The Rise of Nomadic Power in East Asian History*, Cambridge University Press, 2002.

Drege, Jean-Pierre, *Marco Polo y la Ruta de la Seda*, Barcelona, Ediciones B, 2000.

Eberhard, Wolfram, *A history of China*, Londres, 1950.

Epstein, Israel, "From Opium war to Liberation", *China Today*, Beijing, 1977.

Fairbank, John K., Reischauer, Edwin O. y Craig, Albert M., *East Asia: The modern transformation*, Tokio, 1965.

Fang Yanming, *The Wadian site and settlement patterns in the Upper Ying River Valley*, Central Henan, internet.

Fitzgerald, C. P., "The southern expansion of the Chinese people", *White Lotus*, Bangkok, 1993.

Folch, Dolors, *La construcción de China*, Barcelona, Península, 2002.

Ford, Anne, *States and stones: stone tool production of the Erlitou culture*, Internet.

Franke, Wolfgang, "A century of Chinese revolution 1851-1949", *Basil Blackwell*, Oxford, 1970.

Fung Yulan, *Selected Philosophical writings*, Beijing, 1991.

Gernet, Jacques, *Daily life in China on the eve of the Mongol Invasion 1250-1276*, Londres, 1962.

—,*China and the Christian impact*, Cambridge University Press, 1986.

Gernet, Jacques, *El mundo chino*, Barcelona, Crítica, 1999.

Geusau, Leo Alting von Geusau, *Where did the Akha come from?*, internet: http://www.hani-akha.org/mpcd/hani-akha/history.html

Gorman, George W., *Two millions to Manchuria*, s.f., s.l.

Granet, Marcel, *La civilisation chinoise,* París, 1968.

Granet, Marcel, *La religion des chinois*, París, Payot, 1980.

Grousset, René, *L'empire des steppes*, París, Payot, 1965.

Gunther, John, *Inside Asia*, 1939.

Autor anónimo, *Outline of Burmese history*, Bombay, 1947.

—, *Historia Secreta de los Mongoles*, Madrid, Miraguano, 2000.

Hill, John E., *The western regions according to the Houhanshu*, http://depts.washington.edu/uwch/silkroad/texts/hhshu/hou_han_shu.html

Hsu, Immanuel C.Y., *The rise of modern China*, Hong Kong, Oxford University Press, 1984.

Hungjien Niu, *Prehistoric settlements in South Central Inner Mongolia*, s.l., s.f.

Huo Wei, *On ancient Zhang-zhung and its civilization*, CAAD, vol 2, 3-4.

Jackes, M.K., *Osteological evidence for Mesolithic and Neolithic violence: problems of interpretation*, www.ualberta.ca/~mjackes/Jackes_violence.pdf

Karl, Jettmar, "Cultures and Ethnic Groups West of China in the Second and First Millennia B.C", *Asian Perspectives*, XXIV (2), 1981.

Kwok-Yueh Shin, Leo, *Tribalizing the Frontier: Barbarians, Settlers, and the State in Ming South China,* Princeton, 1999.

Lamb, Harold, *Genghis Khan; The emperor of all men*, Nueva York, Garden City, 1927.

Lattimore, Owen y Eleanor, *Breve historia de China*, Espasa Calpe, 1966.

Latourette, Kenneth Scott, *The history of early relations between the United States and China 1784-1844*, New Haven, 1917.

Legineche, Manuel, *Apocalipsis Mao*, Madrid, Espasa, 1999.

Lin Ch'aoya, *On the conquering of Ch'iang fang by emperor Hsiao I*, Studia Serica, V, 1946.

Liu Li, *On the Chronology of the Three Dynasties*, internet, www.ancienteastasia.org/special/sandaichronology.htm

Lu Qianfei, *A storied history of China*, Beijing, Tourism Education Press, 1988.

Marques-Riviere, Jean, *La Chine dans le monde*, París, Payot, 1935.

Martín Ríos, Javier, *El impacto de Occidente en el pensamiento chino moderno*, Barcelona, Azul, 2003.

Mccord, Edward A., *The Power of the Gun. The Emergence of Modern Chinese Warlordism*, University of California Press, 1990.

Minyaev, S., *Archaeology of the Hsiung-nu in Russia – new discoveries and some problems*, Institute of History of Material Culture, Silk road articles.

Mogi, Sobei y Vere Redman, H., *The problem of the Far East*, Londres, 1935.

Montenegro, Augusto, *Historia de la China Antigua*, Madrid, Istmo, 1974.

Newsinger, John, "Elgin in China", *New Left Review*, 2002.

Ollé, Manel, *La empresa de China*, Barcelona, 2002.

Parker, E.H., *Ancient China simplified*, Londres, 1908.

—, *A Thousand years of the Tartars*, Londres, 1924.

Polo, Marco, *Viajes*, Madrid, Espasa, 1997.

Pulleyblank, Edward G., "Early Contacts Between Indo-Europeans and Chinese", *International Review of Chinese Linguistics*, volumen 1, nº1, 1998.

Qutudei Ba'arin, *Theatre during the Mongol period in China. Yuan Drama*, internet.

Shang Shu, "Book of History", *Hunan Renmin Chubanshe*, Changsha, 1997.

Sheehan, Jackie, *Long live the people: a short history of the Cultural Revolution 1*, www.nottingham.ac.uk/iaps/CulturalRevolution.pdf

Spence, Jonathan D., *El gran continente del Khan*, Madrid, Aguilar, 1999.

Sima Qian, *Selections from records of the historian*, Foreign Language Press, 2001.

Snow, Edgar, *The battle for Asia*, 1939.

Sue-Hee Kim, "La antigua China", *Historia 16*, Madrid, 1988.

Tang Wenyuan, "Yelang wenhua xunzong", *Sichuan renmin chubanshe*, Chengdu, 2002.

Tian Xuzhou, "Xian qin minzu shi", *Sichuan renmin chubanshe*. Chengdu, 1988.

Toynbee, Arnold, *La Chine d'hier a aujourd'hui*, 1981.

VV.AA., *Breve historia de la China contemporánea*, Barcelona, Anagrama, 1975.

VV.AA., *Historia de la filosofía*, Madrid, Siglo XXI, 1981.

VV.AA., *El pensamiento prefilosófico y oriental*, Madrid, Siglo XXI, 1981.

VV.AA., *Asia Central*, Madrid, Siglo XXI, 1970.

VV.AA., *Historia china a través de anécdotas y acontecimientos*, Beijing, Ediciones de Lenguas Extranjeras, 1992.

VV.AA., *El Misterio del Antiguo Reino Zhongshan*, Beijing, Ediciones de Lenguas Extranjeras, 1983.

VV.AA., *The discovery of a missing king tomb*, Beijing, Foreign Language Press, 1995.

VV.AA., *Coup d'oeil sur la Chine antique*, Beijing, 1986.

VV.AA., *Breve historia moderna de China. 1840-1919*, Beijing, Ediciones de Lenguas Extranjeras, 1980.

Wei Qi, *A reevaluation of the chronology of early Chinese Paleolithic sites and its relevance for the colonization of East Asia*, internet.

Wellington Koo, V.K., *The status of aliens in China*, Londres, 1912.

Wittfogel, Karl August, *El despertar de China*, Madrid, Dédalo, 1932.

Xiong, Yuepheng L., *Chinese odyssey*, internet: www.hmongnet.org /hmong-au/ozintro.htm

Xu Xingguo, "The Tibetan cemeteries in Dulan County: Their discovery and Investigation", *China Archaeology and Art Digest*, 1-3 (1996).

Xu Zhigeng, *Lest we forget: Nanjing Massacre, 1937*, Beijing, Chinese literature press, 1995.

Yang Nan, *The rise and decline of the Neolithic Liangzhu culture of Southeast China*, internet, 2002.

Yap, Yong y Cotterell, Arthur, *La civilización clásica china (De la prehistoria al siglo XIV)*, Barcelona, Ayma, 1981.

Zhang Kai, *Diego de Pantoja y su tiempo*, Beijing, 1997.

Zuo's Commentary on spring and autumn annals, Jinan, Shandong Friendship Press, 2000.